全民阅读

阅读新时代

主题征文优秀作品集（2023）

《中国出版》杂志社　编

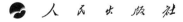

人民出版社

接力出版社
Publishing House ｜ 全国百佳图书出版单位
Top 100 Publishing Houses in China

责任编辑：冯瑶　廖思拍　童小伟

文字编辑：孙芊芊　范悦

美术编辑：马丽

责任校对：任校　李姝依　阮萍　杨少坤

图书在版编目（CIP）数据

阅读新时代主题征文优秀作品集．2023 /《中国出
版》杂志社编．-- 北京 ：人民出版社 ；南宁 ：接力出
版社，2024. -- ISBN 978-7-01-026716-6

Ⅰ．G252.17-53

中国国家版本馆 CIP 数据核字第 2024UL6253 号

阅读新时代主题征文优秀作品集（2023）

YUEDU XIN SHIDAI ZHUTI ZHENGWEN YOUXIU ZUOPIN JI（2023）

人民出版社　接力出版社　出版发行

（100706　北京市东城区隆福寺街 99 号，530022　广西南宁市园湖南路 9 号）

北京科信印刷有限公司印刷　新华书店经销

2024 年 7 月第 1 版　2024 年 7 月北京第 1 次印刷

开本：710 毫米 ×1000 毫米　1/16　印张：20.25

字数：237 千字

ISBN 978-7-01-026716-6　定价：69.00 元

以全民阅读创造精神的春天

全国政协副主席、民进中央常务副主席　朱永新

习近平总书记热爱阅读，率先垂范，在致首届全民阅读大会的贺信中，他亲自发出了全民阅读的号召，希望全社会都参与到阅读中来，形成爱读书、读好书、善读书的浓厚氛围。在第二十九个"世界读书日"，第三届全民阅读大会在美丽的春城昆明如约而至。我们借着这春的消息，呼唤以全民阅读创造精神的春天。

培养"爱读书"的兴趣爱好，不仅是每个人应该形成的终身学习的态度，也是我们阅读研究和推广部门的首要任务。毫无疑问，阅读正面对时代的挑战。网络让世界变得触手可及，短视频让阅读变得碎片化，应试教育压缩了中小学生的阅读时空。阅读兴趣与习惯的养成至关重要：对个人而言，只有真正从阅读中找到乐趣，才可能让阅读进入自己的人生；于社

会而言，只有让读者爱上阅读，后续的一切才有可能。

树立"读好书"的价值追求，不仅是每个人应该学会的人生选择，也是图书出版和阅读推广等部门的基本原则。一个人的精神世界在很大程度上由他所读的书来塑造。对个人而言，好书如师如友，指引方向，陪伴同行，选择怎样的书籍，就会塑造出怎样的自我。对出版机构而言，以书为媒，传播真善美是重要的使命。出版好书是人们能够阅读好书的源头，尤其是在信息时代的浪潮中，人工智能等许多新事物的迅速涌现，考验着出版者的眼光。对推广机构而言，让更多好书走进人们的生活，是阅读推广者当仁不让的社会责任。

提升"善读书"的阅读素养，不仅是每个人应该自觉训练的技能，也是阅读研究和推广机构的核心工作。如何平衡电子阅读和纸质阅读？如何兼顾广博和精专？如何提高阅读的效率？家庭、学校、社会、政府如何形成推动阅读的合力？在人工智能风起云涌的背景下，这些问题都需要科学的研究，才能形成广泛适用的阅读方法，让人民群众用于自己的日常生活。

近年来，在政府和社会各界人士的齐心协力之下，全民阅读工作已经取得了重要成果。今天的全民阅读，已经从理念的广泛提倡，进入了行动的全面夯实阶段。下一步，继续深化全民阅读，仍需从以下几方面发力。

从国家层面系统引领全民阅读研究与推广。建议成立如中国阅读学会或者全民阅读指导委员会这种兼具学术性与引领性的国家级机构，对内能够整合不同部门的力量，对外能和国际的阅读研究与推广组织进行深度联系与合作，借鉴先进国家的全民阅读经验，更好地汇聚建设书香中国的资源。

加强全民阅读理论研究。我们现在对阅读理论的深层次研究，无论是在心理学、脑科学、教育学等方面，还是对于全民阅读的实践经验总结方面，都还远远不够。目前一些部门和部分大学正在开展相关研究，期待更多专家学者、科研人员深入理论前沿，进行探索性的研究。

深入研究新的阅读方式。互联网、自媒体、短视频、人工智能、脑机接口等新的技术，不仅对传统阅读提出了很大的挑战，也将对未来阅读产生深刻而深远的影响，亟待业界与学界研究新的阅读方式，适应新的阅读生态。

一个人的精神发育史就是他的阅读史，一个民族的精神境界高度取决于这个民族的阅读水平，一个书香充盈的城市才能成为真正的精神家园。对个体，阅读是一种弥补差距的向上之力；对生命，阅读是一条通向幸福的重要通道；对社会，阅读是一种促进公平的改良工具；对人类，阅读是一种生命本体的互相映照。只有专业力量，才能解决专业问题。只有更具深度和广度的进一步研究，才能助推全民阅读的进一步落实。

让我们从春城的春天出发，以"爱读书、读好书、善读书"为行动的准则。深入思考，把感性升华为理性，把知识转变为智慧；学以致用，把书本知识转化为认识和改造世界的强大力量。让我们在阅读中收获个人的成长，实现自我的发展，让社会在全民阅读的深化中，建设书香中国，建设文化强国。以全民阅读推进终身学习，以全民阅读提升全民素养，我们精神的春天，必然会为全面推进中华民族的伟大复兴，汇聚和萌生出无穷无尽的精神力量！

目录

CONTENTS

图书类

成人组

三读《习近平的七年知青岁月》，让我的青春不再迷茫　　　　　　赵德敏 / 002

历经坎坷，笑对人生
　　——读《一蓑烟雨任平生：苏东坡生平游记》有感　　　　　　朱梅 / 007

她是敦煌的女儿，我们是铁路的儿女
　　——读《我心归处是敦煌：樊锦诗自述》有感　　　　　　王宏宇 / 012

《泥土　脚印（续编）》让我与范用"相约在书店"　　　　　　向敬之 / 016

向死而生：湘江战役中的信仰力量　　　　　　曾一鸣 / 022

生活在人世间的世间人
　　——读《人世间》有感　　　　　　郭良正 / 025

《宝水》：美丽乡村建设的崭新抒写　　　　　　李恒昌 / 029

立着的人
　　——读《抗战家书——我们先辈的抗战记忆》有感　　　　　　徐松子 / 036

夜读《甘孜红色印记》：心灵的震撼　灵魂的激荡　　　　　　邓敏 / 040

1

记忆里的故乡
　　——读《节庆里的故乡》有感　　　　　　　　李改群 / 045

太行山上的水，流过每一代人的心田
　　——读《山腰上的中国：红旗渠》有感　　　　陈泽宇 / 050

正是青春飞扬时
　　——读《新时代的青春之歌——黄文秀》有感　　吴华 / 055

追寻《唐胥铁路往事》，在中国铁路的起点汲取力量　孙佳禾 / 060

我与《创业史》的半生缘　　　　　　　　　　　　尚长文 / 065

《诗经》：一路诗意在，满心花海来　　　　　　　朱茜瑜 / 068

长大后我也成了她
　　——读《雪域长歌》有感　　　　　　　　　　郭佳 / 073

一个女人的海岛
　　——读《海魂：两个人的哨所与一座小岛》　　王梦灵 / 077

人生若只如初见　手握诗书伴吾眠　　　　　　　　谢攀 / 082

诗人的机智　　　　　　　　　　　　　　　　　　龙悦 / 085

大学组

青春的楷模，青年的榜样
　　——读《习近平的七年知青岁月》有感　　　　刘雨童 / 092

感悟红岩精神，将青春汇入时代洪流　　　　　　　陈钰婕 / 097

在书里寻找清凉心
　　——读丰子恺漫画　　　　　　　　　　　　　李若曦 / 100

《美的历程》：巡礼华夏五千载 　　　　　　　　　　　　 潘沛乔 / 105

我和《山海经》的故事 　　　　　　　　　　　　　　　　 张浩 / 109

文字的表现形式：印刷书籍的知识建构功能
　　——读《书籍的秩序》引发的思考 　　　　　　　　 苏欣雨 / 113

深渊之下觅星光
　　——再读《野草》 　　　　　　　　　　　　　　　 侯梓妍 / 117

《平凡的世界》：路遥精神的时代价值 　　　　　　　　　 焦昌新 / 121

从《红旗谱》看农民的启蒙过程 　　　　　　　　　　　 陈玥彤 / 125

征服林海，踏透雪原 　　　　　　　　　　　　　　　　 王渝茜 / 129

扬雷锋精神，绽青春之花 　　　　　　　　　　　　　　 黄金铃 / 134

让马克思主义更加贴近生活实践
　　——《到马克思的故乡去！》读书报告 　　　　　　 丁冬 / 138

问世间情为何物？
　　——《与妻书》读札 　　　　　　　　　　　　　　 蒋子莹 / 142

家乡瑞雪，河山安宁
　　——读《家山》有感 　　　　　　　　　　　　　　 王子灿 / 146

中小学组

给先锋英雄李延年的一封信 　　　　　　　　　　　　　 罗娅倩 / 150

一人一生一事，追寻内心的召唤
　　——《我心归处是敦煌》读后感 　　　　　　　　　 毕泷达 / 153

永不放弃自己的追求

  ——读《根鸟》有感   蒋嘉颖 / 156

稻田里的中国梦

  ——读《梦圆大地：袁隆平传》有感   李依宸 / 158

让"两弹一星"元勋的精神薪火相传   王梓淳 / 161

品历史经典 撷智慧之花

  ——《朝花夕拾》读后感   蔡祉嫒 / 163

保尔·柯察金，我的良师益友   陈思睿嫒 / 166

在《忠犬"阿秃"》里感受爱与忠诚   姚晨希 / 168

呦呦鹿鸣，蒿草青青

  ——读《屠呦呦传》有感   许晨萱 / 171

《典籍里的中国·少年读经典》

  ——有册有典 且行且歌   薛砚心 / 176

寻书而阅，为其解惑，了其乡土

  ——读《乡土中国》有感   吴玥 / 181

致敬最可爱的人

  ——《雪祭》阅后有感   肖邦鑫 / 184

动物是我们的好朋友

  ——《我的野生动物朋友》推荐   田李子 / 186

期刊类

如嚼橄榄回味悠长
——畅读《求是》杂志"党员来信"栏目有感　　　　文国云 / 190

读《教育研究与评论》"名师成长自述故事"：
循"明师"之道，赴"成长"之约　　　　　　　　余倩雯 / 197

读三联《少年》，让少年成为自己　　　　　　　　　陈倩 / 205

疑问号　感叹号　省略号
——《中学化学教学参考》读刊心得　　　　　　　解慕宗 / 210

《农村百事通》：擦亮老品牌，谱写新华章　　　　赵建亚 / 215

我在深圳读《读者》　　　　　　　　　　　　　　魏建华 / 219

从读者到作者：在教育行走的路上与《教育文汇》相伴　黄维舟 / 223

《少儿科技》伴我行　　　　　　　　　　　　　　陈力嘉 / 229

普法路上，《中国妇女》伴我成长　　　　　　　　　王雪 / 232

刚好遇见你，《河北教育》　　　　　　　　　　　王彦明 / 236

《中国财政》：滋兰树蕙　弦歌不辍　　　　　　　陈恒林 / 240

《湘潮》的守正创新　　　　　　　　　　　　　　　彭岗 / 245

《半月谈》：从简朴文字中感受不一样的力量　　　赵文瑜 / 249

我与《高中生》的廿载情缘　　　　　　　　　　　　甘健 / 252

三年与三十年

——我与《世纪风采》的故事 　　　　　　　　　　张晓东 / 258

我与《中国妇女》"情缘"长 　　　　　　　　　　　谭芳 / 263

读《中国粮食经济》：任何时候都不能放松粮食和

物资储备这根弦 　　　　　　　　　　　　　　　　杨文军 / 267

品读《咬文嚼字》，精进"审编校" 　　　　　　　蔡华林 / 271

《老人世界》：老年读者的良师益友 　　　　　　　王浩 / 275

读《新疆艺术》：侥幸撰文刊，相知难忘此 　　　　薛皓泽 / 279

与《小学生导刊》的最美"遇见" 　　　　　　　　李水英 / 283

《时代邮刊》：历史之厚重，时代之敏锐 　　　　　张家鸿 / 288

实用又有趣，健康科普还得是《家庭医生》 　　　　张美娴 / 292

《天池小小说》的情怀与温度 　　　　　　　　　　高春阳 / 296

相伴　相知　相长

——阅读《中学化学教学参考》三十八年有感 　　　王先锋 / 299

《安庆师范大学学报》："桐城派研究"栏目的学术启示　叶当前 / 304

图书类

成人组

三读《习近平的七年知青岁月》，让我的青春不再迷茫

赵德敏（乡镇干部）

优秀的书籍就像一座取之不尽、用之不竭的宝库，每一次阅读总会开启一段精彩无比的探宝之旅，让人回味无尽，受益无穷。有这么一本书，它陪伴我走过了五个年头，它就像苍茫大海中的一座灯塔，指引我走过入党、择业等人生的十字路口，让我的青春不再迷惘——它就是《习近平的七年知青岁月》。

初读，信其道

2018 年，眼见新一批的党员发展对象名单中并没有我的名字，我感到沮丧极了，一时间钻了牛角尖，生活和学习的状态一下子松懈下来。

我的大学班主任李老师敏锐地察觉到我的变化，看着我一下子变得像一个泄了气的皮球，毫不客气地说道："你入党申请书上不是清清楚楚写着'请组织考验我'吗？小小年纪，一遇挫折便垂头丧气，日后怎成大器？我推荐你看《习近平的七年知青岁月》，看看习近平同志

当年的入党经历。"

我羞愧难当，便火急火燎地蹬着自行车到附近的新华书店买了一本《习近平的七年知青岁月》。买回书后，我二话不说就捧着书阅读起来，从早上读到中午，又从中午读到了傍晚，合上书的时候已到晚上十一点（笔者当时在新疆读大学）。闭上眼睛，我仿佛穿越了时空，到达那片黄土地。我似乎看到那个从北京来的知青，已经褪去脸上的稚气。他白天与群众一起放羊、铡草、挑粪、拉煤、拦河、打坝，什么脏活累活他都默默无声地干，从不抱怨，从不"撒尖儿"（延川方言，本意是"耍奸儿"，即偷奸耍滑，偷懒）。到了晚上，他回到了窑洞，炕头一灯如豆，他一遍又一遍工工整整地写着入党申请书。八份入团申请书、十份入党申请书，不管何时、何地、何种情况，他都始终没有对党产生过怀疑，没有动摇过，他对共产主义的信念坚如磐石！

我犹如大梦初醒，忽然有些庆幸。入党不是过家家，而是一份庄严神圣的誓言，若是初心不纯洁、信念不坚定，又怎么能够做一名合格的共产党员呢？这个入党路上的"小插曲"让我扣好了人生第一粒"扣子"，让我获得了一份无比宝贵的"人生指引"。自此，我认真学习，积极进取，迎接考验，并于 2019 年考上了研究生，2020 年 12 月加入了中国共产党。

再读，奉其教

2021 年，我即将研究生毕业，彼时我又面临人生中的重大抉择——就业。当我的研究生同学一场又一场地参加招聘会，一批又一批地落实工作岗位时，我已经拒绝了成都、重庆多所学校的"入场

券"。有同学以为是我眼光高，"拣尽寒枝不肯栖"，殊不知，我正在经历天人交战：是留在成都、重庆，还是返回家乡？

我的家乡在湖北省十堰市郧阳区谭山镇，这里位于鄂豫陕三省交界处，山多地少、吃水困难、交通不便，百姓生活贫困，是典型的山沟沟。我的家庭并不富裕，祖辈务农，偶尔再打打零工、做做小生意，但是我的父母却极其重视教育，始终相信读书可以改变命运。我的父亲经常跟我说："山沟沟里可以飞出金凤凰，只要你肯上进，砸锅卖铁也供你上学。"我十余年寒窗苦读，为的就是有一天可以飞出山沟沟。而今，在重庆、成都等大城市就业的机会就在眼前，正该是抓住机会、一飞而上，我到底还在犹豫什么呢？

因为我看到了我的家乡发生了翻天覆地的变化，曾经的山沟沟逐渐亮起来、美起来、富起来；因为我听到了"时代楷模"黄文秀的故事，她在我的心里播下了一颗回乡的种子。而让我下定决心的，还是阅读《习近平的七年知青岁月》。我再次翻开它，从中感受到了青年习近平博大的胸怀、坚忍的意志和深厚的人民情怀。青年习近平扎根在气候环境恶劣的黄土高原上，一干就是七年。在这七年的青春岁月里，他了解了人民实际的疾苦，和人民建立了血肉联系，这为他提出精准扶贫思想奠定了基础，为新时代的山乡巨变埋下了伏笔。

习近平总书记在北京大学考察时发表了重要讲话，他指出，"每一代青年都有自己的际遇和机缘，都要在自己所处的时代条件下谋划人生、创造历史"。而今，乡村振兴的号角已经吹响，我们青年要牢记总书记殷殷嘱托，到基层和人民中建功立业，让青春之花绽放在祖国最需要的地方。

2021 年 7 月，我放弃了飞出山沟沟的梦想，返乡就业，成了一名基层工作人员。

三读，效其行

初任村主任助理时，我跟村干部一起入户走访，村民对我都很客气，但也仅限于客气，始终感觉不是太亲近。一问原因，乡亲们说："那个大学生戴个眼镜斯斯文文的，说一口普通话，文绉绉的，我们也不知道聊点儿啥。"

我恍然大悟，虽然我是土生土长的谭山人，但一直在外求学，根儿扎得还不够深，与乡亲们的血肉联系还不紧。

于是，我第三次翻开《习近平的七年知青岁月》，想要在青年习近平身上寻求指引。青年习近平十五岁离开北京，从繁华的大都市来到黄土高原上的小山村，城市与农村、繁华与贫困的落差霎时间被放大，但他并没有意志消沉，反而一路闯过"五关"（跳蚤关、饮食关、生活关、劳动关、思想关），实现了脱胎换骨的转变。在这个过程中，他完全融入这片土地，成了"黄土地的儿子"。他当选村支书后，又办沼气，办铁业社、缝纫社、磨坊，建代销点……群众需要什么，他就干什么，真正做到了"为群众办实事"。1975 年，习近平被推荐到清华大学学习，分别那天，梁家河所有村民，男男女女、老老少少都含泪相送，真正应了那句"群众把他抬举得很高，很高"。

《诗》云："'高山仰止，景行行止。'虽不能至，然心乡往之。"我笨拙地模仿着榜样的做法，一次又一次地往乡亲们家里跑，去跟群众唠家常，去倾听他们的真心话，去体会他们的喜怒哀乐。我看到，

花甲老人步履蹒跚，仍在田间辛勤劳作；我听到，午夜的荒野上，喇叭里循环播放"打你这害人的野猪"；我感受到，忙碌了一天的乡亲们在广场上翩翩起舞的那种惬意……我真正体会到了"待入尘寰，与众悲欢，始信丛中另有天"的内涵。

2022 年 7 月，我任徐家村党支部书记，我们发展香菇三万棒、红薯二百亩、油茶五百亩，让乡亲们在家门口就能务工；我们修村部广场、推进"厕所革命"，让乡亲们有一个干净整洁的人居环境；我们修机耕路、改造撂荒地，用心用情守护农民的命根子——土地……我在这里找到了青春的意义。

《习近平的七年知青岁月》是一本永远读不完的书，值得一读再读。

历经坎坷，笑对人生

——读《一蓑烟雨任平生：苏东坡生平游记》有感

朱梅（小学教师）

读书分为两种：一种是功利性读书，一种是非功利性读书。功利性读书可以帮助我们生存；而非功利性读书，比如阅读文学类书籍，则可以开阔视野、怡情养性、提高素养，并提升审美能力和对幸福的感受力，改变我们的生存状态。换言之，一个人活得好不好，日子过得幸不幸福，很大程度上是由非功利性阅读决定的。

这几年，随着年岁的增长，我越来越喜欢读散文了，尤其是名人传记，如《曾国藩传》《苏轼传》等。前段时间，我又读了一本写苏轼生平的游记——《一蓑烟雨任平生》。

苏轼，字子瞻，号东坡居士，北宋著名词人、书画家，"唐宋八大家"之一。苏轼是有良知的为官之人，是中国乃至世界文化史上的旷世奇才，是当之无愧的千古风流人物！

古代文人读书的理想大多是经世济民：就是使社会安定繁荣，百姓安居乐业。这是贤士的立世准则。苏轼作为北宋最著名的文人，当然也是如此。据说，他是宋神宗亲自选定的宰辅备选人，经世济民之

图书类

成人组

才当然是名副其实。但他的仕途却极其坎坷，一生大部分时间都在被贬或被黜。或许正因如此，我们才能看到一个多才多艺、可爱、高贵而又极富魅力的苏轼吧。

苏轼出生在四川眉山，学识渊博的父亲和知书达理的母亲给了他良好的家庭教育。从小博览群书的苏轼，拥有一双认识真知的慧眼，能写一手妙笔生花的文章。在他耀眼的惊世才华中，透露出他真诚的爱国思想和深厚的爱民情怀。

杭州西湖，是一个令人神往的地方。每到春天，苏堤上桃红柳绿，美不胜收，游人如织。"苏堤春晓"早已是西湖十大美景之一。很多人知道，苏堤是苏轼在杭州做知州时修建的，但很多人可能不知道，如果没有当时苏轼对西湖的治理，西湖甚至整个杭州城都早已不复存在。苏轼两度在杭州为官，第一次是三十多岁时任杭州通判，第二次是五十多岁时任杭州知州。他第一次来杭州做通判时，西湖已被葑草藻荇埋塞了十分之三；而第二次来做知州时，已经埋塞了一半。于是，苏轼上奏朝廷，多方筹集工程款项，制定了周密的行动方案，开始了大规模的抢救工程。所以，今天我们才能见到"水光潋滟晴方好，山色空蒙雨亦奇"的魅力西湖。西湖是苏轼留给杭州以及世人的珍贵遗产。

其实，早在苏轼治理杭州西湖前十多年，他从密州调任徐州做知州时，就治理过一个湖泊（现在叫云龙湖）。当时，黄河决口，洪水淹没了整个徐州城。苏轼带领城中百姓抢筑抗洪大堤，夜宿城墙上巡查险情，屡过家门而不入。最终，历时多天的洪水退去，徐州城和城中百姓的生命财产得以保全。由于抗洪有功，神宗皇帝下诏褒奖苏轼。

徐州百姓为了感谢这位好知州，纷纷杀猪宰羊。苏轼推辞不掉，收下后亲自指点家人制成红烧肉，又回赠给参加抗洪的百姓。"回赠肉"至今仍在徐州一带流行。大水过后，苏轼看到徐州城外筑堤的重要性，便率领百姓用木头加固大堤，并栽种柳树护堤，成为徐州城外一道美丽的风景，人称"苏堤"，这是苏轼修建的最早的苏堤。在徐州、杭州西湖苏堤之后，他后来在惠州也修筑过一条"苏堤"。所以说，苏轼是名副其实的水利工程专家。

苏轼离开徐州之后去了湖州，不久就发生了著名的"乌台诗案"。"乌台诗案"其实就是文字狱。苏轼生性率直，少有城府，且心地善良，从不设防，才华超群却心直口快，让那些才能远远比不上他却善于钩心斗角、陷害忠良的政敌非常嫉妒，于是在他写的文字上大做文章，想要置他于死地。苏轼在狱中待了一百多天，差点儿死在了狱中。出狱后，更是屡遭贬黜。

"乌台诗案"之后，他被贬到了黄州，没有任何俸禄，一家人的生计都成问题。后来在朋友的帮助下，苏轼在黄州城东开了一块荒地，这块坡地西高东低，当地人称之为"东坡"，这就是他自号东坡的由来。后来，苏轼还在坡地旁边建了几间草房，和家人过起了躬耕的田园生活。

初到黄州，劫后余生的苏轼又面临生计之苦，这是他人生最黯淡、最凄苦的日子。那首著名的《卜算子》，写的就是他此时的境遇：

缺月挂疏桐，漏断人初静。谁见幽人独往来，缥缈孤鸿影。

惊起却回头，有恨无人省。拣尽寒枝不肯栖，寂寞沙洲冷。

但苏轼毕竟是苏轼，他没有被巨大的挫折击倒，很快从短暂的颓废中超脱出来。他的许多诗词、文章佳作，都在此时相继写出，其中就有我们非常熟悉的那首《定风波》：

莫听穿林打叶声，何妨吟啸且徐行。竹杖芒鞋轻胜马，谁怕？一蓑烟雨任平生。

料峭春风吹酒醒，微冷，山头斜照却相迎。回首向来萧瑟处，归去，也无风雨也无晴。

词中所透露的处乱不惊的平静和宠辱不惊的淡然，让人钦佩不已！如果不了解词的写作背景，根本想象不出这是刚刚与死神擦肩而过的被贬黜的词人所作。还有那首著名的《念奴娇·赤壁怀古》，慷慨激昂，气势磅礴，格调雄浑，境界宏伟，是苏轼豪放派词作的代表。他的散文名篇《前赤壁赋》《后赤壁赋》，表达了作者对人生无常的高超见解，可谓千古绝唱。从文中可以看出，苏轼已经摆脱了逆境中的沮丧和消沉，变得乐观、豁达、随缘自适了，甚至超脱了生死与得失。清风明月，流连其中，苏轼自得其乐。

黄州，应该也是苏轼最幸福的地方吧。在妻子王闰之的撮合下，跟随他和妻子多年的侍女王朝云在黄州成了他的侍妾。一次，苏轼酒足饭饱后，拍着自己的肚皮问家里的人："你们说说这里面都有什么？"大家都说："一肚子的诗书文章。"王朝云却笑着说："是一肚子的不合时宜。"从此，苏轼将王朝云视为知己。王朝云给他生了一个儿子，可惜最后夭折了。这让苏轼十分心痛，王朝云更是痛不欲生。王朝云后来还陪他去了另一个贬谪地——惠州。"日啖荔枝三百颗，不辞长作岭南人。"这句诗就是写于惠州。但由于当地气候潮湿，生活条件极差，王朝云水土不服，疾病缠身，不久就在惠州病故了。王朝云去世后，苏轼为她写下了这样的挽联：

"不合时宜，惟有朝云能识我；独弹古调，每逢暮雨倍思卿。"

此后，苏轼身边再无女人，跟在他身边的就只有他的小儿子苏过。

苏轼每到一个地方，都为当地的百姓做很多好事、实事。他最后被贬谪的地方是儋州，位于海南岛。去海南岛儋州时他已经六十二岁了，食无肉，病无药，居无所，是他当时的生存状态。没有钱买肉吃，他就去集市上买肉摊上卖剩的骨头，把骨头上的肉剔下来吃，这应该就是我们今天说的剔骨肉吧。即使在如此恶劣的条件下，苏轼也在想着为百姓办事。他在儋州开办学堂，发展教育，他所教的学生姜唐佐，是海南有史以来的第一位举人。从此以后，海南岛学风渐开，宋、明、清几代，出举人七百多人，进士近百人。

苏轼是乐天派，是伟大的人道主义者，是百姓的朋友……但这都不足以道出他的全部，他智力超群，心灵却像天真的小孩。他的作品超越了陶渊明的消极避世，不似李白的天马行空，回避了杜甫的悲苦愤懑，而显得天真淳朴，清新自然，豪放洒脱，如行云流水，开创了一代清新文风，塑造了中国特有的文人品格。

苏轼的一生，坎坷磨难不断，但不管遇到什么样的困难，他都没有向命运低头，正如他在词中所说：一蓑烟雨任平生！他在最艰难的日子里活出了人生最美的姿态，是我们学习的好榜样。

她是敦煌的女儿，我们是铁路的儿女

——读《我心归处是敦煌：樊锦诗自述》有感

王宏宇（铁路职工）

来也匆匆，去也匆匆，不知何时开始我们的生活节奏越来越快，在日渐匆忙的生活里，我们总会被各种各样的"小插曲"干扰，从而忽略了内心的"主旋律"。然而，当我合上《我心归处是敦煌：樊锦诗自述》这本书后，我心中那曲在杂音中渐弱的"主旋律"又重新奏响，樊锦诗的事迹好似一双温暖的大手抚拨着我的心弦，让我重新听到自己的心声，寻找到那个久违的"我"。

在书里，樊锦诗曾说过这样一句话："我已经感觉自己是长在敦煌这棵大树上的枝条。……我离不开敦煌，敦煌也需要我。"樊锦诗是敦煌的女儿，我们又何尝不是铁路的儿女呢？纵横交错的铁路网不正是祖国大地上的一棵枝繁叶茂的大树吗？而我们铁路工人又何尝不是这棵大树上的小小枝条？我们离不开那一双铁轨的支撑，祖国大地上的钢铁巨龙也需要我们来建设和养护。樊锦诗从青丝到白头，用一生守护敦煌，而我们也将用自己的青春去建设、去养护祖国大地上的铁路。

作为一名工务大修段的流动施工作业人员，我满眼所见的往往是绵延的山峦和无边的田野，有时望着群山中蜿蜒着看不见尽头的铁轨，心里偶尔也会泛起一丝寂寞；有时翻着微信朋友圈，看见同学、朋友照片中的高楼大厦和万家灯火，心里偶尔也会浮起一丝羡慕。但是在读完樊锦诗的这本自述后，我感动于她在那遥远的戈壁滩守护敦煌，于是试着用她的心境来看待我现在的工作环境，一切都变得那么不同了。我发现铁轨旁的一草一木、一山一水都是祖国的大好河山，我在这山野里用双手铺就的是一番伟大的事业。我脚下的铁轨是连接起一户一户中国家庭的幸福线，在我们换修的线路上面，人们坐在火车里怀揣着希望和梦想回到家乡或奔赴远方，各式各样的货物承载着人们的期盼通过火车到达终点。想到这一切，喧闹的城市生活便不再有吸引力，反而是眼前的绿水青山越发美丽，我脚下的那双铁轨分外耀眼。

20 世纪，樊锦诗也是通过铁路乘火车从千里之外的上海赶赴敦煌。《汉书》中说："敦，大也；煌，盛也。"敦煌即繁荣昌盛之意。而千年后樊锦诗来到的这个敦煌却是断壁残垣，早已在千年的风沙中隐去了色彩。仅是 1900—1930 年这短短三十年间，在西方列强的掠夺下，成千上万的经书、绢画、彩塑、壁画等文物精品被运出国门，莫高窟这位饱经风霜的"老母亲"只能眼睁睁地看着自己千百年来孕育出的一个个"孩子"被强盗掳走，而当时积贫积弱、软弱无能的政府却对此无能为力。樊锦诗感慨，在敦煌的这段历史里她看到艺术和文化是与国力有着紧密联系的，艺术和文化是国家气象的反映。盛唐时期万民来朝的莫高窟和现在隐入尘埃的莫高窟，在艺术的创造和文化的传承中，呈现的是两种截然不同的气象。在被风沙侵蚀、破败的洞窟中，樊锦诗心里已经暗暗画下一幅蓝图，她相信，随着祖国的强大，莫高窟一定会重现历史的辉煌，敦煌一定会再次"大而盛"起来。她扎根敦煌，夜以继日地保护修复莫高窟，莫高窟的面貌也随着樊锦诗等一众文物工作者的不懈努力和祖国的繁荣发展变得清晰明了起来。与此同时，各类新兴科学技术如雨后春笋般节节生长，樊锦诗得以借助数字技术让莫高窟的文化艺术瑰宝在网络云端重生、永生，让更多的人、让千秋万代的子子孙孙都能见到在风沙里等了千余年的莫高窟的原貌。

何止是敦煌，我们铁路的命运难道不也是和国力息息相关的吗？新中国成立前，外国列强争相在中国建设铁路，那时的铁路是他们在我们的祖国大地上划开的一条条口子，流的是中国人民的鲜血和泪水！现在，中华民族以昂扬的姿态屹立于世界民族之林，国家的强大也让铁路真正成为利国利民，为人民服务的幸福路。我们铁路人筚路蓝缕，从开始的赤手空拳开路架桥，到现在的高科技自动化作业，一路走来，一条又一条线路开通，天堑变通途，一列又一列客货车飞驰在祖国广袤的大地上，带动经济的腾飞，人民的生活日益美好。今天的敦煌越来越好，铁路建设得越来越好，正是因为有强大的祖国作为我们的后盾。

从前孔子称赞弟子颜回："一箪食，一瓢饮，在陋巷，人不堪其忧，回也不改其乐。贤哉，回也！"我想樊锦诗也是如颜回一样的贤德之人。那时的敦煌条件太艰苦了，她回忆自己刚到敦煌时想吃瓜子，却连瓜子壳也找不到，大家住的房子是曾经的马厩，喝的是宕泉河里的咸水，床是土制的，就连书架也是用土砌起来的，土地、土墙、土灶、土炕、土桌、土凳……在这荒凉的戈壁滩中，樊锦诗还要忍受夏天的酷热和冬天的严寒，忍受和爱人孩子分离的思念，但她苦中作乐，在莫高窟一个又一个的洞窟里奉献着自己的青春。

当我读到在敦煌 −20℃的冬天，樊锦诗拖着羸弱的身体凿冰烧水，在用废报纸糊住天花板的寒舍里咬牙坚持挺过严冬时，我不由得想起自己有一次在襄渝线精调的情景。那天忽然天降大雨，哗啦哗啦的，天地间都是一片白。襄渝线桥隧相连，在桥上，飘泼的雨夹杂着呼啸的风仿佛能把人吹倒，而我们不仅没法打伞，还要一手拿着道尺，一手拿着石笔。雨衣在暴雨中也几乎成了摆设，雨水像小溪一般从领口往里灌。在雨中石笔的痕迹消失得很快，需要协助人员带着内燃螺栓扳手紧紧地跟着。雨声、风声、内燃螺栓扳手的轰鸣声交织，我得扯着嗓子喊才能让作业人员听见我的声音。戴着眼镜的我不断地被雨水模糊了视线，在一次又一次抹掉镜片上的雨水时，我心里时不时闪过放弃的念头，但随后又咬咬牙坚持检查轨距。天窗点结束后，我的手和脸早已被风雨吹打得通红，但我在完成工作后哆嗦着看见列车在狂风骤雨中呼啸而过时，心底却有一种热情和自豪油然而生。我想，几十年前的樊锦诗在那样艰苦的环境中咬牙坚持，看到莫高窟从荒凉破败到游人如织时，也是这样的心情吧。那一刻，我们这跨越山川、跨越时光的两代人，是不是在某种程度上有了心灵的共鸣呢？

"羌笛何须怨杨柳，春风不度玉门关。"樊锦诗作为敦煌的女儿，用自己的坚守把阵阵春风带到位于茫茫戈壁滩中的莫高窟，吹去了掩盖在莫高窟上的千年尘埃；而我们作为铁路的儿女，也将自己的汗水浇灌在祖国的铁路上，为践行"交通强国，铁路先行"的新时代历史使命赓续前行，奋勇争先！

《泥土　脚印（续编）》让我与范用"相约在书店"

向敬之（大学教师）

一

2005 年年底，我初到岳麓书社上班。不久，社长丁双平调任湖南教育出版社掌门，临行前，他送我一册小书，并说："范用是一位出版大家。"

书是《泥土　脚印（续编）》，开本不大，也不是很厚，让我粗略了解到作者范用是什么人。

后来，我慢慢关注范用及其长期呵护的三联书店，知道了"生活·读书·新知"的真实含义。虽然范用的文字叙述有些琐碎、平实，但我还是喜欢他的努力、认真、真诚和豁达，喜欢看关于他的文字与思想，喜欢读他的著述，欣赏他做出的封面。

后来，读俞晓群的《前辈：从张元济到陈原》，名家张元济、王云五、陈翰伯和陈原等人从事出版的精神、思想和行为，使我进一步熟悉、歆慕和钦敬。

俞晓群写这些了不起的出版前辈，如清末进士、翰林院庶吉士出身的张元济，早年进入商务印书馆，积极策划本土新书、教材，或请人编译外版书，为了推出纯学术著作，敢于牺牲商业利益，迁就高校名家，甚至在自己不拿厚酬的情势下，高薪延请邝富灼、陈独秀、王云五来馆工作，开启了介绍西方学术的伟业；如大作家叶圣陶，自谦编辑为第一职业，而其编辑工作为读者奉献了许多好书、好杂志，更为中国文坛发现了巴金、丁玲、施蛰存、戴望舒等著名作家；如"文化理想主义的出版典范"巴金，主持文化生活出版社长达十四年之久，一直坚持出版严肃的文艺著作，在吸收名家加盟的同时侧重培养新人、发现新作，打破门派、地域、潮流等限制，从五湖四海遴选作者；如张中行，认真、勤奋，其作品句子短、语言直白且不喜用成语、诗词、名言、空话、套话，叶圣陶掌管人民教育出版社时审稿极严，却对张的稿子"不看照发"；如王云五，得力于学生胡适的举荐，进入商务印书馆，编辑《百科全书》，出版"万有文库"，推行科学管理法，着实为出版做了贡献……让我遗憾的是，他少写了夏瑞芳、陆费逵和姜椿芳，漏掉了与三联书店一直亲近的徐伯昕、黄洛峰与范用。这些出版前辈，都是值得我们去记录和书写、学习和追忆的。

再后来，三联书店原副总编辑汪家明将范用做出版、忆书人和谈读书的部分文字，编成《相约在书店》，方便我们了解并理解那个瘦小老头儿的性格、行动、喜好、交际与生活。我想，当时已辞世一年有余的范用，在天堂许是欣慰和感慨，感叹他坚守出版、传播文化、普适文明的做法、选择与经验，对于身处数字出版时代的我们，仍有不少引导、劝诫、警醒和裨益。

二

范用生于小商人家庭，遭慈父早逝、日寇侵华，不得不从初中辍学。经舅公介绍，他被黄洛峰接收，进入读书生活出版社做练习生跑印刷厂。原想求得一谋生度日的差事，而其自小喜欢读书、读杂志的习惯，激发他在艰难环境中仍认真学习，最终成了一名革命出版人士。

范用年纪轻轻就经理出版社分社，后辗转任职于中共中央宣传部出版委员会、中央人民政府出版总署出版局、新华书店总管理处等单位，1959 年起先后担任人民出版社副社长和生活·读书·新知三联书店总经理，将邹韬奋的出版精神和思想一步步地发扬光大，带领三联书店成为今日中国出版界的翘楚；推动《读书》和《三联生活周刊》树起中国文化界的两面旗帜；在改革开放初期联袂诸多思想者吹响"读书无禁区"的号角，使备受压抑而苦痛挣扎的知识分子精神振奋。

也许，没有家难国仇的逼迫，范用就不会提前进入书业磨炼；国仇家难的存在，使他快速成长和成熟，成为被压以重担而不负众望的好手。

这与其爱逛书店，长时间在书店看书，节省零花钱买杂志不无关联，但不具多少必然性。这个偶然，为中国现当代出版事业造就了一个领军人物。

他小小年纪，不爱在自家店里听算盘声、讨价声，却不时跑进对门的小印刷铺，看那神奇的印刷机，将一张张白纸吃进去，吐出一张张满是文字的书页。印刷工不许他到圆盘上调弄油墨，他就买来水彩颜料大调特调，到处涂鸦；排字工极其厌烦机械的拣字工作，他却将捡起地上的铅字、花边，视为乐趣。

他读了茅盾的小说《少年印刷工》，就梦想着去做印刷学徒工。

三

印刷学徒工没做成，他最后成了出版家。

他用一生为书籍奔波忙碌。他忘不了在学校里办《大家看》油印报，忘不了书店里与其方便的大哥哥，忘不了在国统区给在延安的毛主席买书的艰险和欢欣，忘不了漫画家叶浅予、华君武、方成、韩羽等不定期地赠书赠画，当然，更忘不了出版《傅雷家书》的点点滴滴。

特殊历史时期，被划为"右派"的傅雷偷得机会和在海外学习的儿子傅聪经常通信，谈艺术、文学、思想、生活琐事和青年人的理想，谈"国家的荣辱、艺术的尊严"。范用为了将书信结集成书，介绍给广大读者，让天下的父母子女去感知亲情真爱的艰难和激烈，四处奔走，上下争取，力排众议，终于使之于1983年面世，一再重印。这部发行量超百万册的书之所以畅销，得益于范用作为出版家的胆识和正义、清醒和坚定。他还冒着亏本的风险，主编了皇皇巨著《傅雷译文集》和《傅雷全集》。

范用为书籍倾尽心力的一生中，同许多前辈真诚交往，为不少新人认真服务，和他们成了莫逆之交，赢得了大家的信任、尊重、友情和敬意。

李一氓请他作为自己回忆录的第一读者，田家英常请他到中南海办公室看私人藏书，胡愈之将他列为出版界优秀代表推荐给毛泽东，巴金对他设计的《随想录》封面甚为满意……

他在三联书店的"520"办公室，成了文化宿贤们相逢的据点：卞之琳去东四邮局寄信，偷空来这里抽支烟；"文革"时被迫靠边站的袁水拍，有空时来坐坐；启功不惧年迈而吃力登高，送来一书一画；

丁聪在家里迫于夫人下达的节食瘦身计划，只好来这里找他，一起把东四一带的小馆子几乎吃遍。

范用对书近乎痴迷，爱出好书，喜动手操作，当编辑，做装帧，顶着压力编关于蒋介石的全集、传记，评卞之琳、叶灵凤、钟芳玲、吴兴文的新书，把淘书友们买书的余兴编成好玩、耐读的琐记。

我喜欢他在三联坚持且倡导的装帧风格：简约而凝重，精致而大气，淡雅而迷人。

他自称"叶雨"，但设计的书衣却不业余，让素颜的书影成就一种简单和美丽，积聚一份魅力与传奇。

无论是书影、扉页，还是目录页、正文版式，大多采用新颖独特的创意和简洁明快的画面表现，内涵深刻丰富，似乎过于简单没有多少技巧，却如同一股清新之风，舒服人眼，惬意人心。这一以贯之、持之以恒的风格，远胜于色彩花哨繁杂、文字错乱堆积、内页胡乱装饰、形式瞬息多变的快餐书。

范用在《叶雨书衣》自序中说，有一朋友，遇到不少内容好的图书，只因装帧不好，不买。这使我联想到，图书作为知识传播、精神享受的重要载体，不论纸张、广播、影视、网络、手机、电子阅读器等传播媒介如何登场博弈，内容的定位和选择、思想和坚持、市场和创新，都需要紧贴社会，紧贴时代，紧贴离不开文化与文明的广大读者。

范用的成熟和成功，留在了我们的记忆与内心深处，而他穷尽一生走在书之旅途中的文字、精神、思想与情趣，能否长久地影响新时期的出版人、编辑者、传播者、创作者和阅读者呢？

这需要我们去思考、追索和传承，就像传递《相约在书店》里的风景一样：坦诚，清醒，开阔。这些，只是范用在人生泥土上留下的文化脚印；而我们的泥土上，是否也存在另一行脚印？

四

2015 年 9 月，三联书店出版一本《存牍辑览》，著作者署名"范用编"。是时，距范用 2010 年 9 月病逝，正好五年。

出版者说："本书由著名出版家范用先生生前编订，所选胡愈之、叶圣陶、巴金、夏衍、萧乾、唐弢、黄裳、陈白尘、黄永玉、董桥等数十人的数百封信件，均与书有关，时间跨度达五十余年，涉及一些重要出版物如《傅雷家书》、《读书》杂志、《随想录》、《懒寻旧梦录》、《干校六记》等编辑出版背后的故事，还雪泥鸿爪般呈现出通信人对学问和社会的真知灼见。"

虽然范用西归道山五年，但读者还是记得他，记得他那人性光芒显耀的三联风格，记得他曾策划出版了巴金的《随想录》、陈白尘的《牛棚日记》和《傅雷家书》……当然，也会记得他当年出版《随想录》时，一字未删，被巴金称为"是你们用辉煌的灯把我这部多灾多难的小著引进'文明'书市"。

"相交无他事，唯有书与文。"

《存牍辑览》这部作者们专门写给范用的书信集，"不同于一般意义上的书信集，过去很少，将来恐怕也不会再有了"。

这是一部关于编者和作者之间信任与感觉的出版史，也是一部关于中国现代出版和中国出版现代化的文化史，更是一部印证范用是著名的"三多先生"（书多、酒多、朋友多）的知见史。

向死而生：湘江战役中的信仰力量

曾一鸣（书店员工）

　　小时候看过一部叫《长征》的电视剧，里面有一场十分惨烈的湘江战役在我幼小的心灵中留下了深刻的印象。至今仍记得师长陈树湘率军全力掩护大部队撤退，弹尽被俘后，愤然从腹部伤口处拉出肠子用力绞断，壮烈牺牲，实现了他"为苏维埃新中国流尽最后一滴血"的感人故事。

　　近日，偶读作家曾平标的长篇报告文学《向死而生》，发现这是一本充满着人性光辉的书。这本书既介绍了湘江战役中的历史事件，也深入探讨了革命先烈们面对生死考验时选择牺牲的原因，以及信仰的力量在战争年代中具有的重要意义。

　　《向死而生》真实地还原了湘江战役的历史，它为我们讲述那些尘封了近一个世纪的历史细节。为掩护中央首脑机关和红军主力部队渡过湘江，红五军团第三十四师血洒都庞岭，师长陈树湘被俘后断肠明志；第一〇〇团团长韩伟跳崖取义；红一军团第二师第五团政委易荡平自戕铸忠魂；红三军团第五师第十四团团长黄冕昌血洒虎形山……

　　湘江战役是长征途中最为惨烈，关系中央红军生死存亡的一场战役。不管是从历史课本上了解它，还是在《向死而生》中深度探讨它，都可以听到一个相同的声音：湘江战役的胜利来之不易，但中央红军也为此付出了惨重的代价。在与国民党军鏖战五个昼夜后，我们可敬可爱的战士由长征出发时的八万六千多人锐减至三万多人。他们战斗的地方，是湘江两岸的悬崖峭壁；他们的敌人，是强大的国民党军队。因此，湘江战役不仅仅是一场军事战争，更是一场信仰与意志的较量。

《向死而生》这本书，就像一粒珍珠，闪耀着历史的光芒，让我们深深感受到信仰的力量。红军战士们身处战火纷飞的年代，面对敌人的屠杀和无尽的苦难，他们并没有被恐惧和绝望击垮，他们选择了信仰，选择了宁死不屈，而这正是他们最为坚定的力量来源。正如磐石之坚不畏风雨，他们用信仰编织了一张坚不可摧的网，守护着自己和祖国的尊严。

作者在书中写道："站在湘江边，我深深地默想：红军战士到底是用什么'特殊材料'做成的？究竟是什么力量让他们宁死不屈？信仰，因为信仰。"湘江战役中的红军战士们，就像火中的莲花，虽然身陷火海，但他们的信仰却焕发出更加耀眼的光芒。湘江之水汹涌澎湃，湍急如狂，而红军战士们却像一支支钢铁般的铁骑，勇往直前，宁死不屈。他们不畏艰难险阻，不惧生死，只为了一个信仰，为了一个梦想。

湘江战役就像一场人间大戏，瞬间便让我们领略了人性中最为美好的面貌。红军战士们的信仰如同漫天的烟火，绚烂而又耀眼，激励着我们追寻理想，勇往直前。而这种信仰，不仅是在战争年代绽放出的，同样也在和平年代，如一盏明灯指引着我们前行。在战争年代，信仰是牺牲流血，宁死不屈；在和平年代，信仰是奉献社会、建

图书类 成人组

设国家。今天的我们，虽然远离了枪林弹雨，但人生之路，同样荆棘丛生！面对前进道路上的困难、诱惑和迷惘，我们又该如何自处？显然，一时的激情与奋斗，是无法保证自己屹立不倒的，只有一世的坚持与拼搏，才能让自己在主航道上保持定力、勇往直前。"问渠那得清如许？为有源头活水来"，内化于心的理想信念就是持之以恒的精神源泉。正如习近平总书记所说："理想信念就是共产党人精神上的'钙'，没有理想信念，理想信念不坚定，精神上就会'缺钙'，就会得'软骨病'。"

"信仰是人们前行的动力，是向死而生的勇气。"湘江战役中红军战士们的信仰，早已经超越了个体和群体的范畴，成为一种无形的力量，一种指引人们前行的灵魂。我们要不断汲取红军战士的精神力量，坚持不懈地追求自己的目标，不断提高自己的道德修养，为实现中华民族的伟大复兴而不懈奋斗！

生活在人世间的世间人

——读《人世间》有感

郭良正（作家）

　　读梁晓声老师的三卷本长篇小说《人世间》是个大活儿。干大活儿前要先做好准备，俗话说，磨刀不误砍柴工。读书对我并非难事，因藏书多，阅读广，受到国家嘉奖，被授予全国"书香之家"美誉。只是，拜读如此巨著，需要做些准备工作，先找两部大书看看，磨磨性子，才好再心平气和地读《人世间》。先读的《安娜·卡列尼娜》，再读《罪与罚》，去考验一下我的耐力和昏花老眼，觉得合格后，这才有胆量翻开一百多万字的《人世间》。不觉间，读完《人世间》这部皇皇巨著，竟占去了我去年秋冬两季时光。

　　我生于 20 世纪 60 年代初，书中的兄妹仨，岁数比我大得多，硬拉成是同代人也行，只是跨度大点儿。提起那段岁月，我这岁数的人都记忆犹新，而书写得又很真实，尤其能产生亲近感，这是我能沉下心来看这部作品的前提和基础。

　　1970 年，我老家开过矿山。所以，一看到周志刚师傅，觉得特别眼熟。小时候成天跟在检修工师傅屁股后拾废弃物料卖，赚点零钱的事，又回到了眼前。我老家是豫南偏僻县域，本地知青出不去，外地知青进不来，只能是就地安置。吃商品粮的，中学毕业没事干，就成了知青。这些不成规模的知青，基本上不指望他们干啥农活，有点游侠骑士的派头，我有时还会跟在他们屁股后面打转转。现实印象，加上叶辛、史铁生，还有眼前的梁晓声，供给着源源不断的知青文学，就此来讲，对知青岁月，我还是有所了解的。就从这两点看，这部《人世间》很对我的胃口。

老周家这一家人，在新中国成立之初，应是占了先机的。因周志刚支援三线建设，一家人转为非农业户口，不说是一步登天，起码不再是"面朝黄土背朝天"的农民了。更重要的是，周家人持家有道，善良，与时俱进，周秉义、周蓉积极主动地成了社会弄潮儿，周秉昆再不济，也有机会成为工人（况且，他靠自学也取得了大专文凭）。虽说他们所居住的共乐区破旧了些，但毕竟是城市，在那个年代，能够在城里有两间瓦房，对一般农民来讲，是想也不敢想的事情。

20 世纪 80 年代，我以自己的努力，成了"吃商品粮"的人，也进了国企，并且还是大国企，就有机会和木材厂的肖国庆、孙赶超，酱油厂的周秉昆、曹德宝、唐向阳和吕川"厮混"在一起，成了"工友"。那种"二八"自行车，是那个时代的流行品，几个人一撺掇，狼一群狗一伙的，时常穿行在大街小巷，穿行在山间小道，去尽享青春岁月。当我和书中人们的轨迹越行越近时，我也已成了两鬓苍苍"奔六"的人。岁月呀，除了留下满脸皱纹、满心惆怅、满眼昏花、浑身疲惫，也许还有或无奈，或穷开心，或清醒，或浑浑噩噩，或时断时续的回眸。

梁晓声那代作家阅读俄国作家作品，肯定要比我们读得多，理解自然也比我们透彻，由此借鉴来的创作手法，在《人世间》里也有迹可循，悲天悯人的情愫贯穿作品始终，从他"晓声"里发出的大音，其内涵都是善良和担当，这在周家几代人中延续着。这既是作品的主旨，也是中华民族一直弘扬的，是一种正能量。周秉昆这位曾经的文学青年，从《怎么办》里找到了自己的薇拉，就是眼前的郑娟。即使如此，他毕竟不是罗普霍夫，只能面对现实，而现实就是家庭。家庭就是事业，事业也是家庭。他的追求也不再是什么远大前途，而是家庭的兴盛与和谐，是家人都能过上更好的日子这一朴素愿望，是与"寡妇"郑娟不弃不离，相濡以沫，终得福报的圆满结局。

周秉昆的善良，是一如既往给郑娟"输血"，毫不介意地接受没有血缘关系的儿子，并且视如己出。由此，我忆起从小听闻的神话故事，拾柴人每天从所带干粮里，拿出一小份放入石狮嘴里，当大洪水来时，完成了自我救赎，从而得以在石狮肚里逃过一劫，也担当起了繁衍人类使命的重任。周秉昆的"输血"，实是类似的自我救赎。

令人诧异的是，那个本该忏悔的投机者骆士宾，从没放下架子，以实际行动去进行自我救赎，而是变本加厉地凭着一贯做法，用含有原罪的财富实力去疯狂一博。最后，只落个"机关算尽太聪明，反算了卿卿性命"的悲惨结局。这一绝妙之笔，既符合传统恶有恶报的观点，实际上，也是作者给世道人心敲响的一记警钟。

撇去周志刚的老成持重，撇去周秉昆的好人形象，撇去郑娟的贤惠孝顺，《人世间》仍有可圈可点之处的是周秉义的处变不惊，蔡晓光的处事练达，乔春燕的大胆泼辣。这些都是能给人以定心丸作用的社

会担当，有这些人在，天塌不下来。

饮食男女，平凡岁月，是这个社会绕不开的主场景。《人世间》的男男女女，虽说不在同一屋檐下，毕竟都在人世间生息，说不定什么时候就会迎面相撞。那一个个熟悉的面孔，虽没什么坏人可言，但素质必有高下之分，给社会所带来的损益也会有别。

《人世间》所呈现的社会场景，是绵绵五十年生活的细水长流，是活生生的人间图谱，是左邻右舍的熟人，他们在过日子，他们在熬生活。岁月尽管绵长，悠悠五十年，却也简约，字字融入三卷书；社会尽管巨变，世道人心却恒常，崇尚真善美，针砭假恶丑。悲也人世间，喜也人世间；爱也人世间，恨也人世间：因为我们都在人世间。

为人过日子，都难；不能因为难，就得过且过、不管不问。正是因为难，才要回过头来，看看所走过的历程，这正是人类的高贵之处。所以说，人啊，闲暇了，去读长篇小说《人世间》吧；人啊，困倦了，去读长篇小说《人世间》吧；人啊，开心了，去读长篇小说《人世间》吧。为何？因为书里有你我的前世今生，需要去回眸，需要去追忆。

《宝水》：美丽乡村建设的崭新抒写

李恒昌（铁路职工）

> 诗人的天职是还乡。
>
> ——海德格尔

读《宝水》，是一次有别于之前的阅读。因着它已经头顶茅盾文学奖的光环，自然带着一份敬重，也带着某种审视的成分。

这部关于美丽乡村建设的长篇新作，被称为"70 后"作家的突围之作。于我，似乎更是一部破除心头疑问之作。它以一种更有说服力的方式抒写新时代新主题，深刻、细致、扎实，自然规避了许多非艺术的东西，让我与美丽乡村宝水经历了一次真诚的"遇见"和深度的"交流"。

一是破除了为什么执意回农村的最大疑问。主人公地青萍辞去公职离开城市，到偏远的宝水村替老原照看民宿，自然需要一定的动因。这不是官方行为，也不是组织安排，一切都自然而然地发生，是主人公自身的需要，是精神的需要，也是灵魂的需要。

最直接的动因，是治疗失眠的需要。地青萍自从父亲和奶奶，特

图书类

成人组

别是丈夫豫新去世，母亲定居国外后，陷入了长期失眠状态，这像一种酷刑折磨着她的身心，而且久治无效。突然有一天，她发现，"在乡下能睡好"，"在乡村的气息里"，甚至牛粪的味道里，"我睡得很好"。于是，她便做出了那个在别人看来不可思议的决定——辞去城里的工作到宝水村去。"我决定过来住。马上。"她真的来了，长期折磨她的病也逐渐好了。"只想着能舒展筋骨就好，可是躺着躺着，居然睡了一小觉。""干干净净清清爽爽如初春的大地，是让她放心厚实，也是令她踏实的陈香。""不知不觉地，自然而然地，就那么睡着了。一夜无梦，睡得很好。"

最关键的原因，还是为了能够找回真正的自己。地青萍原本生活在农村的福田庄，身上带着农村孩子的天性，城市生活改变了她许多许多，不能改变的是一颗本真的心。"童年的福田庄里，我的日常就是东游西逛大呼小叫地撒欢，滚出一身浓浓的泥巴味儿。回到城里后，经过几十年的努力淘洗，看起来似乎不再那么泥巴，可是只要见到亲近的人，只要浸泡在亲密的氛围里，就会迅速地原形毕露，泥巴味儿浓浓。"在宝水村，经过一段时间的努力，她果真找回了自己。"尴尬片刻，我说，还是等你爸爸回来再说吧，谢谢你。她庄重地点点头，十足的小大人样。在这个瞬间，像照镜子一样，我突然照见福田庄时的自己。那时的我啊，还真是胡天胡地，没心没肺。""仿佛在这一刻，穿越了福田庄的老宅，穿越到了小时候。"

最深层的原因，是来自故乡和心灵的呼唤。故乡在呼唤着她。"那片土地，那个村庄，那座房子，那些亲人，都只能待在原地，等着我们回去。"因为她从小跟奶奶长大，她的形象又特别"袭"了奶奶，而奶奶把根扎在福田庄——"福田庄就等于奶奶，奶奶就等于福田庄"，所以，她的回归还有另一番内在逻辑——寻找去世的奶奶，是奶奶的灵魂在呼唤着她。在她灵魂的深处，故乡福田庄具有至高无上的地位，是她心灵深处最独特的柔软的存在。心灵的呼唤，让她后来跟定了老原，回到老原的老家，因为他们有着共同的乡土灵魂，甚至有着相同的生活习性。由此，作品抵达了灵魂的深处，也抵达了非常难得的深度。

二是破除了为什么一定要把农村的根留住的根本性疑问。这是一个看似平常但很难得到明确答案的问题。之前，听到的更多的是一些大道理，作者却告诉我们一个实实在在的"小道理"。九奶与老原父亲的一番对话，不仅让人心头一震，更让人找到一个足以信服的答案。那是因为老原家的老房子就要倒塌了，九奶劝其回来修一下时的对话。语言很节俭，道理却说得极为清晰。"要是哪天想回来，就没有了站脚的地方。""不回来了。""人家就会说，村里没原家了。原家没老家了。""就叫他们说去。""你这些话，能让坟里的先人听？""坟里的先人，也不知道个啥，也听不见个啥。""那你还回来上坟哩。"九奶最后一句，老原之所以没有接住，就在于她说出了问题的根本和实质。家庭小道理如此，家国大道理同样也如此。假如我们不推进乡村振兴和美丽乡村建设，失去养育我们的根本，我们又将如何面对地下的先人？事实上，宝水村无论是乡村旅游的开办，还是对大槐树的保护，抑或村史馆的建设，无一不是"把根留住"的具体行动。

三是破除了美丽乡村究竟美在何处的最直接疑问。"啥美丽乡村？那能有多美丽？再美丽也是农村！你还没受够呀。"这是主人公母亲来自国外的担心，也是读者较为普遍的担心，更是本人的一种深层疑虑。当作品序次展开，乡村究竟美在哪里，逐步有了越来越清晰的答案。这种美丽，不是外在，不单纯在环境，最关键的是乡下人的淳朴和善良。一如青萍奶奶所言："都在一个村子里，他们没办法，我也没办法，咱不能光顾着自家。""在一个村子里过了这些年，都是乡亲，遇事不帮，咋能还算是乡亲。"这既是乡村人的逻辑，也是乡村的最美之所在。

当然，这种美丽，体现在诸多方面。譬如，乡里人直爽，说话声音大，"自带扩音器"。这也应该是一种美丽。就连他们之间闲聊天——"扯云话"，在作者笔下，也是那么富有诗情画意——"美妙得让我鸡皮疙瘩都起来了。天马行空，白云苍狗"。这里的设施虽然是简陋的，但也是美丽的。在主人公眼里，"石头房是小窗户，光线不好，有一股陈旧的温意"。九奶是苍老的，但她的眼睛是美丽的，"昏暗的眼睛定定地看着我，仿佛是第一次看见我，瞳仁中幽光闪烁，有一点儿神秘的巫气"。

尽管不乏自然的美，如何振兴、如何摆脱贫穷，实现真正的美丽，这才是最根本的问题。这一切，都是从日常做起，似乎也不需要上级搞大的投入，或者给予更多的扶持政策，无不体现着乡村人自我"逐梦"的诗性美丽。像对老祖槐的自觉保护，对灯台草、白蒿、吉木、山楂等的开发利用。当然，也包括对垃圾和厕所的整治，对养狗的管理，更包括婚事新办等新风尚的提倡，等等。

四是破除了是否能够真正融入乡下的关键性疑问。一个久居城市的人，一旦回到农村，真的能够待下去吗？这是一个绕不过的问题。回归，是一种心境，也是人生价值的再现。地青萍回到宝水，帮老原照看民宿，不仅治好了失眠症，还找到了实现自身价值的新舞台。她在报社工作时，看起来并不是什么特长的电脑技能，在宝水村自然派上了用场，让大英一见面就动员她多"帮忙"。她知识分子的身份，自然成为建设"村史馆"的最佳人选，她也发挥了她的最大特长。还应当看到，地青萍似乎一直在回避着"帮人"这一令她"头疼"的事情，甚至还专门为此和乡亲们"打太极"，其实她客观上不自觉地做着"帮人"甚至"救人"的事情。建立村史馆的过程中，她帮助"抢救"了大曹的传统特色手工艺——荆篮，而且改变了大曹过于自私的性格。她所赞同的孟胡子关于"把乡村当城市做、把乡村标准跟城市看齐，这样的乡建思路有问题"的观点，无疑对乡村建设起到了一定的纠偏作用。她对曹灿的劝勉和鼓励——"这村里的人，你和他们不一样"，还有对大英女儿娇娇的那份关爱，无疑是另一种形式的"救人"，而且是更为关键的"救人"——救救孩子。这使得她的人生价值，在看似平凡的生活中得到更好的实现。这一点，如果她继续生活在城市之中，未必能够得到实现。

当然，能否真正融入也有自己和他人的身份认知问题。"终究是个外人。果然是个外人。幸好是个外人。"这既是一种尴尬，也是一个必然的历程。最初，村里人多称呼她"地老师"，后来就不这样叫了。她刚来，自己就认识到"长客不是客"的道理，也自认"本来就在人民群众中嘛"。这既是一种身份认同，也是一种情感认同。要知道，主人公青萍，可是一个有性格的青萍。她能够在母亲面前"耍彪"，敢于毅然决然辞职，但是在乡亲们面前，却从来不"豪横"，反而非常低调谦卑。在这里，她做事情是格外认真的，即便很累了，也"强打起精

图书类

成人组

神"。建村史馆，收集花篮，明知山有虎，偏向虎山行。当"宝水有青梅"成为网络战队，谁还说她是一个"外人"？当她手上沾满泥土，和老原一样说着越来越多的土话，谁还把她当作"外人"？"你真灵，学哩真快。你这一开腔，猛一听谁知道你是个外路人。"不可否认，在这个问题上，青萍自己也有过矛盾和纠结。"你还不是。你为什么不是？因为在你的内心最深处，你根本不想是，为什么根本不想是？因为之前曾是，受够了。"然而，随着时间的推移，慢慢解决了"受够了"的问题。这从大英关于娇娇喜欢她，从不怵她的说法中，可以得到最充分的印证。她来宝水村一年，喜欢她，不怵她的，又何止娇娇一个人？

五是破除了生生不息的人民史诗究竟什么样子、应该怎样写的深层疑问。习近平总书记号召广大文艺工作者坚守人民立场，抒写生生不息的人民史诗。可是，这样的文本应该长什么样子呢？梁晓声的《人世间》给我们提供了一个答案；而今，乔叶的《宝水》无疑也提供了一个新的样本。不错，长篇小说应该反映命运，但是未必是波澜壮阔、气壮山河的命运，更多的是由诸多生活细节连接而成的奔流不息的生活长河。《宝水》的可贵之处就在于此。

作者创造了一种全新的"春秋笔法"。作品共分四章，冬一春，春一夏，夏一秋，秋一冬，正好是一年四季，一个轮回。这让人想起李舫反映乡村振兴题材的纪实文学《中国十二时辰》。从其中的光阴转换中，读出的是东方哲学的智慧，更读出老百姓生生不息的耕耘与劳作。

作者提升了"以小见大"的全新境界。所谓"小说"，本就有"把小事情说一说"之意，乔叶以长篇的形式还原小说之本身。整部作品，从头到尾，讲的几乎都是小事，什么扯云话、吃懒龙、喊喇叭，什么豆家事、捋槐花、打艾草，什么送行宴、烧路纸、生意经，什么下大雪、数九肉、看七娘，等等，都是老百姓生活中的日常，甚至是一些俗常，但无不冒着热腾腾的烟火气，蕴含最朴素最原生的生活哲理。作者在每一章里，都有一节专门写"极小事"，恰恰这些"极小事"，往往蕴含着极为深刻的大道理。这种写法，足以让人领略作者的真功底。小说中，曾经有这样一段话："可那些意思却也恰如雨后生出的杂草，都藏在这些极小里。"我想说的是，这部作品的主题和意思，也恰恰藏在"这些极小里"。作品中还有一句经典名言叫"真佛只说家常"，这句话，或许正是作者创作指导思想的另类实践吧。

作者创造了长篇小说的新式写法。最突出的特点是语言原生、节俭，既体现历史的继承性，又符合新时代的新需求。不仅作品中的主人公讲方言土话，整个作品也都使用原生态语言。无论是方言、谚语，还是民间段子，统统可以"入诗"。甚至，"就都笑""就又笑"这样的语言，也能成为贯穿全篇的关键词，形成一种独特的农家韵味，包含着某种淡淡的乡愁。尤其可贵的是，乔叶的语言非常简短，从不拖泥带水。即便是标题，也只有几个字，甚至只有一个字——"在""悠""乱"。写父亲去世这么重大的事情，也只用了三个字——"他死了"。这是一种崭新的写法，以短篇小说的语言写长篇。乔叶让我们明白，原来，长篇小说也可以这样写。或许，这就是属于新时代的新长篇小说。从这个意义上讲，《宝水》获得茅盾文学奖实至名归。

立着的人

——读《抗战家书——我们先辈的抗战记忆》有感

徐松子（中学教师）

自古以来，家书承担着家人间传递信息和表达情感的重要作用。在点点墨迹间我们能看到浓浓的亲情，看到做人的智慧与担当；家书也能折射出社会发展与时代变迁。而抗战时期的家书实可谓"家书抵万金"。由于其时代特点，抗战时期的家书在体现对家人的深沉牵挂外，还多了一份独特的历史厚重与教育意义。读着《抗战家书——我们先辈的抗战记忆》中的一封封家书，能在字里行间看到一个个岿然不动的人，立于天地之间。《说文解字》有："立，住也。从大立一之上。"身而为人当顶天立地，"立"字本身便是一个人站立不动的样子。在这一封封抗战家书里屹立的人，让我们看到了力量，也为我们如何面对当下的生活、如何在新时代活出新意义提供了启示。

立着的人，是顺应历史大势来实现自我价值的人

自人类意识到自我的存在及生命的有限后，便在思考如何让个体生命超越有限、追求永恒。《左传》有："太上有立德，其次有立功，

其次有立言，虽久不废，此之谓不朽。"这是儒家把"立德立功"作为衡量个体在社会中价值的重要依据，并以此来追求人生的不朽。

而这一价值观在面对不同的时代与环境时需要重新阐释，去粗取精。在先烈们的抗战家书中，有人修养身心，让内心趋向圣贤境界；有人心怀天下，于民族危亡之际舍生取义。他们均是在浩浩汤汤的历史潮流面前，将生命投注在社会发展大势中，从而有所作为。英雄王孝慈曾在家书中说："'抗战'是我们伟大的母亲，她正在产生新的中国、新的民族、新的人民。"在他的观念中，国便是家，家便是国。在这种价值观的影响下，他的弟弟和儿子相继投入抗日洪流，在战斗环境中开创人生。烈士的生命境界超越小我、超越时间，他的生命也将赫然立于历史之中，与历史并存，成为永恒。以血为墨，写下"国破尚如此，我何惜此头"的抗日名将吉鸿昌是如此；尽忠报国、取义成仁、成就"抗战军人之魂"的抗战将领张自忠亦是如此。

立着的人，是行在当下并不断修身立身的人

子曰："吾十有五而志于学，三十而立，四十而不惑，五十而知天命。"十五志学是立下志向、树立理想；三十而立是在社会上立足，发挥作用、体现价值；四十不惑是从社会的自立走向思想的自立，坚定而更具自觉地有所作为；五十知天命，是能知道自己存在的使命。这是《论语》对一个平凡的生命一步步所能达到的无限可能性的畅想。在《抗战家书》中，我们看到即使先烈们成长于炮火连天、朝不保夕的环境之中，依旧立下志向、学习成长。例如小学毕业的程雄并没有按照父母的意愿继续读书，在听闻九一八事变后，他"为了民族，为

了阶级，为了可爱的家乡，为了骨肉相连的弟妹，求得生存与幸福"，匆匆留下一封家书便毅然投军救国。应当时的抗战所需，他在部队做民运宣传、承担授课和分析形势等工作，也在抗战第一线消灭敌人。面对亲人的思念，在书信中他只有一句"儿为伟大而生，光荣而死，是我做儿子的最后心愿"。烈士们的事迹让我们看到孝悌忠信在新的历史背景下的统一。传统文化中的"孝悌"主要体现在父母兄弟宗室这些宽泛的伦理关系中，但"忠孝仁爱"也应与时俱进，正如一位革命先辈所言：忠孝仁爱是中国传统的封建道德，今天必须重新做解释，忠是忠于国家，而不是忠于皇帝，孝是做人民的孝子，而不是做父母的孝子。人在国家和社会中的"立"，体现在对祖国对人民深沉的爱之中，体现在行于当下又不断修身的实践中。

立着的人，是塑造良好家风兼顾家国的人

在这本《抗战家书》中，我们能够真实触摸到每一位先辈的血肉，更多地感受到他们对家庭的深远影响。如云南一位未知姓名的遭受空袭者，在家书中恳切叮嘱妻子"好好教育子女、待承儿媳"，"彼此相敬相爱，就不会发生口舌了"，"父母上要尊敬"，"我家所欠之新币三百五十元，把他还去，是为切要"，等等。即使身在前线，也时时叮嘱家人谨守孝道，互敬互爱，相互信任，彼此间葆有仁爱之心，尽心教养子女。在字里行间能看到他对家庭家风的影响，儒家所说的"修齐治平"之"齐家"便是如此。党的十八大以来，习近平总书记多次发表关于家庭家教家风的重要讲话，他强调："家庭是社会的细胞。家庭和睦则社会安定，家庭幸福则社会祥和，家庭文明则社会文明。"烈

士们的家书让我们在历史之外看到一个个有血有肉的、一手撑起大家一手连着小家的、更为亲切可感的英雄形象。在他们的身上，我感觉到人的一生不仅要在社会大环境中找到价值、做出贡献，更应对身边的人产生积极影响，建设家庭伦理道德。

回到当下，我们铭记先辈用血泪为我们开创的和平美好的时代，而他们伟岸的形象也应印在我们内心，成为永久的记忆，也成为后世的榜样。在孔子的时代，"不知礼，无以立也"，"礼"是"立"的实践。而当下的我们需要思考的是，时代的发展中如果想自立，该如何去实践？在我们的生活与事业中，如何做一个顶天立地的人呢？也许在烈士的家书中我们能找到方向。

再次翻开这一封封家书，发现它们不仅对历史学者有史料研究价值，对作为祖国未来接班人的青少年有教育价值，更对广大民众有社会教育作用与人生启示作用。一个立着的人，不仅要做好手边的事，更要有多方面的责任与意识。我们虽然不再处于炮火连天的战乱中，但打造自由平等的社会、建设富强民主的国家，以及防范国际形势中依旧存在的不安定因素，仍需我们每一个人顺应历史发展大势，贡献自己的力量。作为华夏子孙的我们，要继承并弘扬中华优秀传统文化，脚踏实地、修齐治平，在不断修身中成为一个真正立着的人；作为父母的我们，要长存仁爱之心，用自己的一言一行影响一个小家的家风建设。伟大与渺小是反义词，但可以同时存在于我们身上，每一位大人物身上发生的都是一件件小事，每一个惊天动地的故事中都折射出一个个小人物的不平凡。先辈的光辉在前方指引，在新时代，我们也可以成为一个立着的人！

图书类

成人组

夜读《甘孜红色印记》：心灵的震撼　灵魂的激荡

邓敏（公务员）

　　子夜时分，一向沉静的夜突然活跃起来，淅淅沥沥下起了雨。雨滴落到雨棚上，发出清脆的"吧嗒，吧嗒"声，奏起时而温软如丝竹、时而激昂如号角的乐章。我披上单衣，移步窗前，轻轻推开窗户。瞬间，一缕缕清新的空气扑面而来。我下意识地紧了紧衣领，顺着时而密集、时而稀疏的雨帘望出去：霓虹灯的光迎着飘飘洒洒的雨，衬托着安静祥和的夜；远处黑压压的，青山藏在云雾里熟睡；近处的楼房依稀可见，湿漉漉的街道泛着幽幽的光。

　　多么美好的夜晚！多么太平的盛世啊！我感叹着，摁亮台灯，翻开《甘孜红色印记》，继续阅读。书中一张张坚毅的面庞再次鲜活起来，一幅幅生动的画面、一行行夺目的文字，一次次放射出奇光异彩，震撼着我的心房。泪水，追随着无尽的思念，滑落，又滑落。

　　习近平总书记多次指出："历史是最好的教科书。"对每一个中国人来说，"中国革命历史是最好的营养剂"。在中国革命、建设和改革开放各个历史时期涌现的杰出代表人物，则是我们最好的老师。甘孜州基层党建学习读本《甘孜红色印记》，是每个人特别是每个甘孜人都应该细学深研的一本好书，全书由大事篇、人物篇、故事篇三个部分组成：大事篇直观展示了甘孜州发展历程及取得的辉煌成就；人物篇深刻展现了从红军长征途经甘孜州时到中国特色社会主义新时代期间各阶层先进代表的光辉事迹；故事篇以通俗易懂的语言讲述甘孜州的历史变迁和革命先辈、甘孜人民砥砺奋进的伟大奋斗历程。无论哪一篇，不管哪一段，一句话、一个字，无一不令我感动万千，无一不让我深切缅怀，无一不催我奋进！

看吧，大渡河翻滚着的丈高的浪花，泸定桥上的十三根铁链让人不寒而栗；迎着泸定桥东桥头敌人疯狂的喊叫声和猛烈的炮火英勇前行的二十二勇士表情坚毅，仿佛在大声说："亲爱的战友，为了新中国，前进！"红军飞夺泸定桥纪念碑屹立在故乡泸定的土地上，这座丰碑，象征着惊天地、泣鬼神的红军精神；两位红军战士在铁索上攀缘前进冲向敌人，他们一个举枪射击，一个挥臂投弹，配合得十分默契，再现了当年夺桥激战中红军战士的雄姿英骨。四川籍烈士周奕廷是泸定人，他为了革命尽心竭力，年仅三十六岁就英勇就义。深信红军是"打富济贫救穷人"的队伍，主动要求为红军带路、当通司（指译员），积极宣传党和红军的政策、主张，动员家乡十几名青年参加革命的烈士马骏，在三十一岁的青春年华就遇害。就义时仍高呼"红军万岁！"的革命烈士喇嘛拉波，在刑场上临死不屈、视死如归。著名爱党爱国宗教人士五世格达活佛，用心书写"啊，红军，红军！藏族人民的亲人，为了祖国的统一，你们历尽艰辛，踏上了征程，愿佛主（祖）保佑你们，盼你们早日归回"的壮丽诗歌，广泛宣传讲解中国共产党的方针政策，遇害时仍念念不忘自己肩负的祖国统一、民族团结重任，他深深的爱党爱国情怀，随着岁月的流逝，不断浸润着康巴高原。九龙县人、甘孜州第一个彝族副州级领导干部罗洪则拉，在解放初期就参加革命工作，为全州民族团结、社会进步、政治稳定、经济发展做出了巨大的贡献。长眠于甘孜州德格县雀儿山的"筑路英雄"张福林，临死前依然保持艰苦朴素的优良作风，牵挂着川藏公路的修建进度。革命烈士李森，带领仅有的二十余人，毫不畏惧地与千余叛匪展开殊死斗争，当场壮烈牺牲。革命烈士马天华，牺牲在敌人的乱枪下。"战斗英雄"加多，把自己的鲜血洒在了祖国广袤的大地上。还有红军甘孜会师，甘孜人民支援十八军进藏，甘孜州民主改革及建州七十余年来经济发展、社会进步的点点滴滴，无一不令我震撼。

革命烈士和先进人物大无畏的精神，无数次地鼓舞着"独在异乡为异客"的我。在这盛夏的夜里，他们永不磨灭的精神，给予了我亲人般的安慰。在我的心中，所有为了民族解放、国家富强而舍生取义、英勇牺牲的革命烈士，以及先进典型、社会各界人士，他们"烈士甘焚死，丹心照紫宸"的形象越来越高大，越来越清晰，就像草原上不落的太阳！至今，我仍清楚地记得，在一次宣讲大会上，甘孜州道孚县籍"全国敬业奉献模范"菊美多吉的妻子无比悲痛地为全州干部讲述丈夫的事迹时那令人感动、悲伤、惋惜的场景。

读着《红军飞夺泸定桥》《长征中朱德在炉霍》《甘孜会师》《一段永生难忘的日子》等"史海钩沉"篇章，泪水又一次模糊了我的眼睛，让我忆起了1993—1997年间在革命老区泸定县岚安乡任民政助理员时，为高国柱、余向龙等五位老红军战士（老游击队员）发放定期生活补助的快乐时光。现在想来，能和敬爱的革命先辈们进行"面对面"

的交流交谈，自己是何等幸运啊！泪光中，我又想起了一批批"甘孜好人"和"最美九龙人"。他们当中，有政协委员、邮政快递员、纪检监察员、社区主任，有挂职的乡党委副书记、医务工作者、人民警察、教育工作者，还有专业扑火队员。他们有一个共同的身份，叫"爱国者"；他们有一种特殊的情怀，叫"奋斗情"。他们高尚的情操、优秀的品质、迎难而上的精神，又一次深深地触动了我的灵魂！

在夺取新时代中国特色社会主义伟大胜利、实现中华民族伟大复兴的中国梦的伟大实践中，我决心化悲痛为力量，把对革命先烈和先进人物的怀念转化为学习的动力，认真学习习近平新时代中国特色社会主义思想，学懂弄通其精神实质和丰富内涵，弘扬优秀传统文化、民族文化，准确把握其世界观和方法论，将其中的立场观点方法正确运用到实践中，不断增强"四个意识"，坚定"四个自信"，做到"两个维护"，坚持"两个确立"，不断为建设中国特色社会主义现代化强国"充电"提能、积攒智慧、发光发热。我决心沿革命先烈和先进人物的足迹砥砺前行，把他们不朽的精神播撒在美丽的康巴高原上。

在以习近平同志为核心的党中央坚强领导下，在为人民谋幸福、为民族谋复兴的伟大征程中，我要忠于职守，勤奋工作，秉承先烈遗志，弘扬革命英雄主义精神，不折不扣贯彻落实党中央和省州县委各项决策部署，为建设富强民主文明和谐美丽的社会主义现代化强国贡献一切！

"叽叽，叽叽叽……"蓦然，窗外的银杏树上，几只喜鹊的欢鸣声惊扰了思绪万千的我。它们，是在回馈安宁的夜？诉说美丽的梦？还

是在吟唱夏的旋律？

大山露出雄浑高大的身躯，守护着祖国西南的藏彝走廊——秘境九龙。

嗬，天亮了！我惊叹。

记忆里的故乡

——读《节庆里的故乡》有感

李改群（列车员）

知名乡土文学作家黄孝纪老师在"中国乡存丛书"的《节庆里的故乡》一书中，以其出生地湘南山区八公分村为样本，以平实、自然、简朴的文字，用心、用情书写中国南方乡村的社会变迁。

"在故乡，节庆与习俗是密不可分的……一年四季，我们在节庆里生活，节庆也塑造了我们的生活和灵魂，构成了我们完整的人生。"读到这里，我的脑海里不由得浮现出了故乡的悠悠往事。

我的故乡在陕西省渭南市以北三十公里处，一个叫作"李十三"的小村庄。我的童年与少年时代就是在那个静谧的小村庄度过的。六百多年前，先祖为了避战乱携家人从华州流落至此，繁衍生息，逐渐形成村落。因先祖排行十三，我们这个村子遂被称为"李十三村"。

剧作家陈彦老师的《话说李十三》一文中说："关中李姓多，大概与大唐在此建都有关，姓李，排行十三，就叫李十三村。想必也有十一、十二、十四、十五，可哪个村都没有李十三村名满天下。盖因这村子在清朝乾嘉年间出了个不想出名，却名声大振的舞台剧写手，本名李芳桂，后世因忌讳直呼贤者名讳，便以村传名，叫李十三村了。"而在著名作家陈忠实老师的《李十三推磨》一文中，家族十四辈李芳桂被誉为"陕西地方戏剧碗碗腔、秦腔剧本的第一位剧作家"。

物换星移，故乡的儿女们都远去了，而能让漂泊在外的游子们回家乡的除却了新年，便是每一年的清明节家族祭祀了。无论你在哪里，无论相距多远，每一个从这个村子里走出去的人都会在这一天及时赶回家乡，参加这场庄重的祭祀，祭奠我们共同的祖先及李芳桂。剧团也会在村子里唱三天大戏，演出李芳桂的"十大本"和其他秦腔剧本，以及各种折子戏、皮影戏。而这一份文化的传承似乎也在不知不觉中融入了每一个故乡人的灵魂深处，成了我们镌刻在心底的永恒记忆。

"非我爱看李相公，清音雅韵压西潼。诸君不信亲眼看，谁的剧本有此红？"这一首流传于渭北大地的民间歌谣，足见人们对李芳桂"十大本"的喜爱。他一生为民写戏，自五十二岁摒弃仕途试笔写戏到六十二岁去世的十年间，共创作《春秋配》《白玉钿》《火焰驹》《万福莲》《如意簪》《紫霞宫》《香莲佩》《玉燕钗》八部本戏和《四岔捎书》《玄玄锄谷》两部折子戏，民间惯称"十大本"，不仅把皮影戏推上了艺术的高峰，也为中国戏剧做出了巨大的贡献。

也因此，儿时的记忆中除却村子里唱大戏的热闹，祭祀祖先的隆重庄严，还多了一份生于斯长于斯的骄傲与自豪，那时的我也感受到了作为家族后人身上所担负的责任与使命。

小时候，老一辈人就常教导我们做人要踏踏实实，本本分分，做事要讲公道，无论什么时候都要记着先公后私、先人后己，为人处世绝不能贪图小便宜，要对得起自己的良心，要守得住自己的底线。许多年来，一代代李十三人谨遵祖训，在坚守本心、诚信待人、和睦邻里的同时，也都深知无论我们人在哪里，都将要肩负起继承与发扬家族荣耀的历史使命，更好地传承这一份源于生命深处的精神力量。

母亲常说：我们的家族是一个人口众多的大家庭，至今还保存着六百多年的家谱、族中各种珍贵物件，以及李芳桂的《朱卷》和"十大本"的手抄本。这些不仅是家族的荣耀，也是激励我们这个家族每一个后人奋勇前行的精神力量。

作家黄孝纪老师《节庆里的故乡》一书的自序——《节庆里交织的苦涩与欢愉》中写道："某种意义上来说，作为传统农耕生活的延续，这些乡村的节庆习俗，也揭示了中国人的生存状态和面对生活的态度，代表了一种生生不息的中国文化，是我们伟大民族无比灿烂的精神支柱。"

多年来，家族在岁月更替中，似乎有一种无形的力量悄然流淌在逝去的光阴里，也流淌在我们每一个家乡人的心里。或许，这是一份清醒的自觉，一份基于家族记忆的传承。

"千百年来，一代又一代的乡人言传身教沿袭下来的节庆习俗，它们同样教会人们，如何怀抱巨大的勇气、欢乐和希冀，以面对生活的艰辛和苦涩。"这是黄孝纪老师书里的一段话，也是我感受至深的一段话。

儿时，我的父亲在离家百里远的西安上班，是一名跟随列车东奔西跑的火车乘警。每逢节假日是他最繁忙的时候，即使快要到新年了，家里也是母亲一人在忙碌。年前大扫除的那一天，母亲会给我和小妹系上白头巾，我们兴高采烈地挥舞着手中的扫帚，将房前屋后彻彻底

底打扫干净，迎接即将到来的新年。

那时整个村子都洋溢着一种辞旧迎新、充满无限希望的感觉。村子里的人们，忙着打扫屋子，忙着敬灶神，忙着蒸过年吃的年馍和走亲戚带的各种花馍，一派忙碌，也是一派生机勃勃。而我们这些小孩子，则三五成群，串东家逛西家，看看谁家都准备了哪些年货，都蒸了什么样子的馍馍，炸了哪些好吃的。我们满村子疯跑，总会遇到好客的人家，给我们每个孩子几颗裹着漂亮塑料包装纸的水果糖，大家心里别提多高兴了。我是个"孩子王"，整天带着家门口的一帮孩子，过家家、捉迷藏，日子充满了乐趣，也似乎这就是生活本该有的样子。那时的我不理解父亲的忙碌，不理解他为什么常年缺席，母亲总说父亲是给公家干事的人，公家的事是大事，自家的事都是小事。

带着这样的记忆，我与年幼的小妹也渐渐长大了。在故乡的日子里我们懂得了许多，知道了无论何时都要本着一颗良善的心待人接物，为人处世。再后来，父亲从铁路岗位退休回到了家乡，而我则代替父亲到了铁路工作，成了一名火车上的列车乘务员。记得临去上班时，父亲一再叮嘱我：到了单位一定要好好工作，要对得起自己的良心，更要对得起公家给的那一份工资。也是从那时起，我开始慢慢地理解父亲为什么在我们的生活中常年缺席，慢慢地懂得了既然穿上了这身铁路制服，无论何时都当以工作为重。身为李十三人，无论何时都当以公家事为重，这是我们李十三人世世代代谨遵的祖训，也是我们后人要时刻铭记的座右铭。

春去秋来，儿时以为一生都要与这广阔天地为伍的我及村子里其他孩子，仿佛只一瞬间便都离开了家乡，就像是田野里随风摇曳的蒲公英，一阵风过便四散天涯，将故乡永远地留存在了记忆的最深处。从此，带着对童年，对故乡的记忆漂泊他乡；从此，归来只是客。而故乡，则成了一个写满童年、少年记忆的地方，一个我出生，成长的地方，一个给予你最初记忆的地方。

夜微凉，此时正是人间十月，寂静的夜里，我的故乡在记忆里熠熠生辉，温暖着我在异乡的日子。地处八百里秦川，有着一望无际田野的故乡，春来粉色的杏花、白色的梨花、金黄色的油菜花、各色的桐树花摇曳生姿，就像五柳先生的桃花源，阡陌纵横，鸡犬相闻，一派欣欣向荣景象。身处其中，心都是静的，一心只想漫无目的地沿着蜿蜒小路随意漫步，将美好的时光消磨在这田野深处。

花团锦簇的田野中，我与童年的自己遥遥相望。梦中常见故乡月，梦中常在故乡里。一别经年，记忆中的故乡可还是原来的故乡？

图书类

成人组

太行山上的水，流过每一代人的心田

——读《山腰上的中国：红旗渠》有感

陈泽宇（铁路职工）

周恩来总理曾自豪地告诉国际友人："新中国有两大奇迹，一个是南京长江大桥，一个是林县红旗渠。"《山腰上的中国：红旗渠》这本书讲述了为什么要修建红旗渠以及那段波澜壮阔的修渠历史，生动地刻画了林县人民的形象，歌颂了林县人民的顽强品质，弘扬了伟大的红旗渠精神。读完这本书，我只觉心潮澎湃，书中对人物的塑造和对场景的描写仿佛让我融进时间，又看到了那修渠时的壮观场景。

书中写道："要深入了解这么一条穿山越岭而来、人工筑就的长渠，就必须溯流而上，近距离感知它的呼吸，用心聆听它的脉动，用科学和理性去咀嚼它承载的希望、蕴含的伟力。"在读完全书后，我也十分渴望能近距离感受一下我们的先辈曾经奋斗过的地方。所以我带上书，踏上了去往红旗渠的旅途，把对书的理解与实景相结合，这样也许会对红旗渠有更全面的认识。一路上，"红旗渠号"向北疾驰，车厢里不乏媒体记者在宣传着红旗渠；窗外，红色的瓦房整齐地排列着，完美地点缀着翠绿的田野。一路上优美的景色让我对这次红旗渠之旅多了几分期待，很难想象后面的旅程会带给我怎样的震撼。

坐落在林州市的红旗渠站，虽然规模不是很大，但是却处处透露着庄严。从火车站乘坐大巴车到红旗渠，几十分钟的路途让我对林州有了更全面的了解，足以让我领略这座优美而静谧的小城那别样的风光。几经辗转来到红旗渠前，仅仅是渠中的一汪清水，便已经让书中描绘的场面瞬间变得鲜活。

我们先走进红旗渠纪念馆。这里浓缩了修渠人的付出和艰辛，彰显了华夏儿女的勇敢与智慧。林县县委书记杨贵率领林县人民，不惧困难，誓要重新规划林县河山；负责设计红旗渠的吴祖太翻山越岭，勘察地势，不惧深入险地，年轻的他却不幸于隧洞中牺牲；除险队长任羊成，腰系绳索，凌空飞荡，用钩和撬除去一块块险石。纪念馆内一张张照片记载着那段艰难的历史，也让我通过照片看到了书中的那些名字，他们牺牲了陪伴家人的时间，远离家乡，为了心中的信仰，来到太行山上。眼前是未通的道路，脚下是万丈的深渊，头顶是随时可能坍塌的洞穴——他们每一秒都在与死亡斗争。有的人最终回到了家乡，有的人却转身走进了历史，将名字留在了"献身人员"的山碑上。他们是林县人民艰苦奋斗、不惧牺牲的缩影，也是我们华夏民族永远的骄傲。

离开纪念馆，我更加期待看见红旗渠的真实容貌。走过盘旋的阶梯，道路变得陡峭，上下都要小心谨慎，所以我更加难以想象当时的人们是如何在这悬崖峭壁上作业，是如何修通了这一条条道路。快步来到青年洞，它是如此深邃，一眼望不到头，里面不时传来叮叮咣咣的敲击声。往里走，这声音越来越大，夹杂着整齐的口号声和阵阵炮声。回头望去，这一路铺的哪里是平整的石板，而是我们先辈的血肉之躯！"江山留胜迹，我辈复登临。"走好他们留下的路，才是对他们最好的告慰。

红旗渠修建在那个缺乏设备和技术的年代，林县人民用智慧和奉献精神为红旗渠的成功修建提供了最好的保障。他们面对重重困难，与大自然展开一番较量。削山凿石开天河，如英雄史诗般，荡气回肠。翻山越岭，逢山开路，何惜身死葬北邙？舍家为民，恩泽天长，执手泪眼叹离殇。不畏艰险，十年功成，万家歌舞碧溪上，迎朝阳，沐春光。他们不会在泥土中长眠，不会在历史的长河中褪去光芒，他们从未想过把自己的名字刻进石头里，但他们会在我们的心中永远屹立，永远绽放。

我认为，红旗渠精神和铁路精神虽有不同，却一脉相承，它们都体现了中华民族的智慧与劳动人民的伟大。遥想当年，我们修建铁路只能依靠外国人，技术完全被封锁。然而，华夏大地从不缺胸怀抱负之人，本是萤光，何必等待炬火？一代代铁路人积极投身于铁路建设，在历史的变革中寻找方向。一道道难关摆在眼前，或是风险，或是机遇，他们无从知晓前方的道路是否正确，因为他们就是道路的开拓者。终于，随着第一条由中国人自主设计和建造的铁路正式通车，中国正式进入了铁路时代，铁路人的付出也在这一刻收获了回报。从蒸汽机车到内燃机车，从电力机车到高铁动车，是车型的变化，也是时代的发展，更是一代代铁路人的精神传承。

一个行业的发展从来都不是一步登天，而是在一代代人的接续奋斗和团结奋进中从无到有，从有到兴。我们的先辈缺乏技术和设备，唯有用巨大的牺牲为我们换来中国铁路网的雏形。现如今，我们有先进的设备，完整的规划蓝图，我们更应该团结一致，为了共同的目标而奋斗。未来，中国铁路将要推动铁路高质量发展，率先实现铁路现代化，勇当服务和支撑中国式现代化建设的"火车头"。如何完成铁路"十四五"规划目标任务的问题看似离我们有一些遥远，但是认真想来却与我们息息相关。我们在工作中要充分展现铁路人的精神风貌，营造良好的工作氛围，要勇当先锋，敢当"火车头"。只有每个人都做好自己的工作，我们才能更好地推动铁路事业的高质量发展，进而实现"六个现代化体系"建设目标。

作为一名检修员，我也在细心探索身边的红旗渠精神。例如在几年前，检修工作的重点在慢慢从内燃机车向电力机车转移，但是尚不成熟的检修技术、尚未成型的检修体系，以及专用检修设备的缺乏都给机车检修带来了不小的难题，如何检修、如何设计专用工具、如何确保机车质量就成了必须攻克的难关。

在当时，有一些检修经验丰富的师傅们组成了突击队，他们就像修建红旗渠的突击队一样，向着最困难的阵地发起冲锋。最开始，他们只能通过联系厂家和翻阅书籍慢慢摸索，推翻之前的思路，删改画好的图纸也成为经常发生的事情。不过他们没有抱怨，而是齐心协力克服困难。随着时间的推移，大家的经验越来越丰富了。后来不断有更加先进的检修工具设计出来，检修流程也不断完善，他们攻克了一个又一个机型，最终探索出了所有机型的检修技术。从对新车型的一无所知，到慢慢摸索出大概的检修流程，初步设计出检修工具，再到流程的完善、作业指导书的修订，经过了几代检修人的无私奉献和艰

苦攻关，才形成了一套完善的检修体系。

我十分荣幸能加入铁路大家庭，成为一名检修员。我将带着"自力更生，艰苦创业，团结协作，无私奉献"的红旗渠精神，秉承着"人民铁路为人民"的宗旨投入到工作中。这也许就是对红旗渠精神和铁路精神最好的传承和发扬。

红旗渠精神的传承和发扬需要我们每一个人的努力，铁路行业乃至整个国家的蓬勃发展都离不开我们每一个人的艰苦奋斗。每每想起前辈们奋斗的事迹，我们又怎么能不高举炬火，勇毅前行？

五千年历史波澜壮阔，时代的接力棒已经传递到了我们这一代人的手中，那就让我们一起为了中国的发展奉献自己，为了实现上一代人的理想、完成这一代人的目标、打好下一代人的基础而共同努力。通过我们的共同努力，更加完整的铁路网终会建起，更多的高速列车将驰骋在祖国的广袤大地，而太行山上那奔涌着的人工天河也将流到一代代年轻人的心里。

正是青春飞扬时

——读《新时代的青春之歌——黄文秀》有感

吴华（公务员）

一本好书，就好像一顿让人回味无穷的美食，既能嚼出香味，又能从中汲取营养，《新时代的青春之歌——黄文秀》就是这样的书。一篇篇读来，如沐春风，如饮甘霖，自感受益颇多。它不仅带给人智慧和力量，还沉淀着对人生的思考和体验。使读者阅后受到感染，得到激励，在遇到困难挫折时不再那么焦虑不安。

作者笔下的黄文秀，有着常人一样的生活，一样的血肉之躯，一样的喜怒哀乐。书中以电影的跳跃式叙事手法，用行云流水的文笔描写了黄文秀的成长轨迹，读来感觉像散文，又夹着诗的语言。一篇篇都是触动人心的故事，字里行间透出激昂，用细腻的笔触和有血有肉的细节，真实地刻画出一个具有坚韧气质，以奋斗姿态冲在脱贫攻坚最前线的光辉形象，不禁让人生出许多感慨。

青春易逝，日月不肯迟；青春不虚度，诗酒趁年华。

那么，什么是新时代的青春之歌？如何让自己的青春绽放光彩？书中作者的这句开篇题记，给我留下深刻的印象：

青春最好的开端，在于既仰望星空又脚踏实地。

翻遍全书，我们看到，被中宣部追授"时代楷模"称号的黄文秀，她的事迹是那样的感人。书中浓墨重彩地描述了黄文秀带着蓬勃的青春朝气，带着深入骨髓的信念，用一股饱含着青春热血的激情，扛起大任，将自己的精魂热血，注入那本写着感人句子的日记里，把它镌刻成脱贫攻坚的史诗。

花开不是为了花落，是为了绽放美丽；生命不仅是为了活着，更是为了精彩的人生。黄文秀把自己的个人幸福，献给了那片她深情守望的热土。她一步一个脚印，从青涩走向成熟，在奋斗中收获果实。在信仰的激励下，她迸发力量，用一种令人热血沸腾的青春节奏与旋律来干大事，最终璀璨绽放，谱写出精彩的人生。

黄文秀是怎么锤炼成英雄的？她的成长经历有什么独特之处？作者独具匠心，引导读者到黄文秀的人生轨迹中去寻找答案。

如果你埋怨你的家境不好，你的童年并不快乐，那么，请你到书中去了解一下黄文秀的苦难童年。

"全国扶贫状元"陈开枝曾描述百色贫困孩子的生活有"三个不上"：第一不上学——没钱读书；第二不上桌——没有东西吃，桌子椅子也没有；第三不上床——没被子盖，就睡在火塘边。

黄文秀就属于这样的贫困孩子。一间简陋的房子，家徒四壁，只有几把破椅子、旧凳子。父亲患有肝癌，母亲是先天性心脏病。父母手上脚上全是老茧、裂缝和辛勤劳作留下的伤痕。

黄文秀的童年，从小就承载了满满的苦楚，让人心生怜悯，但她从不怨天尤人。虽然她童年艰辛，命运多舛，从她身上却看不出一点儿贫困带来的阴霾，她总是积极、乐观、向上，面带微笑地在荆棘丛中蹒跚前行。

正是贫寒造就了她的成熟和坚强，练就了她吃苦耐劳的顽强精神，使她对生活有了一份知足感，从而学会坚强，懂得珍惜机会，懂得拼尽全力，懂得用淡定和豁达来历练人生，找到自己的热爱和渴望，从而收获进步和成长，并最终把曾经的酸楚，演绎成了后来的执着。

黄文秀良好的家风家教是如何塑造出来的？作者在书中用黄文秀小时候的故事来做解读。

黄文秀很小的时候，父亲就常常给她讲故事，黄文秀百听不厌，那是最直观、最直接、最基本的家庭教育。她父亲是当地的壮族山歌王，她是听着父亲的山歌长大的。山歌中那些颂扬勤劳、节俭、正直、感恩的歌词，像春风拂过脸颊，熏陶了她幼小的心灵，给她一种无言、无声的教诲，让她明白做人做事的道理，明白自己的责任和使命，明白勤能补拙的道理，从而懂孝行孝，知恩感恩。她深知没有党和政府的帮扶资助，没有热心人的捐助，她很难上完高中、大学，甚至根本没有机会读研究生，所以硕士一毕业，为了回报养育她的家乡人民，她毅然放弃大城市的优越条件，选择返回家乡，建设家乡，并积极投身于艰苦的扶贫事业，用自己的青春生命，践行了自己的人生诺言。

倘若你认为自己早已输在起跑线上，命运对你不公，前方尽是曲折坎坷，那么，请读一下这本书，书中对此有较深刻的分析，能帮你释疑解惑。

作者用黄文秀的故事告诉我们：人生成熟在逆境，醒悟在绝境。

黄文秀出身苦寒，前方荆棘满地，但她心中自有阳光，骨子里有永不言败的傲气。她在挫折中学会坚强，在困境中保持乐观，靠顽强的意志力来支撑自己前行。用日拱一卒的艰辛，瞄准目标，敢于拼搏，一路成长，一路收获。

书中用黄文秀所在长治学院的301宿舍学生集体考研成功的事实告诉人们：不要怕输在起跑线上，要知难而上，知其不可为而为之。只要勇敢去克服，就能从逆境中走出来，从挫折中站起来，一切困难都会迎刃而解。再高的山也是可以跨越的，逆风翻盘也是可以实现的。

读到"导师郝海燕的生日"那一节，我看迷了眼，像看到电影撼动人心的一幕，几度落泪，忍不住再去重读。

这一天，过生日的郝教授眼前看到的不是笑容灿烂、活生生的文秀，而是鲜花丛中已化为骨灰的爱徒；耳边听到的不是文秀唱起的生日歌，而是追悼会上的哀乐和众人的哭声！

书中描述，亦师亦母的郝教授掩饰不住悲伤，深夜里含泪写下了当时的心情，诉说自己对文秀的所思、所想、所念、所盼，感情真挚，直击人心，字字句句都戳中了人的泪点：

文秀，我曾有过很多再见面时的场景设想，但唯有这种方式是永远也不会想到的，再见亦是隔世。泪眼依稀中看到的是一面鲜红的党旗覆盖下的盛着你骨灰的白底蓝花的瓷瓶。

读到这段，我早已热泪盈眶，那一页书纸差点儿就被我的泪浸透了。

人间未遂青云志，天上先成白玉楼。浓浓的悲情让我心悸，沉痛得难以自拔。三十岁的黄文秀，青春焕发、风华正茂，却一下从人间消失了，将自己明亮又鲜活的青春写进史册，让人禁不住扼腕叹息。无须过多描述，黄文秀的光辉形象已跃然纸上，在作者灵动的笔下熠熠生辉，让人久久难以忘怀。

我一边品味一边思考，陷入无尽的深思，一下竟难以自已，感伤的同时心底升腾起一股悲怆的情感力量。这股力量让我在不知不觉间沉浸其中，受到激励，可见这本书的感染力非同一般。

黄文秀的青春虽然短暂，却带给我们心灵的震撼。她的扶贫情结内化于心，外化于行，是深入骨髓的自觉。她绽放的青春风采，仿佛一下穿透了时空，给人们带来深深的感动，最终为大地撒下千万颗乡村振兴的草籽。可以说，没有千千万万个黄文秀，就谈不上乡村振兴，也谈不上脱贫奔小康，更不会有今天的乡村巨变。

正如书中描述的那样：黄文秀用满腔的青春热血，为生命画出一道亮丽的彩虹。她就像那只美丽的蝴蝶，从蛹化为蝶，带着美丽的梦想，伴着生命的节奏，轻轻而舞，飞向自己为之奋斗的梦想和远方。

如今，当我拿起这本书，抬头仰望，黄文秀的英雄浩气还在天穹中回荡，她的青春英姿仍在星河中熠熠生辉。黄文秀是一团青春的烈焰，她那种昂扬向上的姿态，那种使人心灵震颤的精神，那种使命在肩的执着信念，无论何时想起，心中总会涌起一股温暖的力量，耳边总会听到一曲高亢的时代强音，叩动着我的心扉，激励着我们永远向前，向前！

追寻《唐胥铁路往事》，在中国铁路的起点汲取力量

孙佳禾（铁路职工）

因为阅读一本书，我决定动身奔赴千里之外，去看看书中文字背后的那段铁路、那台机车。

这本书，就是李木马老师所著的《唐胥铁路往事》。坐在飞驰的高铁上，我再次打开此书，思绪也再次沉浸在一百多年前中国人自己修建的第一条标准轨距铁路——唐胥铁路和那台开启中国机车制造史的"龙号"蒸汽机车的故事中。

19 世纪末，上海轮船招商局在洋务运动中诞生。随着轮船招商局对煤炭的需求不断增加，其总办唐廷枢提出开发开平煤矿，再将开采的煤炭从北塘河口走水路运输到上海。在这样的计划下，一条由开平矿区至北塘河口的铁路便修筑完成，这就是中国第一条标准轨距铁路——唐胥铁路。附属于开平矿务局的中国第一铁路工厂——胥各庄修车厂也在 1881 年与唐胥铁路同步建立。在简陋的车间里，数十名工人使用原始的手摇机床和蒸汽机床为矿场制造五吨、十吨、十二吨的运煤拖车。彼时愚昧落后的清政府视动力机车为"怪物"，担心铁路的

震动会破坏清东陵的皇家风水，下令铁路建成后不准运行机车，要以"骡马拖曳"。于是在唐胥铁路建成初期，人们以骡马为牵引动力拖动这些工人们制造的煤车往返开平矿区至北塘河口之间。但这样的情况并未持续太久，到了1882年，开平煤矿的煤产量猛增，骡马拉车力不胜任，大量煤炭囤积，于是唐胥铁路工人决定制造一台机车。书中记载：制造车轮时，由于机床太小，无法加工，铁路工人便将机床进行了改造，增大了加工尺寸，使车轮加工顺利进行。在制造过程中，由于缺少设备，铁路工人们拉风箱烧钉，用大锤铆钉，耳听目测进行检验，制造锅炉。

中国第一台蒸汽机车制造出来后，根据西方友人的建议，被命名为"中国火箭号"。之后，为了使这台由中国人自己打造的机车能带有中国标识，工人们又在机车两侧各镶嵌了一条金属刻制的龙，并给它起了一个极富东方色彩的名字——"龙号"机车。

但不管是"中国火箭号"，还是"龙号"，这台机车都直接叩开了中国百余年机车史的大门。

"龙号"机车在唐胥铁路上运行了三十多年，直到1916年才光荣"退休"，后来收藏在北京府右街北京交通陈列馆。不幸的是，1937年这台机车在战火纷乱中不知所终，只留下了数张历史照片供人追忆。当人们看到老照片中这台设计规范、制造精良的机车时，实在不敢相信这是胥各庄修车厂的中国工匠们用废旧材料改造的产物，也确实有人怀疑这台机车是否真的出自中国工匠之手。这也是我读了《唐胥铁路往事》后，决定启程去唐山一探究竟的原因。

走在唐山市的路上，这座被誉为中国近代工业摇篮的城市处处散发着浓郁的工业气息。在开滦集团的东边，有一条铁路从具有百年历史的涵洞里穿出，在涵洞的上边，就是唐山市区的主干道新华东道。就在开滦集团以东、新华东道以南的位置，坐落着开滦国家矿山公园，隐藏在公园里的中国铁路源头博物馆，就是我唐山之行的第一站。

带着《唐胥铁路往事》一书，我走进博物馆。在博物馆北门位置，铺设有一段 1435 毫米标准轨距的铁路，铁路的尽头静静地躺着中国铁路"零公里"地标。地标的一面是金色的零公里标记"0"，另一面则刻着"中国铁路起点"的字样，博物馆收藏的复制版"龙号"机车就停在钢轨上。

第一次近距离观察"龙号"机车，它通体涂装绿色油漆，两侧有三对红色铸铁车轮，车头上有灰色高耸的烟囱，车尾则是木板拼接的司机室，圆弧形的车顶下面是两个前后贯通的圆形车窗，从正面看去像是两只活灵活现的大眼睛，仿佛顺着铁路延伸的方向凝视着"零公里"地标，也仿佛在讲述中国铁路从无到有的发展历程。

生产一台火车容易，但想原版复制一台已经消失了八十多年的火车绝非易事，博物馆的讲解员讲述了复原这台"龙号"机车时的故事。为了做好"龙号"机车的复制工作，开滦集团公司组织了课题组立项攻关，聘请了多位文史专家和技术人员，根据老照片和各类资料反复设计，最终绘制了一千多幅图纸。为了保证"原汁原味"，还请来了三位八十多岁高龄的开滦老工人做指导，不采购成品的零件，不用先进机床加工，而是模拟当年胥各庄修车厂的实际条件，用简易的机床和锤敲手打的纯手工方式，将四千多个零件逐一加工组装，最终让这台意义非凡的"龙号"机车重现世间。该车的尺寸、加工工艺和机械原理都与当年相同，最神奇的是，这台复制品现在打着火就立马能在钢轨上前进。

听到这里我悬着的心放下了一半，因为我有充分的理由相信，以百年前中国工人们的伟大创造力和面对困难时的坚韧不拔，"龙号"机车一定是由他们亲手打造。你若不相信，试问这代代相传的工匠精神，又是从何传承？

从博物馆出来，我又来到中车唐山机车车辆有限公司。"唐车"坐落在唐山市丰润区，它的前身就是中国第一家铁路工厂——胥各庄修车厂。这里也有一台"龙号"机车的复制品，但是和中国铁路源头博物馆中的"龙号"机车复制品不同，这台机车通体涂装金色油漆，被安置在两级台阶高的大理石台面上，给人一种庄重肃穆的感觉。

唐山这座城市，从来都不缺少平凡的英雄，一位从"唐车"退休的老师傅，向我讲述起在 1976 年 7 月 28 日凌晨发生的那场灾难。

在唐山大地震中，"唐车" 99% 的车间和 98% 的家属楼被夷为平地，地震夺走了 1768 名职工和 8718 名职工家属的生命。深夜里从废墟中爬出的幸存职工不约而同地向厂区赶去。有一位师傅感觉自己手臂活动不舒服，忙碌了一夜后才发现自己的锁骨已经骨折。有的职工甚至没有找到亲人就开始上班，因为"唐车"不只是一个工厂，更是他们重新开始生活的希望。就这样，在大地震的两个月后，东风 5 型内燃机车被人们从废墟下挖出并完成修复，车头镶嵌的"抗震"两个大字，代表他们已经重新振作起来。

现在的"唐车"已经从曾经简陋的工厂发展壮大成了有近万名职工的公司，研制的"和谐号"CRH380BL 型动车组，运营试验时速达

到 487.3 公里，是世界第一；研制的时速 350 公里"复兴号"中国标准动车组，更是迈出了从追赶到领跑的关键一步。这个始建于 1881 年的中国最古老铁路工厂，站在中国民族工业的起点上，为民族工业培养了一批又一批坚韧有为的国之栋梁，承载起实业兴邦、工业强国的责任！

结束了唐山之行，我感慨万千，从"龙号"机车到"复兴号"动车组，从只有 9.7 公里的唐胥铁路到 15 万公里的铁路网。在中国铁路的"源头"，我触摸到了一种精神。

感谢李木马老师和他的《唐胥铁路往事》，带我走进了这样一段艰辛却荣耀的历史。作为一名铁路职工，如今我们正在中国式现代化新征程上昂扬奋进，但无论走得再远，回头望，9.7 公里的唐胥铁路和"龙号"机车，仍然在中国铁路历史的起点上向我们致意！

我与《创业史》的半生缘

尚长文（作家）

20世纪70年代初期，我和母亲居住在鄂西北一个偏远的小村庄。小学三年级的暑假里，一个说不清的日子，我发现母亲用来遮盖咸菜坛子的，居然是一本厚厚的名叫《创业史》的书，便好奇地拿过来阅读。打开《创业史》的一刻，我其实并没有意识到，人生里第一部长篇小说的阅读，就从那时开始了。

那虽然是一种潦草的阅读，却为我打开了一个崭新的世界。少不更事的我从那本书里知道了，很远的地方有一座山，它叫终南山，山的下面有一个叫蛤蟆滩的村庄。在蛤蟆滩村里，我认识了梁生宝、梁三老汉、徐改霞，认识了郭增山、郭世富，甚至认识了"反面人物"姚士杰。蛤蟆滩村的生活充满了新鲜，也充满了亲切。我喜欢《创业史》里描绘的生活，喜欢它的烟火气。通过这本书，我第一次知道了外面的世界如此辽阔。

整个假期，我就坐在院子里的那棵大树下阅读。夏天的鸣蝉不间断地在院外吱吱作响，悠闲的白云飘荡在对面的山岭上，乡村午后的风里带着些许的凉意，而我就这样端坐在寂寥的农家小院里，手捧厚

厚的《创业史》，在柳青的牵引下，游荡在蛤蟆滩村。

再读《创业史》是在 80 年代。那时，我在南方一座油城里读书。我到学校的图书馆，从那里借到了这本书。在远离故乡的日子里，那些熟悉的故人和往事便浮现在眼前，久了，我便不自觉地将他们和《创业史》里的人物对上了号。他们勤劳、忠厚、善良、朴实，就连自以为是的小小的狡诈、圆滑，有时也充满了可爱，让人忍俊不禁。故乡那个小村庄里的人物，分明就是小说里蛤蟆滩村那群活灵活现的主人公，就是梁生宝、梁三老汉、徐改霞，就是郭增山、郭世富。

现在想想，这应该就是经典的力量了。

参加工作后，我最早的那个简陋书架上就顺理成章地有了《创业史》。之后的一些年里，便是一遍遍地温故了。

前几年，一个偶然的机会，我认识了一个眉县人。在《创业史》里，"梁生宝买稻种"是去郭县买的。我问那人，我说，你知道吗，眉县还有个名字叫郭县。

他疑惑地摇了摇头。

我笑了笑，柳青笔下的郭县，其实就是陕西眉县。

接下来我和那个人谈到了渭河，谈到了眉县火车站，谈到晴日里登上眉县的高处，能否看得见秦岭西部的太白山。

聊到最后，我甚至告诉那人，每逢渭河涨水的季节，住在旧时的眉县火车站的旅馆里，能直接听到渭河哗哗的水声，那人就愣住了，不清楚我为什么比眉县人更像眉县人。我心想，能不熟吗？从少年时代起，我就一次次随着买稻种的梁生宝，来到了八百里关中大地上。

梁生宝显然是这部小说里重点塑造的一个人物。他是一个贫穷农民的儿子，忠厚善良，勤勤恳恳，坚忍顽强，是一个庄稼汉出身的共产党员。为了能使村民们早日过上好日子，他主动外出去买稻种，推广新法育秧，进山砍竹子。所有的这一切，他从来都不在众人面前显功，而他之所以这么做，是因为这个少年丧母的穷孩子，历经苦难后，看明白了共产党才是穷人的希望和依靠，因此，他才听党的话，跟着党走。

我喜欢梁生宝这个形象，这个形象绝不是完全虚构的，他就是那个年代中国农民的真实写照。特别是长大后，我从我父亲的身上真实地感受到这一点。父亲是农民出身，新中国成立前参军去的前线，后来又在石油战线干了一辈子。直到临终前，一谈起党，老人的口吻里仍充满了无尽的感激。无论是梁生宝还是父亲，那一代人对党真切的爱、朴素的爱，都是那样自然，那样让人信服。

从这个意义上讲，这篇小说是真实的、可信的，又是艺术的。它以独具一格的艺术手法，真实地表现了新中国农民的思想情感。它是柳青用自己的眼睛来记录生活，用心来反映生活的艺术佳作。它是一盏心灯，燃烧在一代人的灵魂之中，为我们寻找来时的路提供了光亮。

这些年，我工作的基层单位就有不少农民工。我了解他们，知道他们的所思所想，他们也愿意把心里话讲给我听。走在马路上，我不敢小看每一个走过我身边的农民工。他们就是新时代的梁生宝、梁三老汉，是我们的父老兄弟。

人生的道路虽然漫长，但紧要处常常只有几步，特别是当人年轻的时候。——这是柳青的名言，为亿万人所接受。

它的出处，便是《创业史》。

《诗经》：一路诗意在，满心花海来

朱茜瑜（诗歌作者）

年轻，意味着有能力为自己的心河写诗。

我本是文学院一个普通的小女子，常着眼于赏心乐事——简单可口的一日三餐，亲人长乐安康——希望世间万事万物都温柔有爱。可是生活总有波澜，有时一地鸡毛，有时不能尽如人意，有时不得不戴上假笑面具，伪装成别人喜欢的样子在尘世间穿梭奔波，把种种疲弱不堪藏在刻意装扮的皮囊里。

幸运的是在图书馆里遇到文字，遇到诗歌。如余秀华所说：诗歌一无是处，但可以通向灵魂。文学院的学子们都和我一样称呼诗歌为"文字情人"。她对我们了如指掌，我们对她毫无保留。她饱满、沉静、清醒，而且有可调试的温度。她接纳我们偶尔的忧郁、丧气，容忍我们对于形式主义课程和写不完作业的牢骚埋怨。在诗中，我们一起丈量生命的长度和锦绣前程的宽度，一起感受尘世的爱与跌宕。正是诗，用温柔生出洁白的茧，轻轻裹住我们，告诉我们，原来我们与这个世界有着千丝万缕的联系。

华兹华斯在《抒情歌谣集》中说："诗是强烈情感的自然表达。"

而诗人雪莱对"诗"的定义是"最快乐的、最高尚的心灵在最美好、最幸福时刻的记录"。我国最早的诗歌总集《诗经》，无疑就是这样一部鲜活生动的情感之书。

我非常喜欢翻阅《诗经》，因为它们来自普通人的情不自禁、直抒胸臆、一吐为快。《毛诗大序》有："诗者，志之所之也，在心为志，发言为诗。"可以说，《诗经》是一部三千年前国人真实生动的心灵史。

翻开《诗经》，我会感动于祖先在自然世界里每一份日常洋溢的、务实的生命热情，感动于我们华夏民族在青春之时所具备的开朗、热烈、奔放。如《静女》一篇，可视作女子以自然之物向男子下达的爱情通牒："静女其娈，贻我彤管。彤管有炜，说怿女美。"民间流传一种说法，"彤管"为呈红色的初生植物，因此，颜色鲜亮的红色正代表着静女对爱情的炽烈之心。

《诗经》中写男女之情的诗篇有很多，这些也是我从小到大对《诗经》最熟悉的部分。除此之外，这部诗歌总集毫不修饰地反映了先民接触外部环境的过程中所表露出的最原始、最令人为之动容的普世情感。

如《周颂·臣工》是暮春小麦收割之前的动员令，"於皇来牟，将受厥明"，一大片金灿灿的麦子很快就要收获了。这是一个充满生机的画面。因为一年以来辛勤劳作，所以心里格外踏实，确信丰收会如期而至。

谓《诗经》是一部情感之书，这是一个深厚圆融的概念。它指向的是我们祖先向往的天地圆融、四时无碍的"大情感"，正是这些情感晕染成中国人今天认知世界、思考问题的底色，构建起我们国人的心

灵秩序，使得我们华夏民族屹立于世界民族之林。

正是《诗经》，教会我们国人少一点儿狭隘的风花雪月，要对天地自然书写一份大情怀。于是农耕文明里成长的我们对天地总是怀揣无尽的感恩之情。"民以食为天"，而食来自自然，是天地的温暖馈赠。天地即我们的衣食父母，我们依偎在它的怀抱里。如《信南山》中描写的天地是温暖贴心的："上天同云，雨雪雰雰……生我百谷。"冬春之交时，就召集云彩，落一阵雪。雪不够，就再布一阵小雨。于是我们的土地得到雨雪滋润，百谷得以蓬勃生长。

《诗经》从未宣扬过"大地自然是提供财富的，我们应该征服它而获得更多的财富"，从古至今我们华夏儿女认定大自然是有德行的，我国的道家哲学也一直强调"天人合一""生生之大德"，这些都是我们民族认知世界的独特方式。

如今，《诗经》仍能以它独特的魅力影响我们当今的生活。习近平总书记指出："我们辽阔的疆域是各民族共同开拓的。'邦畿千里，维民所止。'各族先民胼手胝足、披荆斩棘，共同开发了祖国的锦绣河山。"其中"邦畿千里，维民所止"正是出自《诗经》。

首先，在充满不确定性的当下，每个人都难免陷入"觉今是而昨非"的迷惘状态，还好有《诗经》为我们建立起带有社会归属感的心灵坐标。《诗经》中来自祖先的情感与心灵秩序无疑是今天最值得我们参考的、最恰切的坐标系。

其次，《诗经》具有最真切的治愈能力。其中的山川草木、虫鱼鸟兽，桩桩件件展开都是掌故。诗三百篇中瓜果的清芬、禾苗的蓬勃、谷堆的香气……那来自祖先的遥远的颜色、气味，源源不断地为我们今天平淡的日常注入温情的诗意。

最后，《诗经》带给我们引导启迪，它教会我们如何在这个薄情的世界里深情地活着。孔子说："《诗》三百，一言以蔽之，曰：'思无邪'。"生活中难免与庸俗之事交手，可浸润于《诗经》中，我们能汲取源源不断的活力去冲破营营役役，登上更高一阶来追逐人类最接近本质的、存在于寰宇之间的原初意义。这既是视角的升维，亦是对初心的皈依。

我们每个人骨子里的风雅与浪漫，在《诗经》里都能找到答案；我们对情义、对人生意义的追寻，在《诗经》里都能望见影子。它来自远古先人的深情呼唤，却依旧在今时今日将光辉照进我们日常的生活，成为每一个国人心中最珍重、最质朴的慰藉。

我深受其影响，于是总在傍晚阳光洒下来的时候，幻想自己是游弋在校园湖水中的一条小鱼，用七秒钟的记忆来记住值得的事物，然后轻盈地游向水阔天长的远方；每当暮色四合，我在操场，抬头在深沉的夜色里寻找最亮的星星，夜也在寻找我，我为这夜色作诗，为自己的心河吟诗。

读读《诗经》，再将一支笔握于手中，我写下的每一个字都是一个点，这些点连在一起是心底的云海、天际的银河，闪闪地在阴霾里发着光。情到深处也会嗟叹，被眼睛里升腾的水汽模糊视线。感谢先人记录下这些最朴质的文字，让我能够维护完好的良善，让我有力气给每一个朴素的日子写浪漫的诗。每日读诗写诗，我才发现：不是活着就算了，要活得热烈而起劲，开阔而坦荡；要时刻与生命纯真的本质对谈，获得人性的通透与豁达，获得为人处世的智慧和勇气。

　　一路诗意在，满心花海来。感谢《诗经》让我明白，人生庸碌，吾辈自当惜爱年华，为自己的心河写诗，为祖国的大好河山写诗。旧书常读出新意，俗见尽弃做雅人。我将继续翻阅《诗经》，用心在天地间画出一道美丽的风景。

长大后我也成了她

——读《雪域长歌》有感

郭佳（军人）

读《雪域长歌》时，正值大学刚刚毕业。那时我正经历着理想与现实的冲撞，处在精神的苦闷期。接到一纸命令，我坐上了开往拉萨的火车。父母都是扎根在雪域高原的边防军人，对于西藏我并不陌生。"世界屋脊"，老一辈称它为"离天堂最近的地方"。

作者张小康女士在接受采访时说道："写这本书的过程是对自己良心的一个交代。"这部作品讲述了先烈们的革命事迹，向中国、向世界传递了老一辈人扎根雪域高原、矢志不渝、艰苦奋斗的精神，承担起了让后辈铭记、几代人为了实现西藏的繁荣发展而付出巨大努力和牺牲的历史责任。

新中国成立之初，毛泽东主席做出解放西藏的重要指示，强调"进军西藏宜早不宜迟"。当时不少官兵接到进军西藏的任务后，想到西藏路途遥远、严寒缺氧、语言不通、风俗迥异，思想有了波动。但在进藏动员大会上，中国人民解放军第十八军军长张国华把三岁女儿带进会场，大有携女出征、义无反顾之气势，这让战士们动容的同时，也极大地坚定了大家进藏的决心。进藏途中，在恶劣的自然条件下，张国华和他的战友怀揣无比坚定的决心和无畏的勇气，翻雪山、跨江河，秉持着"坚决把五星红旗插上喜马拉雅山"的信念，徒步超负重行进了三千公里，成为人类高原行军史上绝无仅有的奇迹。遗憾的是，张国华年仅三岁的女儿难难牺牲在进藏的路上。这样的不幸，却是当年这支英雄部队背后无数家庭不幸的缩影。第十八军整整一代人为解放西藏、建设西藏所做出的牺牲令我为之震撼，也更加坚定了我从军入伍、接过父辈手中钢枪的决心。

书中写道："当祖国需要的时候，他们把原本属于自己的生命权、健康权乃至情感权都无条件地割舍，以换取民族团结和祖国边防的安定。"在那段艰苦卓绝的岁月中，是第十八军的将士们用血肉孕育了最初的"老西藏精神"；后来经过几代人的奋斗，"老西藏精神"又增添了"特别能吃苦、特别能战斗、特别能忍耐、特别能团结、特别能奉献"的丰富内涵。长期以来，一代又一代共产党员和"老西藏"们舍弃常人所拥有的、放弃常人所享受的，把人生最美好的年华贡献给了西藏。历史证明，"老西藏精神"是西藏各族人民赖以团结奋斗、实现科学发展的力量源泉，是共产党人履行使命的宝贵精神财富，也是每个驻藏军人都必须领会践行的宗旨。

书中记载了无数解放军官兵的英勇事迹，让我看到了那个虽离我们遥远却回响着铿锵誓言的时代。为了西藏，他们中多少人把青春和热血献给了这片生长雪莲花的土地。书中字里行间透露出的思想之光时刻映照着我的理想信念，锤炼着我的政治灵魂。作为新时代的解放军军人，我必将积极投身到西藏的保卫和建设中去，守护先辈们用青春和生命换来的辉煌成就，赓续红色血脉，涵养政治品格，不断锤炼自己敢打必胜、不怕牺牲的血性胆气，铸就不懈奋斗、顽强拼搏的钢铁意志，在青藏高原上展现新时代军人风采。

我的父母在西藏坚守近三十年，从小，我与父母长期分隔两地。他们同一代代高原官兵一样，心系祖国、扎根边关，在我看来，他们便是"老西藏精神"的传人。长大后，在父母亲身事迹的鼓舞下，我接过了父母手中的接力棒，成为一名光荣的解放军军人，并且毅然决然地选择投身于西藏边防。习近平总书记曾说过，在高原上工作，最稀缺的是氧气，最宝贵的是精神。作为一名基层新排长，军营中的人物事物使我受到了"老西藏精神"的直接熏陶，我也时刻铭记自己"青春向党"的诺言，不断用红色书籍进行精神"补钙"，使自己更加坚定忠诚地履行新时代人民军队的使命。"老西藏精神"曾经塑造了一代又一代的"老革命"，也必将塑造出我们这样一批肩负重任的新时代军人。我将传承先辈们的革命精神，永远忠诚于中国共产党，在世界之巅甘洒热血，做新一代传承和发扬"老西藏精神"的忠实践行者。

书中写道："每一个时代的人，都有那个时代赋予的任务。"短短几十年光阴，西藏社会发展经历了从黑暗走向光明，从专制走向民主，从落后走向进步，从贫穷走向富裕，从封闭走向开放的光辉历程。在当今，西藏仍然具有边陲重地、生态安全屏障的重要地位。新时代赋予的任务，就是要我们积极为西藏贡献青春力量。

《雪域长歌》在耳边激荡，我的灵魂随歌声飞上云端。我看见喜马拉雅山挺拔巍峨、连绵起伏，珠穆朗玛峰闪烁着太阳的光华，雅鲁

藏布江像绿色的绸缎挂在高原上……站在这片布满父辈脚印、洒满烈士鲜血的土地上，我深知远行并未结束。这一刻，钢枪已交到我手中，我必将继承父辈的光荣使命继续驻守在这世界之巅。

一个女人的海岛
——读《海魂：两个人的哨所与一座小岛》

王梦灵（编剧）

她是一位妻子，也是一位母亲，她用生命里最好的三十二年时光守护着一个家。她的家很大，大到九百六十万平方公里；她的家也很小，小到只有两个足球场那么大的一片土地。她的家，叫"国家"；她的岛，叫作开山岛。

这个女人，叫王仕花。

1986 年 7 月 14 日早 8 时 40 分。

丈夫王继才把第一次登上开山岛的时间记录到了"分"，从那一刻开始，他便知守岛不是一两日，此时，他才二十六岁，大女儿刚满两岁。

作为黄海前哨的开山岛，面积仅有两个足球场大，过去，这里驻有一个加强连。20 世纪 80 年代中期，连队撤了。当地人武部先后找了十多个人守岛，最长的只待了十三天，他们皆因太苦而离开。在王继才独自守岛的第四十八天，他的妻子登上了这个小岛。因放心不下丈夫，王仕花决意辞去工作，上岛陪着王继才。

两个人一个哨所，王继才是哨所所长，王仕花是哨员，两人既是夫妻，又是同事。

一间二十平方米的旧营房，成为二人简单的家。屋里有一个煤气罐，一个小灶台，一个小方桌，一张木板搭的床。

王仕花刚来时，什么都怕。

没有电的晚上，整个小岛都漆黑一片，海浪拍打礁石的声音在夜晚听起来很恐怖，她的眼睛看哪里都感觉阴森森的。没有水电，却常有狂风暴雨，还有成群结队的老鼠、蛇和蛤蟆，但有丈夫在身边，她又感到很安全。

夫妻二人一起巡逻，一起劳动，王仕花很快适应了岛上的生活。

他们在开山岛种树，种蔬菜。养了两只小狗，几只母鸡，给枯燥乏味的岛上生活带来一点儿生气。然而岛上没有土壤也没有淡水，种活一棵树比养个孩子都难。夫妻俩就像燕子衔泥一样，从陆地上背土到岛上，尝试种菜、种树。

没有水，就把自己吃的水省下来浇树。各种品种的树种了无数，但最终活下来的只有三棵无花果、一棵苦楝和几棵松树。

1987 年夏天的一个台风之夜，他们的儿子在岛上出生。没有别人，是王继才给妻子接生。当听到孩子的第一声啼哭，王继才瘫坐在地上，大哭起来。儿子生下来后直到七岁，都跟着王仕花和王继才在岛上生活。

人们难以想象他们是怎么坚持下来的，开山岛，被当地人叫"水牢"。只要赶上台风，人十天半个月上不去也下不来，比坐牢还苦。没有蜂窝煤时，只能吃生米；台风天被困时，饿上好几天，没有力气说话；海浪打过来，他们差点丧命；没有电，看不成电视，只有一台收音机，才能听一下外界的声音。

夫妻俩一年五千多元的工资，要养三个孩子，生活捉襟见肘。他们只能在岛上摸些鱼虾、放个蟹笼、捡拾贝类，托渔船捎回港口去卖点小钱，一年额外赚个三五千元，贴补家用。夫妻俩平时特别节俭，不买衣服，哪里破了缝缝补补再接着穿。干活手裂了，两块钱的护手霜都舍不得买。可只有一样东西，他们是买了又买。

这就是五星红旗。

升旗，是他们守岛生命中最重要的部分。

每天早上，天刚蒙蒙亮，王继才就招呼妻子起床升旗。一人升旗，一人敬礼，国旗伴着太阳从海平面缓缓升起。没有国歌伴奏，却依然庄严肃穆。

因为海上空气的腐蚀，五星红旗容易掉色，夫妻二人在守岛的三十二年里，自费买了几百面五星红旗。

有人问他，两个人的小岛，没有要求，也没人监督，升不升国旗有什么影响？

王继才说，开山岛虽小，也是中国的国土，必须升国旗！只有这样才会觉得这个岛是有颜色的。

夫妻俩这一守，就是三十二年。

冬天站在冰冷的海水里摸螃蟹、捞海螺，浑身冻得僵硬，腰都直不起来。岛上的母鸡下了蛋，夫妻俩也舍不得吃，带到岸上去换钱，一年四季，他俩只穿着配发的迷彩服。

三十二年里，夫妻俩以岛为家，升旗、巡岛、观天象、护航

标……当太阳落下海平面，夫妻俩会打着手电，一起写守岛日记，记录日常。2018 年，五十八岁的王继才在执勤中因病去世，兑现了他"守到守不动为止"的诺言。丈夫走后，王仕花继续守着岛。和以前不同的是，以前忙完还会有个人陪她说说话，而现在她一个人做完这一切，会独自坐在宿舍门口的台阶前看星星。

守岛，对于一个女人而言，面临最大的难题就是放弃。可以说这三十多年来，王仕花的内心是痛苦而煎熬的。从踏上这座荒芜小岛的第一天起，她心里清楚，今后每一天的生活都是放弃：放弃了天伦之乐、亲友之情和生命中的娱乐，甚至放弃了电灯、手机、淡水这些最基本的生活条件。此后属于她的家，是更广阔、博大的国家；而自己的那个小家，和她的感情一样被分为两半，一半是岛上夫妻相濡以沫，一半是隔岛相望的儿女相依为命。

在过往的漫长岁月里，夫妻两人无他人陪伴，只有不会说话的狗。他们在守岛之前并不能预知未来，不知道自己要守岛多少年，甚至不能确定能不能下岛。三十二年的岛上生活，呼啸的海风，陡峭的悬崖……没有想象中的浪漫，有的只是清贫与寂寞。作为一位普通的妻子和母亲。究竟是什么样的力量，能够让她做了一件常人难以理解、难以坚持、难以企及的事情？

很多人都读过《钢铁是怎样炼成的》这本小说，其中有这么一段话：

　　人的一生应当这样度过：当回忆往事的时候，他不会因为虚
度年华而悔恨，也不会因为碌碌无为而羞愧；在临死的时候，他

能够说："我的整个生命和全部精力，都已经献给了世界上最壮丽的事业——为人类的解放而斗争。"

这段话引发了无数人对于生命价值的思考。王继才王仕花夫妇守岛卫国，甘洒青春汗水献国防，彰显了共产党人的信念。

如今，开山岛也有了新的接班人，有了民兵执勤班。在这里，五星红旗每天升起，迎风飘扬。

家国是永恒的情怀，爱国奉献是中华民族世世代代自强不息的精神财富和力量源泉。多少年来，千千万万中华儿女立足本职岗位，弘扬爱国奉献精神，不讲条件、不求回报、不惜代价，甘愿付出汗水、心血乃至生命，把祖国建设得日益繁荣昌盛。

新时代是爱国奉献者的时代。我们要担当新使命，建功新时代，大力倡导爱国奉献精神，使之成为新时代奋斗者的价值追求。在血液和灵魂深处，每个人都应该有一方自己坚守的"开山岛"。

人生若只如初见　手握诗书伴吾眠

谢攀（书店员工）

　　人的成长和思想的进步，离不开书籍的陪伴，好的书籍可以启迪智慧，可以助力成长。黄梅县新华书店自提档升级以来，引来无数喜好书籍的读者来店打卡。借着这缕书香，约上三五好友一起品读经典，欣赏奇文，辨析疑义。在忙碌的日子里，读书成了生活里的留白。典雅的白色旋转楼梯，充满古韵的木质红窗，无一不彰显着这家百年书店的文化底蕴。在这样古色古香、充满文艺浪漫气息的书店里点一壶好茶，找一个安静舒适的角落读书吧！手捧一卷诗书，以诗为鉴，与古人为友，在静谧的时光里穿梭时空，与豪放派的文坛大家苏轼来一场亲切交谈，与婉约派的才女李清照把酒言欢，与郁郁不得志的杜牧推心置腹……人生若如此，快哉！乐哉！幸哉！

　　李白号称"谪仙人"，是大唐盛世的一颗璀璨明珠，天不生李白，大唐诗坛如长夜。杜甫和李白这对忘年交，在历史的缝隙里相遇，两人相见恨晚，杜甫曾为李白写下"李白斗酒诗百篇，长安市上酒家眠。天子呼来不上船，自称臣是酒中仙"。在历史的长河里，如果少了这位"诗仙"，那我们的语文课本该是多么无趣和枯燥呀！李白这位谪仙人，天生傲骨，不为权贵折腰，贵妃为其研墨，力士为他脱靴，他畅意抒怀写下名篇《清平调》："云想衣裳花想容，春风拂槛露华浓。若非群玉山头见，会向瑶台月下逢。"贵妃的衣裳如云霞织成，容貌如花。春风拂过，被露珠润泽过的花儿更艳丽。如此国色天香的美人若不在群玉山头，那必定只有瑶台月下，才能相逢。在伟大的诗人李白笔下，今人也可以领略贵妃之美，一睹贵妃风采。可惜天妒红颜，红颜薄命，就这样一个绝美的女子，要为君王的过错买单，最终自缢于马嵬坡，这结局真的让人唏嘘不已。一声可叹，叹贵妃红颜薄命；一声可惜，惜贵妃生不逢时。是非成败转头空，青山依旧在，几度夕阳红。

人生如梦，一蓑烟雨任平生。苏轼的一生大起大落，跌宕坎坷，对于官场沉浮、人生得失，他看得格外透彻。"文章憎命达"，他一生坎坷，自己的才能无法施展，虽有经天纬地之才，可惜无法为生民立命。他虽颠沛流离，但仍心念众生。面对人生的低谷，他笑看风云，泰然处之。苏轼因"乌台诗案"被贬黄州，身处困顿，依然苦中作乐，还给黄州留下一道名菜"东坡肉"。好一个苏东坡，好一个千古风流人物！从苏轼的诗词里，我们可以学习他豁达从容的处世之道。今天的我们，容易为一时的成败或欣喜或难过，因别人的三言两语就对自己全盘否定，情绪容易受外界事物所影响。我们要学习东坡先生的处世哲学，任它风吹雨打，寒冰暴雨，自己内心仍然"也无风雨也无晴"。以苏轼为友，你的内心必将变得通达。从诗人的佳作里学习古人处世的哲学和智慧，做一个潇洒快乐、心中有爱、眼里有光，所到之处皆有阳光的追风者吧！

"但愿老死花酒间，不愿鞠躬车马前。车尘马足富者趣，酒盏花

枝贫者缘。……别人笑我太疯癫，我笑他人看不穿。不见五陵豪杰墓，无花无酒锄作田。""风流才子"唐寅的人生之路可谓"泾渭分明"。二十九岁中乡试第一，成为"解元"，后来会试时因受人牵连而被罢免。至此，唐寅的人生开始转折，境遇每况愈下，以至于身无分文，忧伤度日，生了一场大病。但这些事终于让他看透功名利禄，从此世间少了一位忧国忧民的官员，却多了一位潇洒的大诗人。

历史的车轮滚滚向前，浪花淘尽英雄。流传至今的伟大诗篇，是五千年中华历史文化当中的璀璨明珠，需要我们沉下心去了解、去探索。作为新时代的青年，我们既可以像李白那样潇洒，也可以像苏轼那样豁达，还可以像唐寅那样看淡功名利禄，但终究应该"为天地立心，为生民立命，为往圣继绝学，为万世开太平"，做一个追梦者。因为实现中华民族伟大复兴中国梦，需要我们每个人都怀揣梦想，脚踏实地，不懈努力，不懈奋斗。

此刻我在这提档升级后充满文艺浪漫气息的新华书店里，身子倚在红窗前，手指轻翻书页，仿佛听到有人轻声吟唱："劝君莫惜金缕衣，劝君惜取少年时……"

诗人的机智

龙悦（教师）

我国的史籍中，记载了许许多多用诗歌表现人民聪明才智的传说。根据这些有趣的故事，从创作的角度进行一下探讨，将是一件有益的事。

《左传》里关于"宋城者讴"的记载，比起《诗经》里的诗详细和完整多了。故事叙述宋国大将军华元领兵跟楚军作战，宋军被打得丢盔弃甲，华元本人也被俘虏。华元逃跑回国后，仍然窃居高位，在筑城工地上手握鞭子监工，动不动鞭打筑城的士兵和民工。士兵和民工对这位骑在他们头上的常败将军痛恨极了，有人作歌唱道："睅其目，皤其腹，弃甲而复！于思于思，弃甲复来！"译成白话就是：鼓起你的牛眼睛，挺着你的大肚腹，打了败仗照旧吃俸禄！络腮胡将军，将军络腮胡，丢盔弃甲逃回来，手握鞭子照旧作威作福！

华元被弄得尴尬不堪，为了保持自己的体面，便作歌叫坐在车右边的骖乘唱着回答："牛则有皮，犀兕尚多，弃甲则那！"译为白话则是：造甲的牛还有皮，造甲的犀牛皮还多，丢了点盔甲算什么！

筑城的人们对这位厚脸皮将军更加痛恨，马上接唱道："从其有皮，

丹漆若何？"译成白话是：尽管野兽还有皮，漆甲的红漆怎么着？

华元被问得张口结舌，灰溜溜地走了。这个发生在两千六百多年前的故事，跟今天电影《刘三姐》里对歌的情节是多么相似。这充分说明我国古代劳动人民富于风趣，善于运用诗的形式来表现他们的聪明和机智。

善于运用形象思维，闪耀着聪明和机智的火花，这些特点在许多民歌里都有突出的表现。明代李开先《一笑散》中收集的《醉太平》，一首短短的民歌，连续运用六个比喻，深刻揭露了封建统治者对人民的残酷剥削，刻画了吃血群魔贪得无厌的凶恶本相。这首民歌是这样的："夺泥燕口，削铁针头，刮金佛面细搜求，无中觅有。鹌鹑嗉里寻豌豆，鹭鸶腿上劈精肉，蚊子腹内刳脂油，亏老先生下手！"

明代熊稔寰所收集的《精选劈破玉歌》中的一首民歌，连用五种有名无实的虫和鸟，表示自己和对方并没有"丝线儿相牵"的情爱关系，也是写得风趣而有文采的："蜂针儿尖尖的刺不得绣，萤火儿亮亮的点不得油，蛛丝儿密密的上不得筘，白头翁举不得乡约长，纺织娘叫不得女工头。有甚么丝线儿相干也，把虚名挂在旁人口！"

在我国历代的诗人中，他们所流传至今的部分诗作，也往往附带着表现他们机智和聪明的故事。曹植的《七步诗》家喻户晓。当了皇帝的哥哥曹丕威逼弟弟曹植，既要他写诗表现他们之间此猜彼疑的关系，又不准涉及弟兄。曹植如果缺乏这种机智，就难免遭到不测。他终于在为他限定的七步之内，用"煮豆燃萁"的鲜明艺术形象，揭露了面临的"同根相煎"的事实，使他狠心的皇兄不得不对他放下了屠刀。他在诗歌中所表现的机智，帮助他渡过了难关。

另据史书记载：东吴的末代皇帝孙皓，被晋武帝俘虏到了洛阳。一次，在酒席上，晋武帝带着酒意向他说："听说你们江南人善于作《尔汝歌》，你作一首试试。"孙皓不敢拒命，但这歌是不好作的，稍不留神，要丢脑袋。孙皓略加思索，写道："昔与汝为邻，今与汝为臣。上汝一杯酒，令汝寿万春！"

有的书籍记载晋武帝听后大乐，有的则记载不乐，但孙皓并没有丢脑袋，还封了归命侯。若从诗来推断，这种即兴的歌功颂德，谁听了都会飘飘然的。这首诗虽不算好，却说明孙皓是颇有随机应变的机智的。

清代乾隆皇帝对于臣下的要求是比较严格的。据清代笔记记载，某翰林公在一篇奏章里将"翁仲"二字误写成了"仲翁"。乾隆挥笔批道："翁仲如何说仲翁，十年窗下欠夫工。从今不许为林翰，贬尔江南作判通！"

乾隆在批语中，也故意将"工夫"写成"夫工"，"翰林"倒为"林翰"，"通判"颠成"判通"。一字之差，这位翰林公便被贬了官。然而，聪明的纪晓岚，却能机智地应付同样的窘况。

纪晓岚一次为乾隆抄王之涣的七绝《出塞》，一时大意，将"黄河远上白云间"的"间"字抄脱。乾隆看后颇为生气，责问纪晓岚。纪晓岚灵机一动，机智地应对道："我替陛下抄的不是王之涣的七绝诗，而是后人根据王诗写的一首曲子。"乾隆问他是什么曲子。纪提笔断句为："黄河远上，白云一片，孤城万仞山。羌笛何须怨？杨柳春风，不度玉门关！"

乾隆转怒为喜，反而对纪晓岚赐宴。要不是仗着机智，纪晓岚先

图书类

成人组

087

生也免不了贬去做"判通"的命运。

在诗歌中运用机智渡过难关，还有两个颇为典型的例子。

在一个暮雨潇潇的晚上，江边停泊着一只船，船上有一伙客商，诗人李涉也在这船上。一群强盗手执明晃晃的钢刀，气势汹汹地跳上船来。旅客们一个个吓得打哆嗦。强盗们问清了李涉的名字，要李涉替他们写一首诗，作为他们抢劫后的余兴。李涉提笔写道："暮雨萧萧江上村，绿林豪客夜知闻。他时不用逃名姓，世上如今半是君。"

强盗们见了李涉的诗大为开心，不仅退还了他的财物，还礼貌地跟他告别。李涉在诗作中机智地避免了对强盗们的谴责，而把强盗的产生归结为晚唐时期的混乱社会现象。如果李涉缺乏这种机智，即使不惹恼强盗丢了性命，至少是难逃洗劫之苦的。

又《古今诗话》载：藩镇朱滔起兵反唐时，到处乱抓壮丁，即使读书人也难幸免。一次，朱滔抓到一个士子，问明其身份，随即问此人是否能写诗。士子回答说能，朱滔即命他写一首试试。此士子便写了一首叙述自己不堪行军打仗的诗。朱看后又叫他替在家的妻子也写一首想念在外的丈夫的诗。士子又提笔写道："蓬鬓荆钗世所稀，布裙犹是嫁时衣。胡麻好种无人种，正好归时又不归！"

朱滔读了这首诗，竟动了恻隐之心，当即免掉这个士子的兵役，让他回家跟妻子团聚。

利用诗歌机智地进行谏净、规劝，并且事情的发展符合诗人的作诗意图并取得了良好效果的，莫过于赵整之歌了。古书记载：前秦国君苻坚，一次召集群臣会饮。苻坚酒喝上了劲，竟荒唐地要求参加饮宴的人不醉不休，并命令秘书侍郎赵整监督大家饮酒。赵整内心对苻坚这种荒唐做法很不赞同，可又不好扫皇上的兴，便要求援琴作歌助兴。他唱道："地列酒泉，天垂酒池。杜康妙识，仪狄先知。纣丧殷邦，桀倾夏国。由此言之，前危后则。"

赵整把歌唱完，苻坚也省悟到了自己的不是，连忙改容谢过赵整，并规定今后饮宴不得饮过量的酒。

南唐的韩熙载，对南唐后主李煜的沉湎酒色，荒弃政事，面对强大的北宋政权不加戒备，也同样用诗歌进行过机智的规劝。一次，他陪李煜观赏春景，见桃李花为风吹落，即兴吟诗道："桃李不须夸烂熳，已输了春风一半。"

他本意是借此向李煜暗示国事危迫，希望李煜能改弦易辙，重整纲纪，但并没有收到他预期的效果。我想，也许是由于他寓意过于晦涩，李煜不能明白他的真正意图；也许是由于李煜沉湎过深，因而棒打愚人不醒。

有一个利用诗歌机智地表达自己的政治见解和进行辩论的精彩故事，主角是王安石。宋熙宁二年（1069），王安石推行新法，次年拜相。一天，他和文彦博同到宰相办公的地方，看见南厅的墙壁上题了一首诗，是宋仁宗时宰相晏殊写的《咏上竿伎》，诗云："百尺竿头袅袅身，足腾跟挂骇旁人。汉阴有叟君知否，抱瓮区区亦未贫。"

原来在宋仁宗时期，也有人主张过改革，晏殊借此诗以讽刺主张改革的人像杂技演员在长竿上翻跟斗，总有一天会跌下来摔个头破血流，还不如《庄子》里面所记载的子贡碰上的浇菜的汉阴老叟，虽抱破瓮浇菜，却没有机心，仍能富裕地过生活。文彦博特意站住，不断反复朗诵此诗，对锐意进行改革的王安石进行警告。第二天，王安石

就在厅上晏诗的后面题诗，针锋相对地做出回答。其诗是："赐也能言未识真，误将心许汉阴人。桔槔俯仰妨何事，抱瓮区区老此身！"诗的大意是：子贡（端木赐）虽善言辞却不懂真理，错误地赞许了汉阴老叟的言行。运用桔槔的俯仰来取水，用力省而收效大，又妨碍了什么事呢？却偏要辛辛苦苦地抱瓮取水老死不变。王安石根据晏殊的原诗，也机智地运用了形象思维，不做空洞抽象的说教，言在此而意在彼，针锋相对地进行政治上的答辩。我们阅读和体味王安石用诗进行的答辩，比看一些抽象空洞的答辩文章，的确有趣得多。

我国诗史上，用诗歌表现出聪明和机智的有趣故事还有许多许多。总的说来，机智，对于诗人的创作，是一个相当重要的因素，很难想象思想僵化、思维迟钝的人，能写出像样的诗作。因此，我认为：诗人具有这种机智，才能敏锐地感触现实，迅速对自己所感触到的东西，做出相应的反应，而这种反应，往往是随机触发，水到渠成。

图书类

大学组

青春的楷模，青年的榜样
——读《习近平的七年知青岁月》有感

刘雨童（大学生）

　　我认真阅读了《习近平的七年知青岁月》，青年时代的习近平全心全意为人民服务的崇高精神让我深受教育和感动。此书用采访实录的形式，通过深入梁家河采访当年与青年习近平同吃同住同劳动的乡亲和知青们，真实再现了习近平同志七年知青岁月的艰苦生活和成长历程。青年习近平与人民同甘共苦、水乳交融的一个个故事，在艰难困苦中刻苦学习的一个个画面，使我深受震撼和启发。

　　我们要学习习近平同志谦虚踏实、扎根基层、服务人民的作风。1969年初，还不满十六岁的青年习近平来到陕西延川县梁家河村插队，直到1975年10月才离开，他人生最宝贵的青春年华，都是在这个陕北的贫苦小山村度过的。从繁华的首都来到黄土高原的山沟里，作为知青中年龄最小的，他没有抱怨，而是尽快融入当地的生活，克服了"跳蚤关""饮食关""生活关""劳动关""思想关"，在艰苦的环境中安心务农，与知青和当地村民融洽相处，对基层群众的感情非常深厚。他把自己看作黄土地的一部分，曾公开发表文章《我是黄土地的儿子》，深情回忆难忘的知青岁月，表达对那片黄土地的挚爱之情。正如他所说："当年，我人走了，但我把心留在了这里。"作为新时代的大学生，我们要向习近平同志学习，主动到基层去锻炼和提高自己，把自己所学的专业知识与社会实践相结合，更好地服务基层，服务人民，在基层工作中多积累经验，增长才干，真正践行理论联系实际，以及从群众中来、到群众中去的思想。

我们要学习习近平同志敢想敢干、勇于担当、一心为民做实事的优秀品质。青年习近平担任梁家河村党支部书记后，踏实肯干，急群众所急，想群众所想，千方百计带领大家改变那里贫穷落后的面貌。他给中国农业科学院某个研究所写信，希望能得到粮种和菜种方面的支持和帮助。收到农科院寄来的种子后，他专门拨出一块地来进行试验种植。黄土高原严重缺水，百姓的生产生活深受影响，他带领村里人打井，不但解决了社员的吃水问题，而且水量也足够浇地灌溉，解决了生产生活中的一个大问题。为了解决当地老百姓买不起煤又缺柴烧的问题，他和几个村民一起辗转到四川去学习别人的先进技术和经验，还请来一位技术员帮忙，带领大家建沼气。很快，梁家河村亮起了陕北高原上的第一盏沼气灯，困扰老百姓多年的烧柴问题也得以解决。青年习近平与乡亲们打成一片，设身处地为百姓着想，踏踏实实办实事，先后在村里办了铁业社、代销点、缝纫社、磨坊等，为村里人的生产生活提供了便利。作为青年学生，我们要向习近平同志学习，把个人理想与国家和人民的需要结合起来，在服务国家、服务人民的实践中实现自己的人生价值。我们在日常学习中要善于发现问题、解决问题，具有开拓进取精神，敢于挑战，勇于担当，做有理想有抱负的青年人。

我们要学习习近平同志勤奋努力、博览群书的好学精神。去陕北插队时，他带了满满两箱子书。白天干完农活，晚上就在煤油灯下如饥似渴地看书学习。即使后来当了村支书工作繁忙，他依然坚持每天抽时间看书。他兴趣广泛，读政治、哲学、历史、文学等方面的书籍，尤其喜欢研究马列主义哲学。他反复阅读了《共产党宣言》《毛泽东军事文选》《资本论》等著作，下很大功夫去研究辩证唯物主义和历史唯物主义。习近平同志读过大量的文学作品，具有很高的鉴赏能力和文学造诣，他讲话常常引经据典，信手拈来。他从阅读中汲取精神养分，吸收新的知识，提高思维能力和理论水平。正如他强调的："好学才能上进。中国共产党人依靠学习走到今天，也必然要依靠学习走向未来。"对于我们大学生来说，培养良好的阅读习惯是十分重要的。我们不仅要在课堂上学习，更要从课外的阅读中汲取知识和营养。我们要广泛涉猎，增长知识，开阔视野，提高认识，丰富思想。我们要学习习近平同志志存高远，不走捷径，脚踏实地从身边小事做起的务实作风。习近平同志在梁家河插队期间，在劳动生活中与老乡频繁接触，越来越多地了解到当地农村的落后状况，深切体会到老乡生活的艰苦，对他们寄予同情，并逐渐确立了为老百姓办实事的人生理想。他担任村支书以后，靠自己的苦干实干做出了一番成绩，一步一步改善了当地老百姓的生活。大学毕业之后，他有了前途光明的工作，但是，他放弃了平坦舒适的道路，主动要求下基层，回农村去工作，给老百姓做些实事。为群众做实事是习近平同志矢志不渝的信念，是他在陕北的七年里，在和普通老百姓共渡难关中，油然而生、融入血液中的坚定信念。他一步一个脚印，每一步都走得扎实、稳健。正是因为有了习近平同志这样热爱祖国、为民谋福利的人，中国才会有今天的发展和进步，中国的未来才会更加美好。我们大学生应该以习近平同志为榜样，树立远大理想，并为此付出切实的努力，切忌好高骛远，眼高手低。我们要严格要求自己，在学习上一步一个脚印，刻苦钻研，努力掌握好专业知识。在生活中谦虚谨慎，踏踏实实做好自己该做的事。

我们要学习习近平同志重情重义、关心百姓、为百姓排忧解难的高尚品德。习近平同志和梁家河村村民建立了割舍不断的深厚感情，他一直和乡亲们保持着联系，经常给乡亲们写信关心询问他们的生产生活情况，还几次回去看望乡亲们。离开梁家河之后，习近平同志始终关心着那里的百姓，只要乡亲们有困难，他总是想方设法帮助解决。1994年，梁家河村村民吕侯生修窑洞时右腿被砸伤，患上严重的骨髓炎。习近平知道后，马上给他寄去五百元路费，让他到福州去医治。吕侯生在福州治疗期间，习近平也经常去探望他，并自己出钱为吕侯生支付了所有的治疗费用。2007年，当他听说乡亲刘明升身体不好患有冠心病时，就把他和他的老伴都接到杭州治病。2015年春节前夕，习近平总书记携夫人带着年货一起回到梁家河，看望乡亲们。总书记深入山上果园，深入乡亲们中间，了解乡亲们的生产生活情况，心里始终惦记着大家。我们大学生要用实际行动向习近平总书记学习，做有理想有道德的青年人，要热爱祖国热爱人民，努力培养自己的社会责任感和历史使命感，要有家国情怀和责任担当。

习近平总书记在党的十九大报告中指出："青年兴则国家兴，青年强则国家强。"习近平总书记的家国情怀、责任担当，给予我们巨大

的榜样力量。作为新时代的青年，我们要以习近平总书记为榜样，心系家国，牢记使命，勇于担当，自觉将个人命运与国家命运紧密相连，努力学好专业知识，不断增强实践能力，提高服务人民的本领。作为研究生，我们不仅要掌握扎实的专业知识，还要自觉培养创新意识，敢于面对挑战，勇于探索，善于创新，不断提升创新能力和实践能力，在学习科研中刻苦钻研、勇攀高峰，为中国梦的实现尽自己的一分力。

感悟红岩精神，将青春汇入时代洪流

陈钰婕（大学生）

冀以尘雾之微补益山海，荧烛末光增辉日月。

——题记

合上书页，无数英雄先烈的呐喊依然在耳畔回响——"为了免除下一代的苦难，我们愿——愿把这牢底坐穿！"正如书中刘思扬所言，革命者在死亡面前，永远不会畏怯。1948 年，笼罩在阴霾下的重庆，暗流涌动，无数共产党地下组织成员前赴后继，积极活跃在革命前方，他们的战场无处不在，或许这一次离开，即是永别。

书中着重塑造了许云峰、江姐（江雪琴）、齐晓轩、成岗与成瑶等有血有肉的人物，借助这些鲜活的角色，充分表现了处于解放前夕的工人与学生等群体对共产主义的向往；通过这些典型代表，描绘了无数奋战在革命前线前赴后继的英雄群像，赞颂了广大人民争取自由的抗争，以及为了革命胜利赴汤蹈火、挺身而出的勇气。

鲁迅先生曾言，我们自古以来，就有埋头苦干的人，有拼命硬干的人，有为民请命的人，有舍身求法的人，……这就是中国的脊梁。

他们虽然深陷泥潭，却像股热流，汹涌澎湃，在牢房里激荡着，在黑暗中闪烁着最耀眼的光芒。

《红岩》中，勇敢坚强的江雪琴，胆识过人的许云峰，坚贞不屈的成岗，还有众多为了共产主义信仰抛头颅、洒热血的革命英雄，都是中国的脊梁。他们用自己瘦削的肩膀，肩负起伟大的地下革命任务。他们身上所体现的伟大的红岩精神，正激励着当今的中国人在新时代昂首挺胸，大步向前。

红岩精神，是大无畏的革命精神。

书中的女英雄江雪琴目睹丈夫被国民党残忍蹂躏，后又被抓捕，在所谓的"中美技术合作所"遭受非人的虐待。但失去丈夫的悲伤，十指连心的苦楚，都没有使她放弃信念招供保命，反而让她更加坚贞不屈，誓死不背叛党，始终对党持有纯净的爱。最后她在渣滓洞被枪杀，英勇牺牲。她是勇士，在死亡面前，永远都不会畏怯；她是烈女，在酷刑面前，永远都不会屈服。

红岩精神，是革命奉献精神。

许云峰、齐晓轩、刘思扬都牺牲在了帮助同伴越狱的过程中，他们放弃自己生的希望，用双手挖凿生的通道，用身体挡住敌人的炮火，用自己的生命谱写了英勇灿烂的人生华章。革命就是这样，最勇敢的人站出来，最坚毅的人站出来，赤手空拳去肉搏，用自己的身躯去堵枪眼，将其他同胞护在身后。他们就是一场烟花，轰轰烈烈地奉献了自己的一生。

《红岩》记录了渣滓洞和白公馆关押的革命前辈的斗争，描绘了革命在迎来破晓前所经历的最后黑暗。它将 1948 年重庆那段激荡的革命岁月重现在我们眼前，展现了属于那段峥嵘岁月的热血与呐喊，背叛与昏暗。革命的风吹散了那年的阴霾，吹来了今日的新气象。

今日之中国，山河巨变，社稷安定，百姓富足。如今的重庆，万家灯火，人潮汹涌，变化翻天覆地。但是渣滓洞还在，白公馆还在，各个功勋人物的纪念馆还在——只要这些为中华民族斗争的证据还在，革命志士就还在。

他们活在中国人的心里。他们的精神体现在杜富国"你退后，让我来"的口头禅里，在南仁东一生不间断的研究里，在王继才、王仕花几十载的坚守里。或许他们有的肉身已归于黄土，但是他们的精神不朽，他们留给后辈的宝贵财富，永远无可替代，始终熠熠生辉。

虽然那段努力冲破黑暗、期盼光明的日子早已远去，但是处于新时代的我们也应自觉承担这一代人的责任，肩负起实现中华民族伟大复兴的历史使命。

如今的中国，正值船到中流浪更急、人到半山路更陡之际，正所谓"天下事，在局外呐喊议论，总是无益，必须躬身入局，挺膺负责，方有成事之可冀"，作为新时代青年的我们，更应该深刻学习红岩精神，将自己的青春汇入时代洪流，让青春之花盛放在祖国最需要的地方，让青春激情与时代同心同向。

"林间，群鸟争鸣，天将破晓。"东方的地平线上，渐渐透出一派红光。绚烂的朝霞，放射出万道光芒，照在广袤的中华大地上。

我的国家，依然是五岳向上，风光正好。

在书里寻找清凉心
——读丰子恺漫画

李若曦（大学生）

一

又是一个暑假，就像候鸟再一次飞回。

这几日酷热，难以沉下心来阅读。

在抵达安静之前，还是费了一番心思：泡了壶普洱，挑了素日里最喜欢的一张碟，一个人平和地面对自己。

翻着旧日的书，闻到一股自书本中散发出的霉味，和着一些纸浆样的香草味道，时光仿佛回到了那个阴雨天，武汉大学图书馆中那昏黄灯光下的一隅，那一排古旧书架上的书，也是这样的味道。

原来，味道是有记忆的，能带你飞越时光；不论你何时取出，都会为你呈现旧日封存好的信息。

手指触摸铅印的字迹，再一次展开。

每一次的翻阅，都是与一位老友的重逢，她们带着昔日的温和来跟我相认。她们，是我从芸芸的书海中带回的，每一本都印着我曾经的喜爱。

终于，我也发现了一些被我忽视的老友：她们被安放在那里，朴实的外表下散发着淡淡的光芒，却因为我的辜负从来都未被发现。

书，又不是人，是不会自己跑过来邀宠的。

这一场叙旧，从读丰子恺先生的漫画开始。

二

以前从不曾像现在这样醉心于丰子恺的画。

他的那一幅幅小画，简单而又意味深长。

丰子恺，浙江桐乡人，画家、文学家、美术和音乐教育家。早年师从李叔同，以散文和中西融合式的漫画而著名。

简单，是我对这些画作的第一印象，这应该也是所有喜欢丰子恺绘画的人的感受吧。

喜欢这样的素净，一简到底。

就像这张画作：疏朗简洁至极的笔触勾勒出房舍廊前的景致，廊上是卷起来的竹帘，廊下有木桌茶具，画面中一弯浅浅的月牙高挂，题款是“人散后，一钩新月天如水”。

让人每每看后意犹未尽。

这样的简单，不是没有内容的简单，而是宋代禅宗大师行思提出的参禅的第三重境界：看山还是山，看水还是水。

是高处归来时的领悟，深刻领悟后的从容不迫。

三

丰子恺先生的画中总有一种浓浓的古意。

凡是这样的画，直接引你遐想。浓浓的古典气息，悠悠地从画里透出来。顷刻之间便用他的笔墨传递给你，你仿若读到了一首首诗，只因诗词是这些画作的魂魄。

例如那一幅《梧桐树》，这样疏淡的画面，来自吕洞宾的一首小令《梧桐影》："落日斜，秋风冷。今夜故人来不来？教人立尽梧桐影。"另一幅《牧童归去不须牵》，则取自宋朝普明禅师的"日暮碧云芳草地，牧童归去不须牵"。

由此想到，中国古典艺术，诗与画是双生的，含蓄而深长的意境是相连的。这种意境，恐怕与音乐也是相通的吧，她们到底是一脉相承。中国文人画，大都蕴含了诗词的底子。

四

丰子恺先生的漫画有着无限的留白意境，擅长用空白处道尽绵绵意境。这样的留白，不是空洞，不是无力，而是欲语还休的休止符，更是休止符之后的等待，静静地等待是为了引起更强烈的共鸣。

这样的留白，也是空中鸟儿飞过后的宁静，是深山流水淙淙的尾音，是风吹竹林叶子沙沙响后的入定，更是"百花丛中过，片叶不沾身"的禅语，是空的味道。

翻阅丰先生的漫画，时时可感到一种无言的静谧。在《燕归人未归》中，让人不禁深深感叹：这样的等待，是用时间熬成的思念。

窗前斜倚等待归人的女子，背影寂寞而安静。我遥想着古时的那一封书信：宣纸在油灯下被郑重展开，这边落下几笔的同时，院落那头也落下了几瓣杏花吧？而后要翻过多少山越过多少岭，要听得多少马蹄声落下，这样的书信才能到达被牵挂的另一头……

这样的留白，简约中流溢出无限的意蕴，让人回味无穷。

五

丰子恺先生的画作，多为人们的日常生活情景，具有人情世故所普遍蕴含的动人情趣，总给人一种质朴无华的视觉感受。它散发着浓烈的生活气息，给人以生活的希望，让人感觉艺术就在我们的生活中，美就在我们身边。这样的质朴味道，是第三第四泡的普洱，醇厚过后开始由浓转淡，汤色润泽红亮，茶香悠长……

看《村学校的音乐课》，画的是先生上课为学生拉胡琴的场景，这样的音乐课，连眼睛眉毛都可以省去，只留下嘴巴，反而是更加有表现力的。

这些画，就是这样具有清新的生活味道，又别具一种隽永和含蓄，像普洱一样带有浓厚的泥土气味。

丰子恺先生的漫画中近乎传统国画的抒情色彩，含有一种深沉的悲悯情怀，让人感觉更大的力量包容在画意中。

《昔年欢宴处　树高已三丈》白描的是抗战以后，画家回到家乡时的情景。残垣断瓦间，有一棵高大葱郁的树。站在院墙外的他，正满怀惆怅地张望、倾听和回忆。

看先生生平事迹，感叹他是如此忠实于自己的信念。应该是信念吧，任凭人生起落，宠辱不惊。丰子恺先生是一代美术与音乐教育家，他用自己的人格魅力和文人风骨，感化着一代代人。透过这些画作，我们看到了坚守的力量、美的力量。

面对时代的不和谐，还能悲天悯人的，才是大师。

在炎炎夏日，这是怎样一次与阅读的酣畅相会呢?

丰子恺的画，还具有更多的温暖、童趣、素净，等着我慢慢去品

味，去感悟，去体会⋯⋯

《美的历程》：巡礼华夏五千载

潘沛乔（大学生）

　　李泽厚先生是中国当代著名美学大家、哲学家，与朱光潜、宗白华、蔡仪等大师齐名。20 世纪 80 年代，中国掀起了一股美学研究的浪潮，《谈美》《美学十讲》等书相继出版，其中对中国美学思想和美学意识的探讨，推动了国人对于中式美学、中国美学研究的关注。《美的历程》正是这一时代背景下出版的经典美学著作之一。本书对中国从远古至明清时期的各类艺术作品、美学作品、文学作品进行了探讨，包括"龙飞凤舞""青铜饕餮""先秦理性精神"等十个部分，试图为中国美学史"勾画一个整体的轮廓"，更是对中国美的历程的一次"巡礼"。在这场绮丽雄浑的观览之中，李泽厚先生不仅用他流畅精妙的语言概括了中国各个时代美术作品的精华之处，更重要的是，先生还为研究中国美学的发展过程和历史演变提供了系统完整的蓝本，建立起了中国本土美学的理论框架。习近平总书记在党的二十大报告中指出，要"增强中华文明传播力影响力""加快构建中国话语和中国叙事体系，讲好中国故事、传播好中国声音"。在这样的时代背景下，这本书所提供的论述框架或将为我们思考加强我国国际传播能力建设、推进

建设中华民族现代文明提供启迪。

一、建构中国美学框架

此书结合中国社会形态的发展，按照时间顺序对中国美学思想的起源与发展进行了追溯，总的来看可以分为四个时期，即原始社会和奴隶社会时期、封建社会前期、封建社会中期、封建社会后期。

原始社会时期包括旧石器时期和新石器时期，这一时期中国美学的特点可以用"龙飞凤舞"来指代。远古的图腾、壁画、歌舞等在寄托古人对天地崇拜的同时，也体现了中国先民最早的艺术想象。"龙"和"凤"是中国最具典型性和代表性的文化图腾，在红山、仰韶等文化遗址出土的石器、玉器、陶器中都出现了原始的龙凤纹案，这正是中华文明独特的美学标志。

奴隶社会时期由夏朝开始，至春秋战国止，这一时期产生了高度发达的青铜文明。"饕餮"是指青铜器上各类兽、纹的形态，庄严肃穆又不失粗犷，体现的是狞厉而解放的美。

秦朝的建立开启了中国两千年的封建社会。封建社会前期大概由秦延续至魏晋南北朝。秦汉石刻古拙豪迈、雄浑有力，荆楚文学浪漫绚丽、辞藻华美，魏晋风度潇洒倜傥、轻盈飘然，而河西走廊上的明珠——敦煌石窟也在这一时期开始凿刻。唐宋迎来了封建社会的鼎盛时期，唐代开放包容，诗词文章、山水绘画、音乐舞蹈呈现出大融合的辉煌景象；宋代商品经济达到顶峰，文人风骨、理学奥秘当此形成。封建社会后期的明清，文学思潮尽管不如以前开放包容、富含活力，但市民文化逐渐兴起，仍促成了小说这些文学成果的产生。

通过对各个时期中国艺术作品、文学作品突出特征的分析，作者建构起了基于中国历史传统和千年本土实践的中国美学框架。

二、美学中的文明交融与文化激荡

纵览全书，作者以宏阔壮丽的视角完成了对中国美学演变进程的概述。其中一条尤为值得注意的线索就是中华文明三次重要的发展与变迁契机——魏晋、隋唐和明清。在这三个时期，中原文明与来自北方的少数民族进行了深度的碰撞与交融，除了血缘上的混合，西域习俗、草原文明、森林之风等文化元素的传播也在征战、贸易的过程中碰撞交融，中华民族多元一体的大一统格局也正是在这种文化激荡的过程中逐渐形成的。因此，浏览中国美学发展的进程，我们看到的不仅是中华民族独具特色的文化发展脉络和格局，还可以充分感受到文明演进过程中不同文化交流互鉴、激荡融合的时空浪潮。

三、指向未来的美学

李先生始终谦逊地表示，这本书只是"对中国古典文艺的匆匆巡礼"，虽可能"很难欣赏任何细部的丰富价值"，但希望可以提供一个"笼统却并不模糊"的印象。实际上，本书搭建了一个全面、系统而又清晰的中国美学理论框架，作者已经对各个时期艺术作品特点的精练表述提供了一个将特定美学风格符号化、标志化的可能途径。在仔细观察每一棵"树木"之后，我们仍要从目前的圈层跳出来，俯瞰"整片森林"。在书的最后，作者对艺术与社会之间的关系进行了深入的辩证思考。与历史学、哲学研究类似，美学的研究也面临着一个永恒而深刻的问题，那就是"究竟能否或者应否做这种美的巡礼"？文艺的"客观规律在哪里"？古老久远的文艺作品又为何仍可以感染着今天的人们？作者指出，或许是这些作品中蕴含着的"人性"的价值与光辉，就是人类发展流传下来的社会性共同心理结构。而在我看来，除"人性"之外，还有人们对于古代历史文化、文艺作品中所包含的人文价值与精神思绪的自发触动与自觉维护。中华优秀传统文化给我们提供了在世界变革浪潮中站稳脚跟的坚实底气，更给我们提供了向世界讲述中国故事的丰富资源。正如李先生在书中所说，美的历程指向未来，指向了中国文化未来的行进方向。

从国际传播视角来看，在"西方版中国故事"与"中国版中国故事"的争衡之中，如何构建自主知识体系和话语体系，把握传播的主动性，是加强我国国际传播能力建设的核心议题。李泽厚先生的这本书则向我们提供了一条重要思路，那就是深深根植于中华优秀传统文化，构建贴合中国历史发展和本土实践的理论框架，以中国视角讲述中国故事。这既是一场对华夏时空流转的巡礼，也是对中国未来美学前行路径的探索与启迪。

我和《山海经》的故事

张浩（大学生）

如果有人问我，哪一本书可以最大限度地体现中国古代劳动人民的想象力和精神面貌，我的回答一定是《山海经》。

《山海经》中记载了不少脍炙人口的远古神话传说和寓言故事，如夸父逐日、精卫填海、羿射九日、鲧禹治水等，还记载了很多异兽，是研究原始宗教的重要材料，从中可以看到古代民族的信仰及其对自身所处环境的理解。全书内容驳杂，除神话传说和宗教祭祀外，还包括我国古代地理、历史、文化、民族、生物、矿产、医药等方面的资料，是我国传统文化的瑰宝，也是伴我成长的好伙伴。

小时候，我最喜欢看《山海经》，它是我最早接触的书本之一。它满足了一个少年所有光怪陆离的幻想，打开了我想象力的大门。小时候看的是翻译、注音、简写版的《山海经》，最吸引人的是其中极具神秘色彩的异兽插图。当然，那些远古神话传说和寓言故事，我也是百看不厌。我时常幻想，那些异兽都出现在我的生活中，那会是什么样子？我把自己代入里面的角色，幻想自己成为夸父，追赶太阳，但没跑几步就气喘吁吁，只能作罢；我也幻想过成为后羿，拿着父亲做的

弹弓，弯腰射石，但子弹经常弹到自己身上，痛得我嗷嗷叫……多么值得怀念的童年，那个天真无邪的年纪；多么值得怀念的《山海经》，一本承载着童年美好记忆的书。

《山海经》中记载的异兽，好几种都刻在了我的脑海里，它们或让我喜欢，或让我害怕。第一种是赢鱼——长着鱼的身子却有鸟的翅膀，发出的声音像鸳鸯鸣叫。我当时想，现实中要是出现赢鱼，那岂不就打破了大海与天空的界线？海里出现会飞的鱼，那该多有趣。不过它是个"不吉利"的异兽，书上记载，它出现的地方会出现水灾。小时候不明白，想的是要是出现水灾，岂不是只能待在家里不能出去玩，那该多无趣，所以我不喜欢它。长大后才知道，水灾会把全村都淹没，大家都无家可归、流离失所，水灾是一种非常可怕的自然灾害。

书中的异兽我最不喜欢的是穷奇。书上说它长得像牛一般，但全身长着棘刺。我看了插图，觉得它一点儿都不好看，太凶恶了。有时候我不听话，奶奶就会用穷奇来吓我，说再不听话穷奇就会出现把我吃掉。书上也描述它会吃人，因此我对奶奶的话深信不疑。我对穷奇，始终感到厌恶和害怕。

《山海经》里我最喜欢的异兽是凤凰。凤凰——百鸟之王，威风凛凛。书上记载，凤凰是生活在丹穴山上的一种鸟，形状像普通的鸡，全身上下是五彩羽毛，头上的花纹似"德"字，翅膀上的花纹似"义"字，背部的花纹似"礼"字，胸部的花纹似"仁"字，腹部的花纹似"信"字。那幅插图上的凤凰停留在一棵树上，那高傲的神情，优雅的姿态，美丽的外表，都深深吸引着我。

奶奶说："凤凰出，天下和。"以前我听不懂这是什么意思，但知道它是祥瑞的象征，因此更加喜欢它。

小时候我经常追着鸡到处跑，边跑边喊："你们之中有凤凰吗？有胆子的站出来。"我当时特别想从鸡群中找一只凤凰，以此在大人面前证明自己。

这真是令人啼笑皆非，我压根儿就没想过，高傲的凤凰根本不会与鸡为伍，又怎么可能会被我追着跑？但现在我挺喜欢和怀念当时的自己，不需要思考那么多问题，无忧无虑，只需要为自己心中单纯的想法，勇敢去追，勇敢去跑，也无须在意他人的目光。

长大后才知道，我有多低估《山海经》。我所看见的只是它的冰山一角，但它仅仅用表面上展现的一丝魅力，就让我深深地陶醉了。

我再次捧起这本书时，已经读大学了。这次我关注的重点不再是异兽，而是神话传说与寓言故事背后的精神内核。

常常在网络上看到有人说中国人缺乏信仰，我看到过很多评论，有无数的例子可以证明这是一个假命题。让我意外的是，在《山海经》中，我也找到了答案，找到了中国人的"信仰"。

《山海经》体现了中国人民不屈不挠的精神，从中可以发现中华民族的神话传说和其他民族的神话传说是有本质区别的。在希腊神话中，火是普罗米修斯偷来的；但在《山海经》中，火是燧人钻木生成的，是用坚持不懈的精神摩擦出来的。在那个古老的社会，在那个崇尚自然的时代，每个国家都会有关于太阳的传说，一般都是尊称太阳为"神"，太阳有绝对的权威。但在《山海经》中，不可一世的十个太阳，炙烤着大地，烧焦了庄稼，最终被一名叫后羿的男子射下九个。面对末日洪水，西方人选择了躲避，逃进挪亚方舟；同样面对水灾，大禹

治水，变"堵"为"疏"，中国人选择用智慧来抗争。面对一座挡在门前的大山，一般人会选择搬家，信神者会选择祈祷，听从神的安排，但是愚公选择了移山，大智若愚，"子子孙孙无穷匮也"，这是不达目的誓不罢休的勇气。面对一望无垠的大海，被淹死的少女精卫，选择化作一只鸟，衔石填海，她可以输，但不可以屈服……

中国人从小听着这样的神话故事长大，勇于抗争的精神已经成为遗传的基因，刻进了每一个中国人的血肉。为什么中国能始终屹立在世界的东方，因为每一个中国人骨子里都有不屈不挠的精神，而这种精神，早已渗透进中国的每一寸土地，所以五四运动爆发了，抗日战争胜利了，中国能站起来、富起来再强起来……这就是泱泱华夏，一撇一捺皆是脊梁，而这一撇一捺，就是用信仰、用不屈不挠的精神所书写。

中华民族，是一个从来不缺乏信仰的民族，《山海经》中所体现的信仰也一直源源不断地滋养着中华民族，使其经历了几千年的苍茫烟雨，依旧有着强大的生命力。

《山海经》是一本充满生命力的书，在不同的年龄去读，会有不同的感悟。它承载着我童年的美好记忆，在我的青年时期给我带来新的思考。我想，我的未来它一定不会缺席，它会继续在我的人生中留下印记。

文字的表现形式：印刷书籍的知识建构功能

——读《书籍的秩序》引发的思考

苏欣雨（大学生）

　　《书籍的秩序》由七篇相对独立的文章组成，分别是《文字的表现形式》《作者的角色》《赞助与题献》《无墙的图书馆》《读者群体》《从宫廷到民间》《"大众"阅读》。这七篇文章虽然风格迥异，但都将读者引向了对同一个问题的思考，即：书写的条件、传播的形式限制了文本本身的意义建构，我们应如何理解这些限制？《文字的表现形式》一文着眼于文本传达的物质形态，从拼音文字的产生到册页书、印刷术的发明，再到电子文本的普及，梳理了一次次的技术变革及其对文本意义阐释的影响，并用三位先贤——维柯、孔多塞以及马尔泽尔布的观点和思想来分别说明文字的演变以及一些表现形式的转变。下面我将针对当下"纸书消亡"的观点，结合对本书的阅读收获与思考展开分析，阐明印刷书籍对知识建构的重要性。

　　印刷书籍建构的知识更具权威性。"口头文化时代"所传播的知识含糊而不确定，以《荷马史诗》为例，其产生于尚无文字的时期，故起初古希腊史学家修昔底德对《荷马史诗》所描述的特洛伊战争是否真实发生过不置可否，因为修昔底德撰史更信赖书面文献，而非口头传说。直到现代，考古学家才通过考古挖掘证明了特洛伊战争的真实性。文字发明后，知识信息得以被固定在有形的载体上，文字的书写权掌握在拥有读写能力的统治阶级手中，书面文字用于律法、宗教、巫术等一系列社会管理活动，正统性、神圣性和精英性使书面文化的权威高居口头文化之上。"一如孔多塞所言，'印刷之路'与口语时代相对立，它以一个崭新的方式定义了权力实践、社会角色和人类的精神活动。"直到今天的中国，正式出版的印刷书籍都需要有由国家新闻出版署统一编制分配的书号，否则便会被视为非法出版物，因为有了法律意义上的合法与非法之分，也就有了判断权威的基本标准。反观之，数字书籍的管制则在律法层面相对欠缺。

"印刷时代"的书籍不仅在政治上具有权威性，在纯粹的知识真理性问题上也同样具有权威性。知识权威是专业逻辑，遵从专业规范，是得到大家认可的。当知识还有形式和形状的时候，遵循你的知识逻辑，可以得到同样的结果。印刷书籍的形制恰恰为读者沿着作者的专业逻辑前行铺好了道路——书本的形式限定了读者的阅读顺序、引导读者的理解顺序，印刷书籍"强迫读者接受它的形式、结构和空间"，从而使读者能够在印刷书籍设计好的立体空间中更大程度地接受作者、编者意图达到的知识建构效果。读者通过翻阅纸页，从起点开始，沿着限定的道路，通过文本提供的方法步骤，一步步去证实或证伪作者的观点想法，以达成共识（即使原书观点被证伪，那也是进一步靠近真理、达成另一种共识的过程），收获智慧，从而打破数字社会因信息过载而产生的知识难题，即在人们对任何事都无法达成共识且将来也无法达成共识的世界里探索如何获取知识。

此外，印刷书籍的确定性也增强了其所传播的知识的权威。"印刷书极大地限制了读者介入的可能"，读者与作者的界限是鲜明的，读者若想表达思想，只能在页面空白处加以标记，无法删改原书内容；而数字出版物则不然，它是用户自定义的，用户可以随意标引、剪切、粘贴、增删改、重组，甚至可以作为一个新的传播主体将他们改动后的内容公之于众。数字出版的这种不确定性使其权威性极大地降低。在人人都是传播者的时代里，权威被分散，被消弭。

印刷书籍的纸张和装订方式既规约又强化了知识主题的建构，使传播的知识主题更鲜明。知识的主题尤其在封面结构的传播话语中得到加强。一本书即是一个主题，不管这个主题有多大，它总是有边界的，主题的核心内容集中表现在封面上。反观数字书籍，脱离了物质载体的固定位置，超链接的形式让数字出版物去边界、去中心，读者可以全凭自我意志去了解任何想要了解的内容。阅读的随机性打破了把思想和知识的关联集中在一定的主题主旨范围内的深阅读模式。

印刷书籍将知识建构得更有逻辑。印刷书籍的辑封、篇章页将知识层级化，层级化的表达使知识的逻辑结构更清晰，进而有利于知识的纵深探究。辑封给读者以停止点，让读者在一段阅读后能够停下来消化、思考；又给读者以起始点——辑封上的符号系统统领下一板块的主要内容，让读者对接下来的知识结构有清晰的认知。数字书籍中的信息则被超链接水平化地组织起来，知识应有的立体的逻辑体系在水平化的链接中被隐没，没有停止和起始，没有主次和深浅。数字传播使知识单元化，丧失层级，让知识的内涵变得无足轻重，读者会不自觉地跳跃式地阅读，忽略关注知识层层递进的逻辑结构，这显然将对人类的知识深度产生潜移默化的深远影响。

综上所述，印刷书籍的形制对知识的建构在人类知识体系的建立和扩展中占举足轻重的地位，是目前的数字媒介无法替代的。我们在此的讨论并不是要抵抗数字时代的到来，我们抵抗的是数字时代所带来的快餐式阅读靡然成风的现象，想要消除的是数字时代知识过载在知识建构中引发的一系列问题；我们极力挽留的不是纸书，而是纸书为知识生产和传播带来的有益效果。正如书中所说，"理解文本离不开对话语进行定性归类的种种范畴，也离不开左右其传播的各种形式"。倘若未来的数字传播发展到可以涵盖印刷书籍对知识建构的全部意义并且产生更加积极的影响时，那么纸书消亡与否也便无关紧要了。

深渊之下觅星光
——再读《野草》

侯梓妍（大学生）

当我沉默着的时候，我觉得充实；我将开口，同时感到空虚。

——题记

帕斯卡说过："人是一棵可以思考的苇草。"20 世纪中国伟大的文学家鲁迅将他痛苦、挣扎且无比真挚的思想尽数熔铸于一本薄薄的册子中，这便是散文诗集《野草》。呕心沥血创作《野草》的鲁迅如一匹孤傲的狼，在暗夜与光明的交织中缓缓独行，留下属于他内心和悲凉时代的墓志铭。鲁迅这本充满哲学意味的《野草》是我最为钟爱的书，我择其中几例篇章，从"揭面伪善""反抗绝望""破而后立"等三个方面进行品读。

一、揭面伪善——"不敢，愧不如人呢"

《狗的驳诘》《立论》和《聪明人和傻子和奴才》集中体现着鲁迅先生反击虚伪的斗志和决心。前两篇文章都以梦展开，一是"我"梦见在隘巷中遇见了一条狗，"我"想骂狗却被狗以"愧不如人"还击；二是"我"梦见在讲堂上正向老师请教立论的方法，最终却以"啊呀""哈哈"作结。梦境里，人不如狗真实，人不能也不敢说真话，那么投射到现实中呢？这样的讽刺不言而喻。在《聪明人和傻子和奴才》里，奴才是真"奴性"，聪明人不过是"自作聪明"，然而傻子并非痴傻，愚昧的是这个未开化的时代。腐蚀人心的何尝仅仅是那些聪明人油滑的嘴皮子，还有对一个个强贴标签的傻子的进攻。我们从中看去，鲁迅抨击的是明明不想做奴隶却迟迟无法焚断奴隶劣根的更广大的群体。

二、反抗绝望——"那我就不如烧完！"

"在我的后园，可以看见墙外有两株树，一株是枣树，还有一株也是枣树。"这句耳熟能详的话曾一度被拿来调侃，实则暗含了一种不屈服的韧劲。《秋夜》作为《野草》的第一篇文章，已然将"明知不可为而为之"的斗争基调深刻奠定下来。我们无法否认的是，天空永恒存在，月亮更是夜夜高悬，但枣树总会有彻底衰败的那一天；然而那些瑟缩的、落尽了叶子的瘦骨嶙峋的枣树，却能铁似的直刺天空，直刺月亮，使得本该极具力量象征的天与月都为之自惭窘迫。这是无言的、内敛的、雄劲的魂魄，是对"暗"的博弈。紧接着，《影的告别》将《秋夜》中孤独的英雄形象更为激昂地表达。作为作者鲁迅自我意象集合体的"影"处在一个将明未明的中间地带，面对被黑暗吞噬的危机抉择，"影"给出的答案是："我不愿彷徨于明暗之间，我不如在黑暗里沉没。"本就随黑暗而生的影子最终选择回归于黑暗，很多人看出了绝望的宿命观，而我看见了反抗绝望的毅然决然。唯有敢于牺牲在黑暗之中，才能将喻示着旧时代的一切肮脏留到昨天，将一片崭新的光明美好奉献给新生的下一代，这正是一种鲁迅式的悲壮使命——一如《过客》中以水补血、不肯停歇的过客，再如《死火》中以最后的光亮点燃希望的火种，即使"烧完"也绝不甘"冻灭"的死火。鲁迅的《野草》里处处透露出绝望而又绝处逢生，充塞着骨鲠之气，细致来看，一字一句皆冒着沸腾的热气。这是一代文人用灵魂去唤醒《呐喊》中受困于铁屋子里千千万沉睡之人，使他们在生命最濒危的境地还要发出几声喑哑的生猛咆哮。

三、破而后立——"但他举起了投枪"

有这样的一种战士，是智慧而非蒙昧的，是勇敢而非怯懦的，是坚定而非犹豫的，但当他进入敌人精心布置的"无物之阵"中，依旧只有灭亡和战败的结果。因为阵中的人有极致的虚伪变身，"偏心"更"无心"。面对这一群藏在太平世界里永不会显露真身亦没有弱点的假面，战士果决地举起了投枪，以最具原始血性的方式做出了蛮横的抵抗。一次输局，他再次举起投枪；两次输局，他第三次举起投枪，甚至五次、百次……直到他微笑着筋疲力尽，直到他愈加清晰地看见一众黑心中那颗虽九死其犹未悔的堂堂正正之心。那么战士到底是谁？在《淡淡的血痕中》中，是令造物主伏藏，令天地变色的叛逆的猛士，是鲁迅心中值得用全部力量去守护的青年一代。执笔《野草》的鲁迅身处"五四"落潮时期，彼时社会动荡不安，恐怖氛围笼罩，鲁迅的心几近碎裂。在 1934 年 10 月 9 日致萧军信中，他谈到《野草》时

大学组

说："我的那一本《野草》，技术并不算坏，但心情太颓唐了，因为那是我碰了许多钉子之后写出来的。"于是，《野草》毫无疑问带着抨击时政、嘲讽小人、唤醒国民的目的，除此之外，还微透出他沉重而殷切的期望，这份不可避免带有"虚妄"的希望里的主角，是流淌着年轻血液的青年，是他想从社会熔炉中救出来的新生。

《野草》夹杂在《呐喊》与《彷徨》之间，其中包含着无数诡谲的意象、陌生化的比喻、凌乱的场景与充满矛盾的话语，它与两部小说集更是一脉相承。在历史性与现代性的融合中，鲁迅写出了一个沉默的国人的魂灵。在封建统治强大道德人格的麻痹作用下，人异化为自我欺骗、自我摧残、精神优胜的动物性奴才，而奴才的本能要求不过是渴望一场白日梦。如何破局，又如何重构？！在百年的昏昏欲睡中，是鲁迅戳破了一道口子，从缝隙中艰难呐喊，从病弱处喊起，从自己目睹的人生这无边的寂寞里喊起，奏响《野草》这一曲革命之乐章。一曲既出，地动山摇，怀鸿鹄之志的觉醒者们从纷飞的战火中走来，投身到最炽热的事业，喷薄的激情碰撞上峥嵘的年代，伟大的精神带我们去超越现实的桎梏。此曲时至今日仍不绝于耳、振聋发聩，正是——深渊之下觅星光，踽踽独行终有望！

《平凡的世界》：路遥精神的时代价值

焦昌新（大学生）

陕北的雨天是有几分野蛮，还没走几步，泥巴早已沾满双腿。我行走在面积越来越小的毛乌素沙漠边缘，如今，它被绿海包围着，放眼望去，已没有沙漠原有的那种宽旷与傲慢；相反，那是一种前所未有的孤独，因为不久后，这片沙地会从陕北版图上消失，消失于路遥笔下的故乡。

这是一片神奇的土地，平凡的劳动者路遥用笔、用生命开垦出了不平凡的世界。

在路遥的创作随笔《早晨从中午开始》里，你会看到路遥用自己的生命孕育《平凡的世界》的整个过程，六年的坚持、呕心沥血，造就了这部不平凡的长篇巨著。比起作家这个称号，我更想称路遥为史官，他让我想起了写《史记》的司马迁，仿佛写作就是与生俱来的责任：你生来就是为了它，为了脚下生你养你的这片热土而写作正名，尽管这种劳动是极其漫长的，甚至要付出自己的生命。

《平凡的世界》是真实的，我们都能在现实生活中寻找到属于自己的双水村、石圪节公社和原西县城；我们也可以是少安和少平，活在这一方土地上，却心怀着不甘平庸的梦想。正如路遥所说："我们可以平凡，但绝对不可以平庸！"我们生活的条件，远远优于路遥生活的那个年代，但我们面对的困难并不比那时的小。路遥的一生都在接受苦难的洗礼，即使当众人都认为他已经成功，他依然在与自己角逐——该坐享其成还是继续奋斗？他抵挡住了那份荣耀的诱惑，一如既往地如牛一般勤奋书写。相反，我们活在当下，沉迷于各种诱惑，"躺平"好像真的成了青年人面对生活的态度，我们开始期待不劳而获，读着天上会掉馅饼的故事。这种无异于行尸走肉的行为，我们习以为常。

从《平凡的世界》里，我们读出了路遥精神。当我们遇到困难或陷于那些贫穷日子里时，不必去怨天尤人地；把时间充分用于纯粹的劳动时，我们就已经足够富有。有人说，路遥的作品离当下太过遥远，已经不适合现在这个时代。确实，《平凡的世界》里形形色色的人物和发生的事件，对于我们来说都很陌生，尤其是贫苦人民的生活，我们大多数人都未曾经历，但这并不能够否认《平凡的世界》曾激励过一代代青年人投身到改革开放的建设事业中去。路遥，他更像是青年的导师，是伯乐，他知道我们这一代青年需要的是什么，所以他在竭尽全力地为我们施肥浇水。如果我们只是以对文坛的贡献来评价路遥的话，这是远远不够的。他曾说："人民生活的大树万古长青，我们栖息于它的枝头就会情不自禁地为此而歌唱。"从他的文字中，我发现他更致力于为社会和人民服务，他有更加崇高的信仰和理想，在他的心里，中国的未来早有蓝图。

在陕北这片黄土地上，路遥和他的《平凡的世界》是纯粹的，利益化的情感好像并没有纠缠过路遥，然而，这只是因为他一直在洗涤自己的内心罢了。在小说《人生》获奖大火后的一段时间，他写道："一旦长大成人，开始独立生活，我们便很快知道，亲戚关系常常是庸俗的；互相设法沾光，沾不上光就翻白眼……"路遥的写作，是最诚实最纯粹的劳动；相反，当下有的年轻人的劳动是为了名利。一味地讲求利益让劳动一文不值。我们变得越来越虚伪，这种虚伪是冠冕堂皇的，譬如明星学位作假、偷税漏税……这是文化精神传递中断导致的，如果他们阅读过《平凡的世界》以及其他书籍，如果他们也被文中的普通劳动者所感动过，他们是否还会亵渎自己的职业？我想，这是值得深思的。

《平凡的世界》彰显着善意的光辉。我仍记得，书中少平在求学时遇到困难，同学、老师与爱慕他的人都在帮助他。双水村的人啊，多么朴实！他们对少平就像亲人一般，那不是同情，更不是施舍，而是发自内心的关爱。还有那真挚的感情：田润叶对爱的坚定，晓霞的天真洒脱……平凡的爱情，平凡的友谊，那份真挚却是独一无二的。还记得田福军在任时去往村里调研，作为农民出身的他，看到百姓忍受饥饿时，眼中泛起泪花，他还把身穿的衣服给了穷到没有衣物遮体的百姓。在《平凡的世界》中，故乡情怀尤为突出，双水村的每个人虽然贫穷，但他们对于脚下这片土地是爱到骨子里的。我想，田福军始终没有忘掉自己农民儿子的身份，他依旧心系这片土地上的父老乡亲。

站在黄土高原上，你会莫名感受到那信天游是多么粗犷，歌声让你迷恋这片土地。我羡慕路遥把这一切呈现给了他忠实的读者，我更羡慕这片土地对《平凡的世界》中形形色色人物的包容。故乡对于作

图书类

大学组

123

家无所谓贫富，你从他的文字里都可以看到他对故乡热土的那份神圣的敬意，那份掩藏不住的深沉的爱。《平凡的世界》完成在陕北各个地方，路遥写作前后辗转乡村小镇、工矿企业、学校机关等多地。路遥的写作是一场庄严的仪式，作为普通大众的一员，他把平凡献给了写作，而这个过程，又是极其不平凡的。他与他的作品，平凡而又伟大，孤独而又为众人所赞誉。

　　《平凡的世界》这三册书静静地躺在我的书柜里，它们像三姊妹一样，互相诉说着关于双水村的故事。我忘记翻了多少遍了，只见那书角起了褶皱，一时间难以抚平。我很欣喜自己仍年轻，就像路遥口中早晨的太阳。我虽平凡，但依旧可以靠着初恋般的热情和宗教般的意志踏踏实实地劳动。

从《红旗谱》看农民的启蒙过程

陈玥彤（大学生）

革命之路道阻且长，荆棘丛生。人民是革命的生力军。中国共产党应运而生之时，一批有志向有胆量的热血青年，点燃星星之火，在神州大地上照亮了整个平原。

小说分为卷一、卷二、卷三和附录。卷一聚焦于锁井镇新式农民的崛起与旧式农民的冲突，以严运涛的斗争为主，从他的觉醒讲到他被捕入狱，以失败告终；卷二着重于讲述严运涛的儿子严江涛的成长，以及他向老一辈农民宣传共产主义思想时经历的种种艰辛与困难，重要事件为"反割头税斗争"；卷三则是生动地历史再现"二师学潮"，以严江涛等人被捕作结，表现了学生反抗运动失败的悲壮惨烈。

诚然，斗争必定要流血，各位英雄人物的悲剧令人扼腕叹息。然而在小说的第五十九章，作者还是埋下了希望的种子。张嘉庆在思罗医院醒来，在朱老忠的帮助下借机逃跑，高喊一声："天爷！像是放虎归山呀！"这句话预示，在冀中平原上，将要掀起壮阔的革命风暴啊！这样的结尾，既给了革命一个光明的未来，也象征着无产阶级革命者们前仆后继、不屈不挠的坚定信念。"二师学潮"的失败暗示着革

命路线亟须转移，就像严江涛所提示的，也是张嘉庆所悔恨的："为什么不早把战友们分散到乡村里、农民的小屋里，把革命的种子，撒在广阔的土地上……"独木不成林，孤掌难鸣，学生应当与工农兵联合起来，才能爆发出无穷的力量——这是失败后总结出的正确革命路线，和"农村包围城市，武装夺取政权"大同小异。

接下来请容许我详细分析三个层层推进的共产主义者启蒙方式。

一是共产党员对新式农民的启蒙。在外借打短工之机挖掘人才的贾湘农邂逅严运涛，一步一步引领他走上革命的道路，并且在运涛之后，又将江涛列为重点培养对象。作为县里第一个党的书记，贾湘农深入农村，只为唤醒农民们的反抗意识，宣扬革命的斗争理论。他曾对江涛说："我懂得工人，不懂得农民。"因此，他首先对接受过新式教育的知识分子运涛、江涛做思想工作，通过他们进一步考察锁井镇封建势力情况和剥削关系，并教给他们正确的路线——"发动贫农和中农"。年青的新生力量由此壮大起来。

二是新式农民之间的启蒙。在男权至上的封建社会，新式农民之间的启蒙一般只能通过男性对女性教导实现。本小说中关于这方面的描写最主要体现在运涛对春兰的培养和江涛对严萍的培养上。基于阶层差异，两者又有所不同。春兰是地地道道的农村少女，父亲老驴头深受封建思想束缚，所以对她的教导少、进程慢，且她的理解浅；反观严萍，其父严知孝是学校老师，她自己也在女子中学读书，具有一定城市小资产阶级性质，接受新思想更快、更容易。由此而产生了两种不同的结果——运涛被关押入狱，连探监见一面都难，春兰只能在家以泪洗面；十四旅围困第二师范，严萍在校外组织同学偷偷投掷粮食进去，帮助江涛等人支撑更久。如果说运涛减刑出狱的希望微茫是因为孤立无援，那么江涛被捕后，得益于共产主义的影响逐渐扩大，内有同学们齐心协力，外有严萍、朱老忠等人暗中相助，救出他尚有不小的希望。

革命与恋爱的话题已屡见不鲜，《红旗谱》成功之处在于把二者融合，青年男女们在革命中恋爱，朝着同一个目标砥砺奋斗，主旨高度远超于左翼文学初期作品将革命与恋爱相分离的简单模式，思想的开阔与内涵的提升有目共睹。

三是新式农民对旧式农民的启蒙。这是最艰难的也是最漫长的启蒙"运动"。农民在封建势力的压迫下，几千年来形成的传统观念不是一下子能撼动得了的。江涛重回锁井镇，打算鼓励村民们反割头税，并从中吸收共产主义接班人，却反遭老一辈人教训。他和老套子说反对税收之类时，老套子"一听就不同意"，还反驳江涛："你是念书念醒了的人，要学明情察理，别学那个糊涂脾气。"更甚者，爱子心切的农村妇女们，如涛他娘、庆儿娘，只着眼于眼前的苟且，因担忧儿子安全而极力拒绝："咱也不革那个命了！""有杀死人的，哪有欺侮死人的？"

虽然如此，革命者们仍然迎难而上。江涛深得贾湘农要领，在引导过程中讲究策略，深谙语言艺术：首先唠家常，使对方放下警惕；通过旧事重提（农民们与地主冯老兰打三场官司均失败）燃起愤怒，进而产生斗争情绪；再进一步铺垫，谈及今日共产主义的形势与可行性；最后坦白邀请加入反抗的真实目的。这种论辩的艺术与先秦诸子百家游说方法相似，例如在《孟子》中，让对方摆出论点，竖起批驳

的靶子，然后因势利导，层层推进……只是老一辈农民们并非像君王一样受过教育，陷入奴隶的泥潭过深过久，仅用论辩无法达到彰明较著的效果。万幸有朱老忠、朱老明这些疾恶如仇、侠肝义胆的农民在，义无反顾加入组织，尽心尽力，无怨无悔，为共产主义献上一己之力。

综上所述，革命的启蒙历程虽筚路蓝缕，步履蹒跚，但无论是老共产党员贾湘农，新青年知识分子运涛、江涛，还是血性农民朱老忠等，无产阶级的革命理念薪火相传，共产主义精神一脉相承，中国人民傲骨嶙嶙，终将雄起于东方！

征服林海，踏透雪原

王渝茜（大学生）

《林海雪原》作为一部红色经典，它的故事性和传奇色彩使其读起来引人入胜。即便距离它的诞生隔了好几个年代，现今依旧能感受到它的现实意义，以及作者创作、叙述的用心。

大多革命历史小说在叙述革命历程时，一般以革命的失败为开头，这部小说也不例外。在第一章"血债"中，尸体是"一段一段乱杂杂地垛在铡刀旁"，"用铁丝穿着耳朵，吊着血淋淋的九颗人头"，等等。这部小说对残杀的描写，是我目前读过的最具体、最血淋淋的。看多了一笔带过的轻描淡写，不由得对这部小说中血腥的一幕幕打冷战。而这些场面对照革命历史，无疑是真实的，甚至可能还比不上真正的历史来得残酷。作者曲波参加过剿匪战斗，他以亲历者的名义将这段艰难的斗争用文字来表达。文字的意义，也在于记录，记录需要铭记的历史。

这部小说中发生的一连串事件主要是按照时间顺序叙述的，其中插入了以往的经历，比如少剑波姐姐的事迹、笔和表的故事、剿匪小分队成员的战斗事迹以及对过往生活的回忆等。这些叙述的补充，既

是为故事情节铺垫，也让小说人物的形象逐渐丰满。像小分队的主要成员少剑波、刘勋苍、杨子荣、白茹等人，作者都会提及他们过往的英勇事迹，这是他们各自的"勋章"，或许也是在告诉读者，战斗有他们一定会胜利。在这部小说中，不是一下子就告诉读者某人是英雄，而是在事件的层层透影中，告诉读者他们的不凡之处。

《林海雪原》一出现在人们视野中，便广受欢迎。自然，群众爱看这部小说不是没理由的。

首先，这部小说采用的是中国古典小说一贯的叙事模式。其中人物善即善、恶即恶；情节环环相扣，且时有热闹的场面，是老百姓所喜闻乐见的。比如在小说最后，正面人物在快胜利的关头还面临匪徒的突袭，一度陷入三面受敌的危急情况，教读者的心又紧张了起来。又比如夹皮沟的姊妹车开动的热闹场景，不仅是小说里的群众在欢呼，也让读者群众看得乐呵。小说在叙事结构上，可以说与古典小说《西游记》相贴近，如果参照当今老百姓对《西游记》的津津乐道，《林海雪原》在当时的受欢迎程度可想而知。不同于外国小说那般重视心理活动描写，这部小说侧重的是人物的行动和语言，而这一点无疑对上了中国老百姓的胃口。这样一部英雄传奇小说，不仅适应于当时大多数读者的知识水平，也符合广大群众的审美要求，群众自然会接受且喜爱这部小说。

再者，这部小说印证了"胜利是人民的小车推出来的"这句话。在故事的推进中，正面人物不乏群众的帮助。比如蘑菇老人向小分队提供对奶头山局势的分析，夹皮沟屯群众李勇奇等人依靠山地经验为小分队开路。当然，他们能够得到群众的帮助，前提是为群众着想，为群众除害。在这部小说中，人民群众看到了自身在历史中的推动作用，他们并不是完全被保护的对象，而是在战斗中同样发挥着作用。群众读这样的小说，就不像读只关于某个英雄的故事，群众本身也可以是作品中的重要角色。所以这部小说脍炙人口，也在于作者突出了党与人民群众的关系，而这层关系，无论是在哪个年代都是一个重要的话题。

作品中还有一点与群众联系紧密的就是民间传说以及民歌民谣。比如，蘑菇老人对少剑波一众人讲述的关于灵芝姑娘的神话传说，以及他唱起的山歌"……上了奶头山，魔法能翻天。入了仙姑洞，气死孙大圣"，将奶头山地势险要的特征三两句地道出来。还有姜青山唱的一支歌谣，"绝壁岩，考英豪，天生好汉的三关道。贴三贴，跳三跳，力尽三爬更险要。如无包天的胆，不要嘴上噪"，朗朗上口的歌谣，绕进了战士的心坎儿，一下子让众人铆足了劲儿。这些富有民间色彩的内容正是劳动人民智慧的体现。作者写这些，一来自然是符合小说的情境与人物的性格。要是进了群众的"地盘"，还正儿八经地谈话，没点儿顺口溜，那就不是真实的情境，而是一个舞台。作者的职责之一，就是要将小说的舞台，还原成真实的情境，教读者身临其境，那才称得上一个"妙"。二来要让读者读到打有他们熟悉的烙印的东西。这些来源于民间的精华，取之于民又用之于民，即便给当今的读者看，也是有兴趣念叨的。书中走一遭，会了几句民间小调，也不算白来。

这部小说惯用传统的以少胜多的战斗情节。其中"智取威虎山"的情节，尤为精彩。面对几百个土匪，小分队却能凭借几十个人而一举拿下威虎山。虽然不否认这种情节有较为明显的夸张，但它贵在细化了"智取"的步骤，真实可感。在小分队一步步瓦解匪徒的战斗中，除了小分队本身的努力之外，似乎连上天也在助他们一臂之力。关于雪，在小说中可以明显感受到，雪帮好人藏迹，帮坏人留迹。比如，"少剑波回头看看，小分队刚走过的踪迹，已被涌涌的落雪差不多平平满满地覆盖了，再过半点钟就可以根本看不出有人走过"，这是小分队过雪地；而当匪徒过雪地时，则是"雪地上留下了傻大个的脚印"。表面上看起来小分队自带的"主角光环"让雪也在帮他们，但是在天时地利的背后，是领导人的深思熟虑，是严寒下冒雪行动的勇气与智慧。不排除是作者故意给了他们些许"幸运"，但正是他们各自的英勇，才使"幸运"的真实感得以强化。所以，在沿袭夸张传统的同时又保留了内容的真实感，是这部小说的过人之处。

说到关于雪的描写，我记得有一段读来有趣——"后来战士们管滑下去都叫坐汽车，雪浅硌了屁股就管它叫坐硬席的，雪深没硌屁股就叫坐软席的。雪夜行军滑跤是家常便饭，每个战士都计算着，自己坐了几次汽车。"匪徒的嘴里只能啐出脏话，哼出淫调，而解放军小分队成员却能以一个个生动的比喻，鼓舞战士的信心。再如这一段出自少剑波对于雪的形容——"又滑又刁，生性好陷人，好绊脚，又有点欺软敬硬。只要你有硬骨头，给它力气，它就会佩服你是好汉，它就会尊敬你。谁要是装孬种，它就越抽谁的后腿。"这些话语不但让战士们听得明白，也让读者群众听得明白。而作者在人物语言上如此下功夫，目的之一是让战士和群众显得更亲密，更像站在同一条战线上。这些生动有趣的语言，恰恰是一种革命乐观主义精神的体现。在同时期的主流作品中，基本上都洋溢着乐观的情绪，当然这可以解释为在新中国社会主义建设起步阶段，人们需要作品给他们勇气，给他们向上的劲头。

总而言之，作为革命历史题材的一部经典，这部小说几乎具备了关于战争文化的所有审美特征，比如塑造英雄人物、二元对立人物派别、胜利者的主体定位和视角、乐观主义基调等，其中永不褪色的英雄情结更是成为一代代人难以忘却的回忆。记得书中有句话说，"天亮，一轮红日，从东方升起"。随之而起的，是小分队，是新中国，又或者是我们每一个读者。

征服了林海，踏透了雪原之后又如何？"新的斗争开始了！"

扬雷锋精神，绽青春之花

黄金铃（大学生）

　　"如果你是一滴水，你是否滋润了一寸土地？如果你是一线阳光，你是否照亮了一分黑暗？如果你是一颗粮食，你是否哺育了有用的生命？如果你是一颗最小的螺丝钉，你是否永远坚守在你生活的岗位上？……"打开雷锋日记，映入我眼帘的是这样一段引人深思、充满哲理的话。英雄不死，精神千秋。雷锋精神，犹如一座巍然伫立的灯塔，让我们前行的路充满光亮；雷锋精神，犹如一片肥沃富饶的土壤，为我们的精神世界提供滋养；雷锋精神，犹如一缕温暖明媚的阳光，给我们的日常生活带来温暖。英雄使人铭记，模范催人奋发。纪念雷锋同志，学习雷锋事迹，弘扬雷锋精神，争做青年模范是党、国家与人民给予我们青年一代的殷切嘱咐。

随风潜入夜，润物细无声

　　人民为何如此爱戴雷锋呢？因为雷锋作为一名共产党员，他有"安得广厦千万间，大庇天下寒士俱欢颜"的博爱胸襟，他有"先天下之忧而忧，后天下之乐而乐"的忘我情怀，他有"春蚕到死丝方尽，蜡炬成灰泪始干"的奉献精神。群众赞誉道："雷锋出差一千里，好事做了一火车。"列车内，雷锋毫不犹豫让座给大娘；大雨中，雷锋马不停蹄送群众回家；学习上，雷锋不辞辛苦教战友认字。他在日记里写道："凡是脑子里只有人民、没有自己的人，就一定能得到崇高的荣誉与威信。""人的生命是有限的，可是，为人民服务是无限的。我要把有限的生命，投入到无限的为人民服务之中去……""当党和人民需要我的时候，我愿意奉献自己的一切。"

汇涓流而成江海，积小善而成大爱。一头银丝，一脸质朴，一辆老车，一份伟爱。老人白方礼脚蹬三轮车，风餐露宿，步履蹒跚，寒来暑往，奔波四方，只为圆孩子们的读书梦。快递员汪勇不顾个人安危，竭尽所能解决医护人员的生活需求。"没有人能百毒不侵，热血可以融化恐惧；没有人是生来的勇者，责任催促你重装上阵。"他以小我为大我，积小爱为大爱，诠释"赠人玫瑰，手留余香"的道理。一双有力的臂膀，在千钧一发之际死死护住学生。谭千秋老师用血肉之躯为学生撑起天空，把生的机会留给学生，把死的选择交给自己。他们是当代雷锋，无私诠释责任担当，用奉献书写不凡篇章。用"鞠躬尽瘁，死而后已"之情怀，践行"捧出一颗丹心，献与亿兆生灵"。"大公无私、大爱无疆"这八个字，值得我们铭记，笃行不怠。

少年易老学难成，一寸光阴不可轻

雷锋在日记中写道："钉子有两个长处：一个是挤劲，一个是钻劲。我们在学习上，也要提倡这种'钉子'精神，善于挤和善于钻。"短短几句话，字里行间流露着雷锋对于知识的渴望，充斥着他对学习的急切，诠释着他对时间的珍惜，洋溢着他对探索的热情。古人言："少年辛苦终身事，莫向光阴惰寸功。"上下求索是青春的最好姿态，朝气蓬勃是青春的最好状态。君请看，航天员桂海潮少时立下鸿鹄之志，坚信"读书改变命运"，奋楫笃行，臻于卓越，一路披荆斩棘，成为"摘星星的人"。君请看，黄国平博士身世坎坷，一路风雨泥泞，一直自强不息，一生发奋图强。北大保安张俊成只争朝夕，萤窗雪案，最终厚积薄发，从一名保安成为一名北大学子。他们如同雷锋一般孜孜不倦、焚膏继晷，只为充实自己，奔赴梦想。生而逢盛世，青年当有为。这需要我们学习雷锋，学习榜样，拥"天行健，君子以自强不息"的意志，持"日月逝矣，岁不我与"的警惕，保"读书破万卷"的勤奋，方能劈波斩浪，百炼成钢。

横眉冷对千夫指，俯首甘为孺子牛

雷锋在日记中写道："对待同志要像春天般的温暖，对待工作要像夏天一样的火热，对待个人主义要像秋风扫落叶一样，对待敌人要像严冬一样残酷无情。"对于上面这段话我深有感触。如今的我们虽没有处在战争年代，没有那么多敌人，但也应该铭记历史，警惕历史虚无主义。种种背叛历史，把个人自由置于国家名誉与民族历史之上的行为令人唾弃。忘记历史等于背叛历史。历史是最好的教科书，也是最好的清醒剂，只有勿忘国耻，才能振兴中华。

谈及爱岗敬业，我觉得我们更应该向雷锋同志学习。他说在工作上要向积极性最高的同志看齐，他发扬的"螺丝钉"精神值得青年深思与学习。当代也涌现出一批爱岗敬业的劳动模范。大国工匠艾爱国曾说自己这辈子只干一件事，就是焊工。他秉持"做事情要做到极致，做工人要做到最好"的信念攻坚克难十余年，用汗水与敬业将自己于高温火花中锻造成一块对国家有用的好钢。最美司机吴斌在自己受伤的危急关头，强忍剧痛，有条不紊地进行停车、疏散工作，他用生命最后的七十六秒挽救了二十四条生命，完成了由凶险到平安的摆渡。医生张定宇与时间赛跑，身患绝症与新冠周旋，始终坚守在抗疫一线。他燃烧自己的生命之烛，兢兢业业守护病人的生命。他的敬业，祖国看在眼里，人民记在心里。我们要崇尚劳动，恪尽职守，学习服务人民的雷锋精神，学习"择一事终一生，干一行爱一行"的爱岗敬业精神，学习"偏毫厘不敢安，千万锤成一器"的大国工匠精神，学习"哪里需要就留在哪里"的螺丝钉精神，学习"宝剑锋从磨砺出，梅花香自苦寒来"的吃苦耐劳精神。拧紧责任螺丝，拴好责任链条，成就中华民族复兴伟业。

　　"欲载岳岳千仞之气概，必先具谡谡松风之德操。欲运落落雪鹤之精神，必先养皑皑冰雪之心志。"雷锋同志化作春蚕奉献自我，点燃生命照亮群众。雷锋精神是一座丰碑、一盏明灯、一片沃土，激励青年一代踵事增华、踔厉奋发。我泱泱华夏，神州大地，一撇一捺皆是脊梁。新时代涌现出一大批像雷锋同志一样的民族脊梁，我们应该向他们学习，让雷锋精神在祖国大地上蔚然成风，让雷锋榜样在时代潮流中不断涌现。

让马克思主义更加贴近生活实践

——《到马克思的故乡去！》读书报告

丁冬（大学生）

　　"马克思主义"是从开始上思政课那天起就深刻在我们脑海里的名词。《到马克思的故乡去！》一书从马克思主义起源之处谈起，以游记的形式将马克思理论与当代社会相结合，为如何使马克思主义更加贴近生活实践提供了新的思路。

　　《到马克思的故乡去！》全书分为楔子、六章正文和后记八个部分。楔子"探寻理解马克思的方式"从作者自身的学术经历出发，指出对于马克思的文本研究要从个案开始进行系统、全面、深入的研究，才能呈现出马克思主义的原貌、复杂性及其演变轨迹。第一章"古迹·风景"整体介绍了马克思故乡特里尔市的自然风光和历史建筑。第二章"小镇生活"从当地居民的具体生活状态讲到作者自己的租住情况，展现了普通德国人的生活和特点。第三章"大学风貌"开始逐步涉及马克思的一些学术思想，特里尔大学的历史、景致、学生、教授都是作者本人接触和研究的。第四章"故居现况"包括马克思故居博物馆、黑门故居、燕妮故居、威廉中学、马克思故居研究中心等多处介绍。正是这些地标串联起了马克思的一生，是他理论思想的诞生地。第五章"文献钩沉"正式介绍马克思的思想，特里尔时期的马克思还处在学习和思想萌芽阶段，其文献材料更多地关注具体历史与事件，但这时也已经显示出他深度的内涵思考，为之后走向批判现实与社会变革道路打下了坚实的基础。第六章"当代思索"集中展示了作者的主要观点。作者认为在马克思主义的研究中，应该将其置于西方文化传统和社会的历史链条中看待，其中体现出的人格魅力、现实关切和启蒙意识都是解释社会发展的重要维度。马克思主义不是万能钥匙、刻板标签、政治工具和垄断思想，而是应当回归本真的生动思想。

总而言之，这本游记式的著作，让我们感受到了与传统思政教材中不太一样的马克思和马克思主义。在德国，马克思主义是被作为社会学和政治学而研究的；在特里尔，人们对于马克思的认知是具有思想家风貌的"特里尔之子"。他的少年生活是鲜活生动的，他的伟大思想也不是一蹴而就的，但本书对于马克思主义的具体介绍较少，让人读完之后有意犹未尽之感。

由此我们可以看出，本书的侧重点是十分明显的。本书以游记的形式描述了特里尔小镇风光，图文并茂地娓娓道来，引人入胜，十分生动。以景观介绍引入，穿插着对马克思青年时期思想的介绍，读来既不会无趣，又不会空洞。文后也提出了对于马克思主义与实际的结合、马克思主义中国化发展的开放性思考，是很好的引导性科普读物。

但本书在保证趣味性和可读性的同时，牺牲了一定的学术性。整本书读下来，脑海里记住的更多的是小镇的风光、马克思的经历和思想转变，但其具体有什么著述、都表达了什么思想、与之后成熟的马

图书类

大学组

139

克思主义有什么联系，都是这本书未展现的，需要进一步学习其著述和文献来补充。

作者在书中反复提到的一个观点就是马克思主义与实际的结合，但切入点并不是我们常说的中国革命和建设实践，而是对于马克思主义的文本解读和社会联系。马克思在经历了特里尔时期的思想积累后，发生了重大转变，其思想进而引发了世界范围内社会结构的重大革命和新的建构。

正如作者在其他文献中所说："研究者之所以下如此大的功夫梳理和甄别作者的写作情形、作品的版本源流，正是认识到，文本与原始思想之间其实不可能是完全对应的关系。就是说作者的思想未必已经完全通过文本本身表达尽净了。"马克思主义的研究更是如此。马克思生前发表面世的论著仅占全部文稿的三分之一，还有很多草稿、修改稿、先行稿等，虽然不甚成熟，但也能够对整体思想起到补充和拓展的重要作用。

马克思主义中国化一直都是中国共产党的重要议题。参照国外学术界在马克思具体文本的探讨中所做过的工作及其最新进展，在此基础上结合我国国情、学术分析，做出自己的梳理和评价，才是马克思主义中国化研究的正确发展道路。

首先要分清哪些是必须长期坚持的马克思主义基本原理，哪些是需要结合实际加以丰富发展的理论判断。像唯物主义、辩证法、剩余价值论、劳动价值论等观点，都在著述中多次出现、被反复强调，属于马克思主义的核心观点。但每本著作的论述重点和写作时间不同，对于理论的论述本身也在不断地丰富和发展。因此在中国化发展中要注意论断的历史条件，要关注具体场景和具体对象，避免误读为无条件的普遍原理，形成错误附加。

其次要厘清马克思主义中国化的思想源流。"马克思主义中国化"命题由毛泽东同志在 1938 年 10 月召开的党的六届六中全会上正式提出，是我们党创建以后经过多年艰苦探索而达到的理论自觉。从十月革命后马克思主义开始在中国传播，新民主主义革命时期是马克思主义中国化的第一次飞跃，到新中国成立后的第二次、第三次飞跃以及新探索，这些思想环环相扣、一脉相承，展现了继承性与创新性的统一、曲折性与前进性的统一，以及阶段性和连续性的统一。

最后就是马克思主义与中国实际国情的实地联结。在社会主义现代化历程中，马克思主义中国化使中国确立和获得了现代性的资格和身份，并使中国完成了走上现代化道路所必须完成的两大启蒙任务，即个人的群体性启蒙和民族意识的现代性启蒙。中国社会主义现代化建设与马克思主义的根本目标有着高度一致性，即促进社会的全面进步和人的全面发展，因此马克思主义的中国化也必然与中国特色社会主义现代化建设相联结。

马克思整体思想的形成是一个循序渐进、逐渐积累的过程，特里尔时期的马克思还处在思想建构的关键时期，主要论断与后世熟悉的马克思主义有着差距，但这并不影响我们去研究和理解马克思主义，相反，正是这些青少年时期的知识积累使得马克思能够进行之后的著述写作。回到马克思的故乡去，回到马克思主义诞生的那个社会里去，才能回到马克思的文本里去，才能更好地让马克思主义为中国特色社会主义现代化建设服务。

问世间情为何物？

——《与妻书》读札

蒋子莹（大学生）

适冬之望日前后，窗外疏梅筛月影，依稀掩映，林觉民与新婚妻子陈意映携手并肩，走在自家庭院，低低切切诉说赏心乐事，缓缓徘徊共享良辰美景。两人相濡以沫，执子之手，岁月静好。

觉民于广州起义中牺牲，妻子意映拿到《与妻书》，"汝看此书时，吾已成为阴间一鬼"跌入她眼中。

林觉民是至情之人，写此绝命书信时几次"不能竟书而欲搁笔"，但恐妻子不察其衷，故忍悲而作此书。于是，我们才有幸看到这篇充满"至情"的文章，思考世间"情"为何物。

《与妻书》有很多不和谐，绝命之书与书中的呢喃日常便是最大的矛盾。我们不能想象抑或是我们不愿意相信，温暖幸福家庭中的丈夫将奔赴革命战场，献出自己的生命。美好顷刻间化为乌有，取而代之的是无尽的绝望。林觉民对于书中的矛盾给出了自己的解释："吾至爱汝，即此爱汝一念，使吾勇于就死也。"恰恰是因为对"爱我者"的爱，才给了他奔赴死亡的勇气。

"倘使我得到了谁的布施，我就要象兀鹰看见死尸一样，在四近徘徊，祝愿她的灭亡，给我亲自看见；或者咒诅她以外的一切全都灭亡……"（《野草·过客》）鲁迅笔下的过客面对"爱我者"小女孩递过来为其包扎伤口的布时，果断跳开了。对于这样善意的布施，他不只是拒绝，更多的还有厌恶。他要"祝愿她的灭亡"。过客不记得什么时候起，就开始走，一直走，他要去到一个地方，这个地方在老翁口中是"坟"的去处。同样是面对死亡，意映的爱给了觉民勇气，而小女孩的爱却让过客惊慌不已。这让人思考，"爱我者"的爱使人勇敢还是让人退缩？

对于过客的选择，鲁迅先生是这样说的："但这种反抗，每容易蹉跌在'爱'——感激也在内——里，所以那过客得了小女孩的一片破布的布施也几乎不能前进了。"（书信《致赵其文》）"跌在爱里"——爱从来都是千头万绪的东西，剪不断理还乱，就是为着携手并肩的窃窃低语，为着"与汝像"的未出世的孩子，林觉民也应当放慢冒险的脚步，保自己的平安。

"吾不能学太上之忘情也"，但对于此，林觉民再次做出自己的回答。

庄子说的"无人之情，故是非不得于身"，即没有情感便可摆脱是非，做到自然的状态。对于此，他的好朋友惠子反驳他说："人而无情，何以谓之人？"这里牵扯出关于"人"的定义，什么是人？有情谓之人抑或是无情才是人？"不能忘情"是林觉民的回答，也是最为坚定的人的呐喊。

恰恰是为了不辜负这"爱我者"的爱，于是才愿意将爱传递给更

多的人。《与妻书》中，林觉民对于自我情感剖析得十分透彻，"吾自遇汝以来，常愿天下有情人都成眷属"，对于妻子意映的爱常让他对这个世界充满爱，所以有了后面的"吾充吾爱汝之心，助天下人爱其所爱"。

进一步分析林觉民的情，也即他在后面提到的"老吾老，以及人之老，幼吾幼，以及人之幼"。这里涉及中国人的情感认知方式——家国同构。孟子云："天下之本在国，国之本在家，家之本在身。"由爱家到爱天下人，由自我的幸福推及天下人的幸福，这也是中国传统文化当中的情感传递路径。这条路径，在《与妻书》中展现得尤为明显。

这时的国，在林觉民的笔下是这样的："遍地腥云，满街狼犬"，今日事势，"天灾可以死，盗贼可以死，瓜分之日可以死，奸官污吏虐民可以死"。林觉民不禁悲愤呐喊："吾辈处今日之中国，国中无地无时不可以死。"于是，林觉民的选择有了某种必要性，"到那时使吾眼睁睁看汝死，或使汝眼睁睁看吾死，吾能之乎？抑汝能之乎？"林觉民对于当时中国事态把握之准确，令人惊叹。这样，对于"爱我者"意映的爱的前提是国家安宁，于是，林觉民的选择是为了保全天下人，也是为了保全自己的家庭。于是，由家到国的传统感情路径在《与妻书》中实现了回转。由国到家的情感，同样令人感动。爱家爱国，爱国爱家，家国从来都是一体的，两者相辅相成。

但是，必有亏欠。林觉民对陈意映有亏欠，未能携手白头；对自己未出世的孩子有亏欠，未尽养育之责；对自己的父母有亏欠，未尽床前之孝。这要回到我们提出的第一个问题，情感是让人勇敢还是让人退缩？很显然，在林觉民这里，对于"爱我者"的爱让他更加勇敢，而不是"跌在爱里"。实际上，过客的拒绝布施和林觉民的"不忘情"都是为了同一个目的，为天下人争得光明。两人都有向死而生的崇高。

真情使人勇敢，使人以"爱我者"之爱，成全天下"我爱者"。而这成全的代价，甚至是付出自己的生命。"自己背着因袭的重担，肩住了黑暗的闸门，放他们到宽阔光明的地方去；此后幸福的度日，合理的做人。"这是过客背后的鲁迅先生的呐喊。鲁迅希望自己的呐喊可以传出旷野，给独身前行的猛士一点儿勇气，使他们不惮于前驱。我也相信，林觉民的呐喊和鲁迅的呐喊在时空交汇。对于爱人的"情"，对于当时中国的"情"，也透过了时空的隧道，传递到今天。

情感从来都是可以传递的。在历史的链条上，我们都是中间物。我们前面有无数持火炬的人，在一条冗长而黑暗的路上，前进一寸便照亮一寸。他们累了的时候，我们便接过那火炬，继续前行。总是有人接力，总是会有希望。

家乡瑞雪，河山安宁

——读《家山》有感

王子灿（大学生）

被风拾走的落叶难以回到枝干，被风吹散到异地的人们唯盼家乡瑞雪，河山安宁。"无双毕竟是家山"，听不厌的乡音方言，诉不尽的乡土深情，拾回旧时遗落在故乡路上的情结……

"桃香拿响竹竿敲几下，麻雀一哄而飞，又登上柚子树"，在桃香的竹竿声中，我们走进了沙湾正月初六这天，与坐在地场坪的村民一起晒着日头，望着桃香放在几个大簸箕里晒的糍粑皮和炒米，看着叽叽喳喳的麻雀在柚子树上跳来跳去。我们走入沙湾，在这祥和安宁的氛围中，与村民一起在地场坪里纳鞋底，隔会儿便用手边的响竹竿赶簸箕边的麻雀。

静水流深，沧笙踏歌。作者用清新细腻的文笔勾勒出一份乡村的宁静致远，也描绘出宁静乡村生活下的暗流涌动。村里的人以自己的方式面对着时代变迁，经历着革命洪流的冲击。新风吹进沙湾这个南方乡村，沙湾的妇女能够进祠堂坐上席。正因此，我们能够知晓桃香。她被尊为"乡约老爷"，能够进县衙门打官司，并且一路上坐着由男人抬着的轿子进城，最终替村里打赢官司。桃香就像是刺破黑暗的一束光，回村后进祠堂接受礼敬，大胆地挑战封建传统礼教。在这市井长巷，聚拢来是烟火，摊开来是人间。在她的身上，"光"变得具象起来：让同志到自己家里"打劫"的齐峰、不肯缠小脚的月桂、青年军官陈劭夫、仁厚的乡绅佑德公、麻利能干的四跛子、带领竹园等五个保的民众修建红花溪水库的扬卿和有喜等众多人物跃然纸上，在王跃文的笔下静静地呈现于世，被众人解读。

《家山》书写了沙湾村百年来的风波和几代村民的烟火生活，字里行间蕴藏着多少未尽之言。在沙湾村炊烟袅袅的日常中，映射了整整一个时代的故事，书就了一个民族的生生不息，窥见了生命的脉络。在书中，扬卿和瑞萍从日本回国，他们在读了《诗经》后感悟：我们活在前人的光芒里。他们感慨着前人的光辉一直照耀前路，今日何尝不是如此。先辈在黎明前的黑夜中奔走，与封建落后文化做斗争；在水深火热中奋进，期待后人能够奔向光明。遥想清末留学运动，送到国外的少年早已成人，那年少时的原野依旧回响着当时的笛声。正因此，才会有如詹天佑之辈，在学成之后果断归国，为国效力。家乡之于他们是山川河流，是寒来暑往，更是萦绕在心头的一缕乡思，这便是家山的意义。

正如《家山》里所说："假如哪颗星星早就死去亿万年了，我们并不晓得，那颗星星发出的光，一直在奔赴我们的路上，我们世世代代仍被它的光照耀着。"我们在先辈的庇护下，大步向前。如今的我们从东方红 1 号卫星的成功升空，到见证神舟十四号的成功发射；从国家天文台提出建造 FAST（500 米口径球面射电望远镜）项目的设想，

到目前世界第一大的填充口径（即全口径均有反射面）的射电望远镜在贵州成功落地。三峡工程、南水北调、西气东输、港珠澳大桥等国家工程皆彰显着大国智慧。

家乡瑞雪兆丰年，河山安宁佑顺吉。家乡的山重着山，起起落落，岁月在它的身上留下斑驳痕迹，人们在它的身上寄托期盼。王跃文塑造了独属于他的文学乡原，也写出了那个年代的静水流深，如星火般在我们这个时代熠熠生辉。

图书类

中小学组

给先锋英雄李延年的一封信

罗娅倩（小学生）

敬爱的李延年爷爷：

您好！

我是一名六年级小学生，在读了《李延年：从"小猪倌"到大英雄》（第二部）这本书，又流着泪观看完了电视剧《功勋》之《能文能武李延年》后，您在硝烟滚滚的战场上带领部队冒着敌人的炮火奋勇杀敌的英勇事迹，让我深深地感动和敬佩。

在硝烟弥漫的异国战场上，您被称为"阵地上的定海神针"：您带领连队在敌军猛烈的轰炸下死死地坚守 346.6 高地；在失去与上级联系的情况下，您机智地排兵布阵，稳定军心；支援部队来后，您积极地与炮兵群团结协作，成功打退了美军骑兵第一师精良部队的七轮进攻……最终拿下了高地，完成了任务。冲锋时，您冲在最前面；撤退时，您留在最后面。您的英勇、忠诚、大爱让战士们感动。在您的带领下，战士们在战场上英勇顽强、殊死搏斗，立下赫赫战功。

在抗美援朝的战场上，英勇无畏的您带领志愿军战士们击退了美军骑兵第一师，让世界各国看到了我们中华民族的血性和凝聚力，让全世界认识了中国的强大。这让我深深体会到："一个有希望的民族不能没有英雄，一个有前途的国家不能没有先锋。"

您英勇作战、保家卫国的先锋英雄形象悄然走进我的心中，让我也有了一个英雄梦，也有了一颗爱国和报效祖国的心。

终于，在夏日炎炎的暑假，我来到了一个青少年军事拓展训练营。我要像您一样，经过恶劣环境下的艰苦训练，练就百折不挠、顽强拼搏的坚强意志。记得有一次进行野外行军6.5公里的拉练，走到一半时我累得气喘吁吁，汗水从额头直流而下，浸透了衣服，整个人好像刚从水中捞起来，双腿沉重得不听使唤，感觉整个身体快要瘫痪了。谁知这时偏偏下起了暴雨，白茫茫的雨水挡住了我的视线和脚步，我掉队了！正当我感到绝望时，脑海里浮现出您带领战士们在漆黑的夜晚冒着美军的炮火艰难渡河的情景：当时河水是那么冰冷刺骨，而你们却无所畏惧，勇往直前，有的战士在渡河时被炮弹击中，不幸牺牲。想到这里，我惭愧得无地自容，你们是拿命去拼才换来我们今天的幸福生活，和你们相比，我这点苦算得了什么？我仿佛听到了军号声，立刻昂起头，踏着泥泞，喊着口号，快步赶了上去。

在这之后，我又经历了"极限泥潭"：在泥潭里摸爬滚打，抱圆木仰卧起坐，匍匐前进的同时经受着水枪射击……"魔鬼训练"磨砺了我的意志，锤炼了我的体魄。在经历了野外求生、勇闯魔王关，以及真人实战后，我学到了您在作战时团结互助的精神。是您在我训练最艰难的阶段激发了我的昂扬斗志，点燃了我胸中的熊熊烈火，让我面对困难和挑战时可以无所畏惧。

十四天的军训磨砺中，我还学会了灭火器的使用和心肺复苏

术……更重要的是，我学会了独立生活，从而理解了父母的不易，懂得了感恩父母。

平时在家我都会主动帮助父母分担家务，也学会了自己规划学习，不再让父母担忧。在学校里，我更加刻苦学习，勇于挑战难题；在班级劳动中起到带头作用；在生活和学习上与同学们互相沟通、互相帮助；在学校各种活动比赛中和同学们团结协作，克服困难，取得最后的胜利。

我对您无比崇敬，您对我的激励让我深深懂得：从过去被侵略的羸弱国家到现在繁荣昌盛的伟大强国，是无数先烈、英雄抛头颅、洒热血、前赴后继、不懈努力换来的。我们青少年一定要珍惜这来之不易的生活，铭记历史，砥砺前行，传承，发扬，开拓，进取；以先烈、英雄为榜样，发奋读书，刻苦钻研，长大后建设伟大的祖国，让祖国变得更加强大！

愿您：

安享晚年，健康长寿！

罗娅倩

2023 年 10 月 21 日

一人一生一事，追寻内心的召唤
——《我心归处是敦煌》读后感

毕泷达（小学生）

最近总听到一些人提出很奇怪的问题，比如：为什么要上太空？为什么要考古？为什么要建博物馆？这些都有什么意义？很多学生也会问：为什么要学习？为什么要做作业？为什么要考大学？如果不愁吃喝是不是就不用上学了？

在《我心归处是敦煌》一书中，有这样一位老奶奶，她扎根敦煌，潜心研究，和丈夫分居两地二十多年，因为一心扑在工作上，只能把两个孩子送到乡下老家。作为女儿、母亲和妻子，她多么希望能与家人团聚，但她放不下敦煌的壁画，放不下这片神秘而美丽的土地，那冠绝古今的艺术瑰宝让她魂牵梦萦，她最终还是留在了敦煌，继续她的研究。她就是樊锦诗奶奶，人们亲切地称她"敦煌的女儿"。

敦煌在樊奶奶心里是一块掩盖在荒漠之中的珍宝，她和同事们几十年如一日地研究着，不惧风沙，不辞辛劳，就是为了能够一点点吹开沙土，揭开敦煌的神秘面纱，让这处中华文化的瑰宝被越来越多的人看到。现在越来越多的人慕名去往敦煌，瞻仰这古老神秘的东方

图书类

中小学组

之美。

然而，细心的樊奶奶发现，敦煌壁画在渐渐消失。原来，大流量的游客会改变室内温度、湿度等各项指标，从而影响壁画。她通过严谨的实验和分析，找出洞窟所能承受的最大客流量，建议对游客进行限流。不是所有人都赞成这么做，有人说她傻，因为这会影响景区收入；有人骂她多事，因为这会影响游客的体验。但她知道，限流带来的好处远远大于这些批评和不满带来的坏处；文明需要努力地留存更久，让更多世代的中国人能亲眼看到这些中国乃至全人类的艺术瑰宝。

她还提出了更为大胆的新想法：打造数字敦煌，为敦煌壁画建立数字档案。为此，她安排敦煌博物馆拍了一些专题电影，让游客在参观前先观看专题电影，以便更深入地了解敦煌壁画，而非走马观花地参观。同时她积极在互联网上宣传敦煌，让全中国乃至全世界人民，足不出户就能感受敦煌的魅力和珍贵。

此后，敦煌成了中国的一张名片，也成了更多中国人对美和历史的向往之地。

这就是她，樊锦诗。

樊锦诗奶奶说，她可以坦然面对一切，可以对所有人说："我为敦煌尽力了！"这是最高的境界。她不觉得寂寞，也不觉得遗憾。为敦煌，值得；为中华文明和她的这段历史，值得。每个人都有自由做自己热爱的事业。一人一生一事，是真正的幸福。

那么，何为值得？值得，是找到问题；值得，是有所改进；值得，是全情投入；值得，是奉献一生；值得，是无愧于自己；值得，是无愧于世界。因为值得，人生才有意义。

回到开篇那些问题，很多人喜欢问为什么要工作，为什么要学习，甚至为什么要活着。其实，无论是上班还是学习，是吃饭还是睡觉，这些都只是行为，但我们应该关心的从来不是行为。我们需要做的是走上通向内心的那条小路。这条道路，需要摸索着前进。这一路还会遇到各种诱惑，需要做出取舍：也许要放弃的是霓虹灯闪烁的繁华都市，也许要放弃的是安宁平和的生活。大到放弃生命，小到放弃电视、手机，在这一次次的抉择中，坚定你的目标，抛开一切杂念，遵从自己内心的召唤。只有这样，才是有意义的。比如发掘人类文明的起源，找到中华民族更久远的历史，又如探索太空宇宙，又如站上讲台传道授业解惑，甚至是做出一把自己心中完美的壶，开一个方便街坊邻居的小卖部……听从内心的呼唤，找到真正的自我，坚定地走向心中的目的地，到达自己追求的精神世界，去完成内心的使命，找到永恒和幸福——这些，才是我们应该做的。

　　樊锦诗奶奶在敦煌的漫天沙漠中揭开莫高窟的神秘面纱，把这一幅幅壁画、一个个石窟推介给世界，让中国文明闪耀夺目。我们作为小学生，应该从现在开始，努力学习，像海绵一样吸收知识，为将来的幸福生活打下基础。让我们放下杂念，拒绝诱惑，做好自己，找到自己内心的向往。抬起头，看向明朗的未来，那里神秘而充满希望，通向那里的道路虽然幽暗、曲折，但我们一定会走向更美好的世界。

永不放弃自己的追求

——读《根鸟》有感

蒋嘉颖（中学生）

　　我近期看了《根鸟》，这是曹文轩的长篇小说。根鸟并不是一种鸟，而是一个男孩的名字。在这本书里，我跟着主人公根鸟体会人间的风霜雪雨，品尝生活的酸甜苦辣，我的心灵受到了洗礼。

　　在我的生活里，从未见过像根鸟这样的人。这个十四岁的男孩，家境贫寒，主要靠打猎为生。他做了一场梦，梦境里有开满百合花的大峡谷、一棵饱经风霜的银杏树、一群白色的鹰，以及一个身上布满伤痕的女孩。这个梦让根鸟下定决心去寻找悬崖上的花和掉进大峡谷的女孩紫烟。

　　读《根鸟》让我明白，心中有梦就要去追。刚开始，并没有人相信根鸟讲述的梦，但是他的坚持打动了他的父亲，他的父亲也是唯一一个支持他的亲人。根鸟的父亲拿出一生的积蓄来支持他，在去峡谷的路上，根鸟遇到的"骆驼团""长腿""溪米"，无不被他的行为打动，并为他提供相应的援助。有一个相似的例子：梅西小时候被诊断患有"生长激素缺乏症"，医生断言其未来身高不会超过 150 厘米，没有人相信他能踢好足球，但他在自己的努力及其祖母的支持下，为自己的理想而奋斗，最终成了举世闻名的足球巨星。

读《根鸟》让我明白：有困难，别怕。根鸟寻找大峡谷是一帆风顺的吗？当然不是，他也有遇到挫折、受到打击想要放弃的时候，但就算他的钱包被偷，被人家抓去挖矿，得了严重的疾病，他都选择坚强地应对这些困难，坚持自己的追求，毫不退缩。

回顾历史，西汉经学家匡衡家境困难，但他勤奋好学，最终通过自己的努力，当上了丞相。再看今朝，香港传奇残疾人田径运动员苏桦伟，克服重重困难，超越身体极限，努力训练，在 2008 年北京残奥会男子 T36 级 200 米决赛中，以 26.65 秒的成绩打破了该项目在残奥会上的世界纪录。一个身体健康的人跑 200 米也要大约 28 秒，可想而知，苏桦伟经历了多少磨炼才做到。

我从《根鸟》中读到了主人公的重情重义、爱憎分明。根鸟在旅途中遇到了美丑善恶的各色人等，他对不同的人持不同的态度：对恶狠的"黄毛"，他毫不怜惜，对黄毛的欺骗和欺负果断予以反击；在鬼谷里帮助过他的老头掉入火海，他把自己的生死置之度外，毫不犹豫地把老头救了出来。

品读《根鸟》，我学到很多东西。我们前进的每一步，都是一次知重负重的艰难攀爬，都是一次攻坚克难的闯关夺隘，决不能因困难而退缩，也决不能因胜利而骄傲，因成就而懈怠。正如根鸟，任何人心中都有那份执着的精神，只要坚持不懈，砥砺前行，就能寻找到自己梦中的百合花大峡谷。

稻田里的中国梦

——读《梦圆大地：袁隆平传》有感

李依宸（小学生）

我热爱阅读，最近尤其喜欢看妈妈送给我的这本《梦圆大地：袁隆平传》。拿到书的那一刻，我的内心很激动，袁隆平爷爷是我特别尊敬的人。这本书和我以前看的故事书不一样，书中用大量的一手采访资料、水稻种植史料和杂交水稻知识为铺垫，还原被网友们尊为"稷神"的袁爷爷的一生。

袁爷爷出生于书香家庭，从小品学兼优，他却执意报考农学院，选择做一颗扎根大地的种子。他获得了众多荣誉，却从不炫耀自己的成就，始终默默躬耕在田野。他本可以过着让人羡慕不已的奢侈生活，却将奖金全部投入杂交水稻的科研项目中，在简朴节俭的生活中甘之如饴。当水稻吐穗扬花之际，他带着徒弟们踏遍每一块科研稻田，只为攻克"杂交水稻"这道世界难题。"山外青山楼外楼，自然探秘永无休。成功易使人陶醉，莫把百尺当尽头。"这是袁爷爷的自勉诗，也是他永不停止追求的真实写照。在他的事迹中，我看到了这位老者纯粹的赤子之心，更看到了他作为科学家的胸怀和担当。

掠过眼帘的文字把袁爷爷平凡又伟大的形象逐渐勾勒清晰。轻抚书页,我陷入沉思。与书对话,我仿佛置身于一个奇妙的世界:金黄的麦穗随风摇曳,阳光在稻谷上跳跃,引来鸟儿们欢快地歌唱。我不由自主地走了过去,这正是书中描绘的那片稻田!

这儿的稻谷长得比我还高许多,稻穗像扫帚一样,颗粒饱满得像花生那般大小。我蹦起来,想要眺望远处的美景。这里没有高楼大厦,只有无边无际的稻田,稻浪翻滚,禾香四溢。这里的一切都是那么静,只能听到风吹过稻浪的声音。摇曳的稻海中,隐约显现出一位身材瘦小的老人,戴着草帽,身穿白衬衫,裤腿随意卷起。他静静地躺在摇椅上乘凉,注视着这片稻田,一只可爱的小花猫正趴在他腿上打盹儿。

"袁爷爷!"我激动得大声叫出声来。

"这是哪家的妹陀呀?"袁爷爷抬头望向我,和我打招呼。

驰誉世界的"杂交水稻之父"竟这样出现在我面前,我既激动又紧张,心中有千万言语。

我兴奋地说:"袁爷爷,您太伟大了,我崇敬您。"

袁爷爷笑了,他摸着小花猫的头说:"你这个妹陀,说话还怪好听的,你看这片稻子,美不美?"

"美!"我点点头。

"再过些时候就能收谷了,种上了它们,这个世界也就再不会有人饿肚子了。"袁爷爷看着他的稻穗说。

我感叹:"太了不起啦,要做这么大的事得多难啊!"袁爷爷目光灼灼:"我一直信奉一个公式,成功等于知识、汗水、灵感和机遇相加。当时,许多科学家都认定杂交水稻没有优势,但是我一直相信自己的

图书类
中小学组

判断，通过坚持不懈的实验，最终取得了成功。我将这个公式也传授给你。"

风吹稻田，袁爷爷起身放下小花猫，又继续奔走在田间地头。他用粗糙的手掌轻轻地抚摸一株株水稻端详着，汗水从他的额头淌下，稻穗随风舞动，轻拂他的衣衫。一幕幕画面这么近，又那么远。

合上书，这位老者的形象在我脑海中依然那样清晰，我心中涌起一股强烈的使命感。作为一名新时代的少先队员，我要向袁爷爷学习，秉持用科技造福人民的信念，传承深深刻在我们中华民族骨子里的智慧基因，像水稻一样向着梦想拔节生长。我相信，个人梦的"根深叶茂"，一定能成就中国梦的"枝粗果硕"。

让"两弹一星"元勋的精神薪火相传

王梓淳（小学生）

今年暑假，我和妈妈在肇庆市图书馆借阅了《科星最亮："两弹一星"元勋故事》，这本书用朴素的语言记录了 20 世纪五六十年代二十三位"两弹一星"元勋的成长故事。读完使我受益匪浅，"两弹一星"元勋对待科研的认真态度，引导我学会沉下心来，在取得成果之前耐得住寂寞，也让我想起一句话——热爱可抵岁月漫长。

于敏、王希季、邓稼先、钱学森、郭永怀等二十三位"两弹一星"元勋在异常艰苦的条件下，凭着对祖国、对人民满腔的爱，默默无闻、脚踏实地克服了常人难以想象的种种困难，呕心沥血、勇于攀登，用智慧和汗水为我国成功研制出原子弹、导弹和人造卫星。科学家们的奋斗精神、团队精神、牺牲精神和家国情怀，以及他们为了祖国科研工作隐姓埋名几十年的经历，都深深触动着我。合上书，我仿佛看到他们勇攀科学高峰的身影，他们有着勇往直前的坚定意志和可歌可泣的爱国精神。高山仰止，虽不能至，心向往之。

我特别喜欢《科幻世界》《飞碟探索》这类科幻杂志，一直梦想着能成为一名生物学家，乘坐宇宙飞船去寻找地球以外的生命。我去过广州科学中心，也曾观看航天员在太空的直播授课，这些让我惊叹不已的科学技术，不断刷新我的认知。读了中国的"航天之父"——空气动力学家钱学森的故事，我感受到他深耕的这门学科的独特魅力；读了有着赤子之心的空气动力学家郭永怀的故事，我热血澎湃……郭爷爷从小便确立了自己科学救国的理想，哪怕回家的路困难重重，哪怕隐姓埋名，从此扎根大漠，哪怕到了生死关头，也要守护国家的科研秘密。钱爷爷、郭爷爷以赤子之心报国，为中国的国防科技事业、航空航天事业贡献了毕生精力，为我国核武器事业的长远发展做出了重要贡献。华夏儿女仰望了五千年的苍穹，在现代科技下不再神秘。从"东方红"上天到"北斗"升空，从载人航天到太空建站，从"嫦娥"探月到"天问"落"火"，我国航天事业已经发生了天翻地覆的变化。科技飞速发展，或许去太空旅行将不再是梦。

我马上就要上六年级了，无论是课程设置、学习内容、学习方法，还是人际关系、身心发展都会面临许多新的挑战。我要进一步发现并保持学习的兴趣，筑牢基础，主动学习，扩大知识面。科学确实是趟苦旅，但在科学的方方面面，每个人都可以发挥自己的创新能力。长大以后，我要为强大的中国奉献自己，让祖国母亲为我骄傲！

二十三位"两弹一星"元勋用自己掌握的知识，让我国的科学技术从跟着人家跑的境况发展到领跑世界的水准，用他们奋斗的一生诠释着信仰的力量。这本书，激发了我对人类未来的无限憧憬和向往，也照亮了我前进的道路。我越来越深刻地领会到"专心做好一件事情"的重要性。我要努力学习，让我的梦想变为现实！

品历史经典　撷智慧之花

——《朝花夕拾》读后感

蔡祉媛（中学生）

迎着落日的余晖，去采撷东方破晓时的鲜花。我愿乘一叶记忆的扁舟，与鲁迅先生在历史的长河中尽情漫游。

垂髫之年，初读《朝花夕拾》，我竟与伟大的鲁迅先生结下了"梁子"，原因只有一个，因为他"仇"猫。我曾经怀抱着慵懒的花猫，一手拿着鲁迅的书，郑重地向父母宣布，猫是世间最可爱的生灵，鲁迅先生竟不惜笔墨"诋毁谩骂"如此小巧玲珑之物，那我宁愿不读他的书。爸爸妈妈被我这莫名其妙的"演讲"弄得丈二和尚摸不着头脑，也不愿与不谙世事的我斤斤计较，无可奈何之下，只好将无辜的书藏匿在书柜深处，从此绝口不提，让我眼不见为净。

豆蔻年华，再读《朝花夕拾》。一日在家闲来无事，竟突发奇想要整理旧书，说干就干。打开尘封已久的书柜，一本朴实无华的书映入眼帘——《朝花夕拾》，好美的名字。也许是被这意蕴深邃的书名所吸引，我的心湖中仿佛落入了一颗石子，荡起层层的涟漪。伴着清脆的翻书声，尽情呼吸着清新的墨香。那似曾相识的《狗·猫·鼠》，唤醒了我童年时幼稚的回忆。沉下心去，静静品读，一章终了，我竟幡然醒悟：看似写猫，实则是在无情地批判那些为军阀政客张目，却仍在自命清高的酸腐书生。鲁迅先生用犀利的笔调，将那些卑鄙小人与猫类比，把他们骂了个痛快。我一边惊叹于鲁迅先生那高超的写作技巧，一边又为自己的蒙昧无知、孤陋寡闻而暗自羞愧——过往的那些偏见统统烟消云散。

及笄之年，又读《朝花夕拾》，在与深邃的思想碰撞出火花之时，我竟又与鲁迅先生结下不解之缘。1902 年，鲁迅只身一人远渡重洋，来到人生地不熟的日本。晚清社会，民不聊生，清政府委曲求全，软弱无能。鲁迅先生在书中用"中国是弱国，所以中国人当然是低能儿"一句反语来揭示日本"爱国青年"的荒谬逻辑，表达了对这种谬论的愤恨和抨击，也表达了他对近代中国的怜惜和无奈，多么令人心酸！孤苦无依的鲁迅身处异国他乡，自然也是受尽了屈辱，被日本同学百般捉弄。但就在这时，一个人悄悄走进了鲁迅的生活，从此给鲁迅的一生带来了巨大的影响。"其时进来的是一个黑瘦的先生，八字须，戴着眼镜，挟着一叠大大小小的书"，没错，这个人就是藤野先生。他治学严谨，不搞民族歧视，无微不至地关心着鲁迅。但好景不长，独具慧眼的鲁迅一针见血地发现了中国人存在的根本问题，于是他毅然决然弃医从文。这一切都令惜才爱才的藤野先生惋惜不已，临别之际他交给鲁迅一张照片，后面端端正正写着两个大字：惜别。读到这里，我竟不禁心头一紧，思绪竟如展开翅膀的小鸟，缓缓地飞回到五年前——

那一年，我升入小学五年级。在小学生涯的最后一年，我遇见了她，我的老师。

老师姓张，其貌不扬。印象中张老师有着一张白净的瓜子脸，高高的鼻梁上架着一副银边眼镜。我喜欢在宁静的午后，看她解下发辫，唤来她的爱徒帮她拔下白发；我喜欢她在清爽的秋日，于三尺讲台上手执粉笔，口若悬河。离别的那天骄阳似火，她顶着炎炎烈日冲出校门，没有多说什么，只交给了我一个小小的笔记本。我欣喜若狂，没想到老师竟然给我准备了礼物。翻开扉页，那娟秀的字迹映入眼帘：让优秀成为一种习惯。一时间泪水盈满眼眶。我想，在一百多年前，大文豪鲁迅也会与我有着同样的感受。人们常说，师者，所以传道授业解惑也。其实，每一个老师都不仅是我们的长辈，更是我们的益友。不论是因为鲁迅的作品而家喻户晓的藤野先生，还是默默无名的张老师，他们都给自己的学生留下了不可磨灭的印象，让人永生难忘。

读《朝花夕拾》，感受童年生活的天真梦幻，感受经典作品穿越时空的魅力，感受中国人的铮铮傲骨，汲取人生永不枯竭的智慧源泉。

保尔·柯察金，我的良师益友

陈思睿媛（中学生）

　　书籍是屹立在时间海洋中的灯塔，而文学名著是灯塔上那盏最闪亮耀眼的灯。它给我们带来启发，带来遐想，带来感动，鞭策着我们在书籍的海洋中找寻自己航行的坐标，去追寻心中的梦……

　　在我读过的所有书中，给我留下深刻印象的是奥斯特洛夫斯基的代表作——《钢铁是怎样炼成的》。单是这个书名，就形象地体现了革命青年的共产主义信念，告诉读者坚不可摧的力量是在千锤百炼的考验中铸就的。这是多么励志，多么让人震撼哪！书中的主人公保尔·柯察金自强不息、奋发向上的品质，以及甘愿为革命事业牺牲的献身精神和钢铁般的意志感动了我，让我久久不能忘怀。

　　保尔·柯察金家境贫寒。十二岁时，母亲把他送到了车站食堂当杂役，在那儿他受尽了凌辱。当时，他憎恨那些花天酒地的有钱人，厌恶老板和食客们荒淫无度的生活。在十月革命爆发后，保尔受老布尔什维克朱赫来的影响，走上了革命的道路。他总是把党和祖国的利益放在第一位，他还为了革命放弃了爱情。他一心为国，无私奉献，甘愿默默无闻，是我们学习的榜样。保尔在战场上冲锋陷阵，多次受到重伤，最后全身瘫痪，双眼失明。这种苦难我们无法想象，也无法感同身受。但他并没有向命运屈服，而是忍受着肉体和精神上的巨大痛苦，以顽强的毅力进行写作，用另一种方式为革命事业做出了宝贵的贡献，实现了他的誓言。正像他所说的："我的整个生命和全部精力，都献给了世界上最壮丽的事业——为人类的解放而斗争！"书中的字字句句充满力量，在阅读中，我的心情波澜起伏，一边为保尔跌宕起伏的命运叹息，一边又被这伟大的精神感染着。保尔这种敢于挑战命运、自强不息、奋发向上、无私奉献的精神，还有坚强的斗争意志、乐观的态度及明确的目标，就是我们人生的灯塔，引领我们奔赴梦想。

捧着经典书籍，品读书中主人公的故事，我明白了：当我们遇到困难时，也要有顽强的毅力，勇于去面对、去克服困难，不能一味逃避，而要用一颗赤诚之心坚持去做自己想做的事。正如"宝剑锋从磨砺出，梅花香自苦寒来"：好的剑是从一块钢铁经过千万次的锤打和磨砺才变得锋利，梅花在严寒中才能散发沁人心脾的香味。我们人类也是这样，在经历过磨难后，会变得更顽强；锤炼自己的意志，也才能更好地成长，成就更好的自己。如今，我们生活在没有战争的和平国家，在一片祥和温暖的阳光下自由自在地成长，这正是一代代奋斗者为我们创造的幸福生活，我们要学会珍惜。我们还要学会利用资源，用知识提升自己，要继承和发扬自强不息的精神，长大后为祖国献出自己的一份力量。

好的书籍是全人类的老师。没错，书中的保尔·柯察金正是我的良师益友，他将伴我成长！

在《忠犬"阿秃"》里感受爱与忠诚

姚晨希（小学生）

细脖子长腿，嘴尖毛短，眼珠褐里带红，中等个头，一身棕灰色的毛油光发亮——这就是牧铃笔下的动物小说《忠犬"阿秃"》的主人公阿秃。读完这本书，我就被阿秃的机灵勇敢、忠心护主、无私奉献，以及它与主人之间的深厚情谊深深感动。

小说主要围绕阿秃和主人之间的情感，以及对生命价值和爱的思考展开，展现了动物与人类之间特殊而珍贵的关系。故事是这样的：村大队的一个错误决定使原本忠诚于主人的山地猎犬失去了它最好的伙伴，也失去了对人类的信任。无奈之下，它选择离开村庄，流浪山林。来到山区落户的城市少年试图拯救这只与人类结怨很深的"野兽"，却又不小心和它产生了更深的误会。在看到饿得只剩下皮包骨头的阿秃在山间与野兽抢食物吃时，少年十分心疼。但即便是这样，阿秃也不去伤害家禽，反而时常驱赶糟蹋庄稼的野兽。阿秃一次次地保护村庄，保护村民，少年也一次次地用真情打动了阿秃。在少年冒着生命危险救起掉进沼泽地里的阿秃之后，他们成了最好的朋友。

读着读着，我的眼睛模糊了，感动的泪水不觉湿润了眼眶，心情也久久不能平静，我完全被阿秃这种忠心护主、对人类无私奉献的精神深深打动。在人类抛弃了它的情况下，它还能义无反顾地在村庄有危险的时候拼命保护，更是拯救了抛弃它的原主人的生命。试想一下，我们人类可能都做不到被别人抛弃后还能为他人着想，可见阿秃对人类的爱是多么纯粹，远远超乎了人们对它的爱。我们人类应该深刻地反思，要善待动物，敬畏生命，爱护自然，与大自然和睦相处。

像阿秃这样忠诚的狗在生活中随处可见，曾经有新闻报道：一只娇小的博美犬在面对一只扑向主人的高大疯狗的时候，不顾实力悬殊，挺身与疯狗搏斗，连肠子都被咬出来了，仍拼死护主，毫不退缩；汶川地震中救了三十二条人命的搜救犬，为了救人被压在废墟底下，当人们把它挖出来的时候，发现它的内脏已经被砸碎；还有导盲犬，看到主人生病卧床不起，它不吃不睡，守护在主人床前，直到主人离世，它也随主人而去……像这样感人的故事还有很多很多。

是啊，我们人类的世界很丰富，但是狗狗的世界里只有我们，正如我们最近学的课文《珍珠鸟》，作者冯骥才对珍珠鸟的悉心照顾和真切的关爱，让小鸟由怕人到喜人、敬人、爱人，最后到对作者亲如家人的依恋。作家用最质朴的语言和最细腻的感情告诉我们，信赖往往能创造出美好的世界。动物是人类最亲密的朋友，我们是它们最信赖的伙伴。如果地球上没有动物，那就是一个没有活力的世界。保护动物，人与自然才能共存！

再读《忠犬"阿秃"》，我又有了新的感悟。阿秃虽然是一只普通的狗，但它所展现出来的情感，让人们不禁深刻地反思生命的意义。它没有人类那样复杂的逻辑思维和丰富的表达形式，但它却能用自己

图书类
中小学组

169

简单而纯粹的方式表达对主人无尽的爱。它不计较物质利益，只希望能陪伴在主人身边，用自己无言的陪伴和无私的奉献向我们诠释了爱与忠诚的真谛。

　　愿每一个读到这个故事的人，尊重生命，珍惜身边的人与动物给予我们的爱，并以同样真挚的爱回报它们！

呦呦鹿鸣，蒿草青青

——读《屠呦呦传》有感

许晨萱（中学生）

2023 年的冬天，我被甲流击倒，高烧不退，整个人就像蒸锅里的粽子，每根头发丝都在往外散发着高温。高烧退后，我的精神略微好了一些，于是到书柜里找书看，眼神滑过一本本家喻户晓的儿童读物，忽然看到了一本《屠呦呦传》。这个人的名字读起来有些拗口，依稀记得她是一个跟药物和疾病有关的女科学家，带着病人对药学家的崇拜，我翻开了第一页。

没想到，这一翻，仿佛在我眼前呈现出了一幅巨大的幕布，屠呦呦从青涩到成熟的一生，为研究青蒿素牺牲小我的一生，为全人类健康造福的一生，如同一部史诗级的电影，在我眼前循环放映。而她在研究青蒿素时说的一些话，字字句句回响在我的耳畔，久久不能忘记⋯⋯

"不辱使命，努力拼搏，尽全力完成任务。"对青蒿素的研究始于1967 年。彼时正值越南战争，严重的疟疾疫情席卷战区，越方请求中方支援研究抗疟疾的药物和方法。1969 年屠呦呦被国家指令负责并组建承担抗疟中药研发的"523"课题组。那时，我国科研条件落后，面对艰巨的任务，屠呦呦坚定地说："不辱使命，努力拼搏，尽全力完成任务。"她带领课题组收集整理医书典籍，克服环境恶劣、设备陈旧和身体不适等困难，编撰了载有640种药物的《疟疾单秘验方集》，进行了300多次筛选实验，最终确定了以中药青蒿为主的正确研究方向。屠呦呦临危受命，靠着坚持不服输的精神找到了通往成功的路径。

"重新埋下头去，看医书。"尽管明确了研究方向，但是直到1971年，实验的进展并不尽如人意，青蒿提取物对鼠疟原虫的抑制率只有12%—40%。屠呦呦认为一定是在细节上遗漏了什么，于是对课题组的所有成员，包括她自己，提出了"重新埋下头去，看医书"的要求。她相信，中医药知识博大精深，中医古籍里一定有他们想要的答案。果然，在东晋时期的医书《肘后备急方》里记载了青蒿"绞取汁"的方法，而这种方法一般是在常温下进行，而不是使用高温煎煮方式。现代医学也有高温之下大分子会被分解的说法，课题组如同夜间行船般找到了指路的灯塔。这一关键性发现，大幅度地将鼠疟原虫的抑制率提高到了90%以上。屠呦呦和她的课题组成员们在逆境中认真钻研，通过苦读医书典籍找到了破题的关键。

"我是组长，我有责任第一个试药。"在鼠疟和猴疟上获得成功的实验结果，得到了医学界的认可，大家纷纷表示应该将该药品应用于临床，治疗人类疟疾。1972年，为了对提取物的安全性进行最后的确认，屠呦呦决定以身试药。课题组的成员们纷纷劝屠呦呦以自身安全为重，不要亲自上阵，但是她淡淡地说了一句："我是组长，我有责任第一个试药。"字字珠玑，掷地有声，组员们被这位戴着眼镜，看起来斯斯文文的江南女子的气魄所折服，另外两名同志也站出来陪她一起以身试药。三名同志在北京东直门医院试药一周，药品被认定为安全，最终开始在北京302医院试用，初战告捷。屠呦呦以身作则，不顾自身安危，只为能早日将药品推广，造福人类。

"这是中医药走向世界的一项荣誉，它属于科研团队中的每一个人，属于中国科学家群体。"2015年，屠呦呦成为中国首位获得诺贝尔奖的女科学家，这同时也是中国医学界迄今为止获得的国际最高奖项、中医药成果获得的最高奖项。她的成功离不开全国上下一盘棋的协作支撑，离不开祖国对她的信任，离不开上级对她科研项目的全力支持，离不开课题组同事数十年如一日的默默陪伴，离不开参与研究却没有留下名字的普通科研人员。屠呦呦在获奖时不忘初心，认为成绩是大家的，自己只是中国众多科学工作者中的一员。

"还有哪些国家没有消除疟疾？我们还能做些什么？"2021年，世界卫生组织宣布中国通过了消除疟疾认证，这意味着我国在抗疟这场没有硝烟的战争中取得了巨大的成功。屠呦呦得知这个消息后非常高兴，紧接着就问："还有哪些国家没有消除疟疾？我们还能做些什么？"同事们对她这种科研无国界的科学精神非常钦佩。此时的屠呦呦已经是91岁高龄，仍惦记着青蒿素的应用，希望能将中国医药学发扬光大，造福全人类。屠呦呦心怀世界，展现了我国药学家跨越国界的博爱的国际主义精神。

屠呦呦老师获奖那年我才4岁，无法体会当时全国人民的骄傲与自豪；疟疾在我国已经基本消除，我也无从了解当年这种疾病给人类带来的伤害。但是对于我国药学界和科研工作者中的英雄人物，我们

这一代人却并不陌生。

2020 年年初，全世界、全中国都笼罩在新冠疫情的阴影之下，抗疫中涌现出了许多英雄人物：高龄逆行武汉的钟南山爷爷、研制中药制剂的张伯礼院士、身患重病仍坚守一线的张定宇院长、发明新冠疫苗的陈薇院士……中国科学家和医学工作者发挥"中国精神"，以"中国速度"研发出了各种抗疫试剂，无论是病毒检测还是特效防治，研发成果都快速落地，极大地维护了患者的生命安全。

2023 年冬天，新一轮呼吸道疾病来势汹汹，我和班里的同学纷纷被击倒，但爸爸妈妈却非常乐观："国家这几年对人民的健康保障工作越来越成熟，每种流行性疾病都能很快地推出特效药，真让人安心。"奶奶也经常跟她的老伙伴们念叨："现在老年人看病越来越方便了，在家楼下就能看病，而且医生开的药都很对症。"我就更有发言权了，一经确诊是甲流，医生就给我开了特效药，这种特效药可以阻止病毒在体内复制和扩散，缩减高烧周期。吃完药，我第二天就退烧了。

新时代的科学家和医学工作者敢于创新、勇于担当、刻苦钻研，把国家的责任作为己任，数十年如一日，一刻不曾懈怠。正因为新时代涌现了一批又一批"屠呦呦"，他们有着对国家、民族和人民的热爱，有着为了人类文明进步舍我其谁的情怀，有着为全面建设社会主义现代化国家而奋斗的精神，换来了党的二十大报告中所说的人民群众获得感、幸福感、安全感更加充实、更有保障、更可持续。

何其有幸，我出生并成长在这样的新时代；何其有幸，这个时代有像屠呦呦老师这样立志研究中医造福人类的科学家；何其有幸，国家弘扬科学家精神，将他们的事迹编写成书；何其有幸，我们这一代青少年能够在榜样力量的感染下读好书、阅好刊、立大志。周恩来总理在少年时代就立志"为中华之崛起而读书"，今年我正是与那时的周总理相似的年纪，少年智则国智，少年强则国强，少年进步则国进步，让我们以屠呦呦老师等一众科学家为榜样，全面发展，与时俱进，努力成长为国家需要的创新型人才，让我们"为了中华民族伟大复兴而读书"。

又看了一遍扉页上屠呦呦老师慈祥的面容，又读了一遍屠呦呦老师在诺贝尔颁奖典礼上充满激情的演讲，合上书，我默默地念了一遍"呦呦鹿鸣，蒿草青青"，心情久久不能平静。

《典籍里的中国·少年读经典》
——有册有典　且行且歌

薛砚心（中学生）

惟殷先人有册有典。

——《尚书·周书·多士》

几千年来，祖先一直在记录我们的历史，讲述我们的故事。每一部典籍，都凝聚着前人的心血和智慧。千年时光轮转，中华文化生生不息，于岁月长河之中同日月遥望，经久不衰。当我回顾历史，试图找寻支撑中华文化流传千年的秘密时，只见这长河之中星光点点，逐渐汇聚于一脉，映照了中华民族五千多年之历史。我踏步前去，欲捧起这星光，拨开迷雾下的真相，最终留于手上的竟是一本《尚书》。回身望去，点点星光交相辉映，我终于看清了那光点组成的文字，《论语》《大学》《孟子》《中庸》《史记》……这些平日里众所周知的经史子集此时静静地立于这长河之上，连接起了中华千年文脉。我低下头去，翻开手中的书……

政书之祖，史书之源——《尚书》

他从残壁中捧起一个蒙尘的时代，他在颠沛中守护一个民族的历史。

"汉无伏生，则《尚书》不传；传而无伏生，亦不明其义。"上古的典籍，传世的经典。伏生自幼便腰系长绳以为熟读《尚书》，若有朝一日，太平盛世不复，战乱又起，他又怎能不以命护《尚书》？面对战火重燃，大厦将倾，社会再次被拖入战争的旋涡。这样的劫难，值此紧要关头，他将《尚书》藏于家中墙壁，企盼归时再将它重现于世。然命运多舛，其妻其子皆因护《尚书》而亡，先生以己身之力，凭传经授典的信仰，苦苦支撑，终是保下了这仅存于世的残缺孤本。

时光流转，当年以命护《尚书》的学者已垂垂老矣。但他依然坚定，将《尚书》传扬于世，是他毕生所求。终于，上天怜惜这位执着的老者，当伏生年逾九旬，已是步履蹒跚，求经护典的汉文帝得知伏生精通《尚书》，便命晁错到山东伏生的住处学习《尚书》。

"禹敷土，随山刊木，奠高山大川。""称尔戈，比尔干，立尔矛，予其誓。""克明俊德，以亲九族。九族既睦，平章百姓。百姓昭明，协和万邦。"……当伏生一句一句传授《尚书》之时，上古之中华终于揭开了她神秘的面纱，清晰地展现于世人眼前。我们看到，大禹用十三年时间将足迹遍布神州大地，为治水三过家门而不入，最终划分九州，治水以安天下；我们听到，周武王于牧野宣誓，誓为生民立命，推翻商纣暴政，视民意为天命。

《尚书》让后世之人，知先贤治政之本；读《尚书》，而知朝代兴废之由。无论是以微弱之躯舍命护《尚书》的伏生，还是《尚书》之中所记载的上古治政先贤，他们无不诉说着中华文化之核心，他们告诉每一个中国人：我们从何而来，为何而来，又该去向何方。直至此时，我才真正明白，《尚书》于我们到底有何用，我们又为何要读《尚书》。

天下医书，利益天下——《本草纲目》

天下医书，利益天下，当天下共修之。

"上自坟典，下及传奇，凡有相关，靡不备采……博而不繁，详而有要，综核究竟，直窥渊海……"——《本草纲目·序》，这部跨越时空的著作直至今日依旧发挥着巨大作用。它集明朝以前本草学之大成，首次采用纲目体系为药物分类，此编写体例，开创了历代本草著作之先河。全书共52卷，约200万字，记载药物1892种，附药方11000余个，绘药图1160余幅，集中国药物学之大成，成为传世之经典。到底是什么样的人才能完成这样的巨著，又是什么样的精神支撑他完成这样的巨著？我带着这样的疑问，翻开有关李时珍的生平……

李时珍出身于医药世家，自幼便跟随父亲学习药理知识，青年时期便随父亲一同问诊。在出诊的过程中，他积累了行医的经验，看到了百姓对良医好药的期盼，见到了患者求医问药的艰难。这样的经历让他萌生了修本草的心愿，再加上他在行医时亲身体会到了本草书有许多的遗漏与谬误，因此重修本草的夙愿越来越强烈。然天下草药纷繁浩杂，重修本草又谈何容易？

幼时学医、青年行医的李时珍，从父亲身上明白了医者的责任，感受到了医者的精神，也继承了他父亲的追求——做一名苍生大医。

"为医者，必医术精湛，医道，乃至精至微之事；为医者，必道德高尚，大医精诚，乃医家持身之本；为医者，不得瞻前顾后，自虑吉凶，护惜身命，无论昼夜寒暑，饥渴疲劳，一心赴救。如此可做苍生大医。"

他一生牢记对父亲的誓言"身如逆流船，心比铁石坚。望父全儿志，至死不怕难"。从此，他翻遍医书典籍，踏万水千山，穿风霜雨雪，历寒来暑往，守一盏孤灯，只为重修本草。李时珍用三十余年的时间重修本草，又用了十年时间重新勘验，至此四十余年时间，从一头青丝至两鬓斑白，终是完成了一生的夙愿。

《本草纲目》的问世，是中国古代医药学发展之巅峰，是中国传统文化发展的又一个历史节点。如今，我国医药典不断地增补，目前已出版十一版规模宏大的医药专科丛书，《中华医藏》推进了中国古籍文献的传承和保护工作，向世界诠释东方生命科学的智慧。

天下医书，利益天下，当天下共修之，世代永新。

《本草纲目》的背后，是中国一代又一代的医者所做出的不懈努力，是李时珍以天下苍生为己任的医者仁心，才造就了中国医药学史上这一伟大的传奇著作。

沧海桑田，星月轮转，我手中依旧捧着那本《尚书》。当再次看到书中的那句"禹敷土，随山刊木，奠高山大川"时，我脑海中不禁浮现大禹率众人治水、划定九州的场景，我知晓了自己从何而来，该向何方。我放下《尚书》，捧起《本草纲目》，"此本草之书，所以不厌详悉也"。我仿佛看到了李时珍踏千山万水，悬壶济世、重修本草的身影，我明白了自己该志向何方，为何奋斗。我抬头望去，那一部部典

籍依旧悬浮在那里，不曾变过，但我懂得了中华文化究竟为何能传承千年之久。正是这一部部典籍承载着历史与文化，传千年之经义，燃万古之明灯。

五千年，仿佛刹那间，村落成了国，符号成了诗，呼唤成了歌。人世变幻，唯文化永不褪色，只有翻阅典籍，知晓中华文化缘起何处，才能明白我们该去往何方。当我们再次出发，为全面建设社会主义现代化国家而接续奋斗时，请再回首，遥望中华民族的来时路，不忘本来，才能更好地面向未来。

"千般荒凉，以此为梦；万里踯躅，以此为归。"

寻书而阅，为其解惑，了其乡土

——读《乡土中国》有感

吴玥（中学生）

好书之好在于能使人有所思有所悟，如得之珍果并甘之如饴。

有一些书单凭书名就能奠定你和它的缘分了，我与《乡土中国》便是如此。怀着"乡土与中国有何干系"的疑问，我进入了费孝通老先生所编织的严谨却不失风趣的精神乐园。

大家之作，其晦涩之处颇多。尽管费孝通所用之语简朴易懂，但《乡土中国》实在是本难"啃"的书。若非沉浸式阅读，那书中所言连二三分也不可入脑；若真"陷"在书中了，那你所见所感又是一番革新。这实在是一本叫人又爱又恨的作品。

当我认真读完某一章节，通顺无阻时，身心都倍感愉悦；当我读得磕磕绊绊时，只觉眼冒金星、头昏脑涨。话虽如此，但当真正进入书中时，迎面而来的便是我的疑惑迎刃而解——中国社会是乡土性的。短短九字，不仅为书名之意，也是作者多年考察与研究所得出的规律。"乡土"两字非我们通常所理解的"乡下泥土"之意。所谓"乡土"，"乡"是泛指，"土"是指"土地"。费孝通认为我们的民族是和土地分

不开的，这并不是胡编乱造。自我们出生以来，便和脚下的土地分不开了。它见证了一个人从出生到死亡，由生至死的过程中便一点儿一点儿积累起对故土的情感。被此过程所概括的人在离开之际总会想要回到故土。落叶都想要归根，更何况是人呢？

费孝通由"土地"一点儿一点儿剥开了中国社会隐藏而又无处不在的特性——中国社会是乡土性的。无论城市还是乡镇，只要是长久扎根在某一片土地上群居生活，便逃不开这一特性，而中国人已在漫漫历史长河中存在了五千多年。"乡土性"既可以让人产生强烈的归属感，又能束缚部分人前进的脚步。费孝通辩证地看待了中国社会所具有的这一特性，既阐述其优越性，又强调了这一特性中所含有的封建社会所遗留的陋习。"乡土性"产生的原因有两点：第一点是地缘，第二点是血缘。它与血缘、地缘紧密相连。

在古代中国，各地区出现了一些商会，例如浙商、徽商、晋商。它们的前身是由某个或多个经商家族为了获得更多利益而提出的"联合式经商"，以此为约，吸引同地区有同样想法的家族。随着成员家族越来越多，便以地区为名有了商会的名字。这些人员众多的商会因利益联系而组成了牢固的"家族"，从古延续至今。这与外国大有不同。西洋社会像捆柴，他们的团体是有一定界限的。而中国不同，我们的社会结构本身就和西洋大不相同，相较于西洋社会，中国乡土社会更像是把一块石头丢在水面上后所产生的一圈圈推出去的波纹，每个人都可以是所推出去圈子的中心。这是中国乡土社会独具的特点，也是"中国人都是一家人"俗语的由来。

这说的是血缘，接下来谈地缘。在五千年历史长河中，中国人早已与脚下这块土地产生了不可分割的联系。而在长期群体生活中土地又产生了"安人心"的功效。例如在离家远游之际带上一包红纸包裹的灶土，在心绪不宁或水土不服时以汤和之，食入一些灶土，不仅能解思乡之苦，而且水土不服的症状也消失了。此举科学性暂且不提，但深刻表现了土地对中国人起到的安心作用。

诸如此类对于中国乡土社会的剖析还有许多，在《乡土中国》的阅读中你会一点点地汲取，当阅读完整本书后再反观我们所处的社会，将会发现与从前浅略观察的结果大有不同。在倍感神奇之余，不得不由衷赞道："好书也。"

致敬最可爱的人

——《雪祭》阅后有感

肖邦鑫（中学生）

      暑假里，我阅读了语文老师推荐给我们的一本书《雪祭》，读完这本书后，我的心灵受到极大震撼。

      这本书的作者党益民 19 岁开始进藏，30 多年中已先后 40 余次进藏。西藏已成了他的灵魂栖息地。因为见过太多太多的牺牲，因而越发感到生的艰难与死的容易，他称自己是一个"幸存者"，始终无法忘怀驻藏部队超乎常人的献身精神。

      这本书所带给我的，是一种难以忘记的强烈的真实感和震撼力，只有经历过多次劫难，九死一生，有着亲身感受的人，才能写出这种真切的感受。比如在唐古拉山上，夜里零下 40 多度，天寒地冻，党益民为了给新兵做榜样，不惧任何艰难险阻，耗时 13 小时，徒步 58 公里绕着冈底斯山主峰行走一圈。在遭遇大雪封山时，每天只能吃一把黄豆；在一次重感冒中，党益民边行车边输液，输到输不进去，后来病情恶化引起肺水肿，几乎病死……驻藏戍边战士所经历过的，是一般人所不能承受的，这需要何等的意志、魄力与忠诚？我无法想象也无法回答，只有致敬！

在那样极端恶劣的环境下，在执行各种各样艰巨的任务时，危险不言而喻。一些战士在执行任务时就壮烈牺牲了，他们有的年纪尚小，还没成家，有的即将举办婚礼却不幸牺牲了。历史总是把悲壮的篇章留给军人书写，生活总是把残酷的旋律交给军人弹奏，命运总是把艰险的道路留给军人跋涉。

他们舍小家、为大家。他们为国戍边无怨无悔，无私地奉献自己的青春年华，用自己的血肉之躯抒写着精忠报国的豪情壮志。当年修筑青藏公路时，也有老一辈进藏军人牺牲了。于是，就连那脚下的公路，也一下子有了生命，有了温度，有了跳动的脉搏。读到这里，我不禁流下了泪水……再次致敬！

进藏的路上，几乎每一公里，都有一个军人的忠魂在守护，他们早已放弃一切，从未有过多奢求，只愿用自己的热血去谱写忠诚，用生命去捍卫主权。正是因为有了这些最可爱的人，人民才安居乐业，国家才繁荣富强。

"捐躯赴国难，视死忽如归！"正是因为我们国家有这样一批最可爱的人，他们有坚定不移的意志和不怕牺牲的精神，让我铭记于心，感动不已。我要向他们致以最崇高的敬意！我要学习他们不怕艰险、勇往直前的精神。

他们就是祖国最可爱的人，让我们一起向最可爱的人致敬！

图书类
中小学组

动物是我们的好朋友

——《我的野生动物朋友》推荐

田李子（小学生）

    我最近发现了一本特别酷的书，名字叫作《我的野生动物朋友》。我觉得这本书不仅好玩得不得了，还能让我们变成更善良的人。它用简单有趣的文字告诉我们，动物也是我们的好朋友，我们要好好爱护它们。

    《我的野生动物朋友》介绍了好多野生动物，描绘了它们的习性、生活环境等。作者欧内斯特·汤普森·西顿将自己的观察与感悟编织成文字，向我们展示了动物与人、动物与动物间那些既凄美又令人尊敬的故事。

    其中有这样一个小故事："飞毛腿"是一匹无比珍贵的野马，众人皆想占为己有。在那个时代，人们只需在马的腿上烙下自己的印记，即可宣称其为私有。因此，许多人尝试给"飞毛腿"烙印，但均以失败告终。然而，一个狡猾的厨师利用诡计成功地在"飞毛腿"腿上留下了标记。尽管如此，"飞毛腿"仍然不向厨师屈服，最终它选择了跃下悬崖，以死亡来捍卫自己的自由。这个故事让我感受到了"飞毛腿"

渴望自由的心情，以及它那宁死不屈的精神。

在《我的野生动物朋友》这本书中，除了野马"飞毛腿"，还有一个故事让我难以忘怀，是关于一只草原狼的故事。这只名叫洛波的草原狼在幼年时目睹了亲人被残忍杀害，之后自己孤独地在草原上艰难生存。我读到这里时，心里真的很难受，它那单薄的身影在寂静的草原上显得格外凄凉。

洛波的生活充满了挑战和危险，它不得不时常面对人类给予野生动物的无情打击。有一次，洛波不慎吞下了人类投下的毒药，痛苦万分之际，它凭借本能找到了青草，挣扎着用草的药效解了毒。意外的经历给了洛波一个教训，它变得更加谨慎，并且学会了如何识别那些致命的毒药。更让人敬佩的是，洛波并没有仅仅满足于自救，它还将自己的经验和智慧传授给了其他草原狼，救了许多同伴，使它们免于被毒害。我觉得洛波不仅是一只狼，它更像是一位无言的草原英雄。

洛波的故事让我深刻认识到，生命的韧性和求生的意志有多么强大。面对困境时，我们要勇敢面对，不仅要为自己争取生存的权利，还要懂得分享和帮助他人。这就像我们在生活中遇到问题时，不仅要学会独立思考找到出路，而且要乐于助人，将我们的经验教训分享给别人，共同进步。

在我们身边，也有很多爱护小动物的暖心故事。就在上个月，我们小区的小伙伴们在小花园里发现了一只受伤的小鸟，它的翅膀似乎被什么划伤了，一动不动地趴在路边。大家都围了过去，看着那只可怜的小鸟。有位叫桐桐的小伙伴没有像我们一样只是围观，他小心翼翼地把小鸟捧在手心，带回了家，还用自己的零花钱买了药膏帮它治疗

伤口。经过几天的照料，小鸟的伤口慢慢地好了起来，但它不愿意在桐桐家享受精心的照顾，而是选择重新振翅高飞，回到了小花园的树林里。

这个生活中的小故事，不是和书中的故事一样吗？只不过"飞毛腿"是选择了以一种极端的方式捍卫自己的自由。因此，我们要关怀和保护身边的小动物们，而不是用各种手段将它们禁锢起来。洛波的故事和被救助小鸟的故事有异曲同工之妙。无论是草原上的狼，还是城市里的小鸟，它们都在以自己的方式适应世界，努力生存。它们虽然力量单薄，但都拥有追求生存的权利。我们作为人类，应该更加理解这一点，并且在它们需要时伸出援助之手。

"飞毛腿"的自由和尊严，洛波的智慧和勇敢，小鸟对天空和自由的向往，这些都引发了我对《我的野生动物朋友》这本书的热爱。从每个动物的故事中，我都看到了生命的不屈之力与美好，也懂得了作为人类应有的责任感和慈悲心。

而且呢，书里不止这几个故事！作者西顿叔叔好像亲眼看见了那些动物的冒险，然后把它们讲得生动极了。翻开这本书，每看到一个新故事，我就会激动地跟我最好的朋友分享。这些故事不但有趣，而且还让我懂得了一件事——动物也有自己的感情和选择，我们要尊重它们，就像尊重我们的朋友一样。我希望大家都能阅读这本书，能和我一样，对这些可爱的动物产生兴趣，并且学会如何保护我们共同生活的地球。

这本书里的每一个故事都好像一颗糖果，又甜又有营养，我推荐给大家！让我们一起读起来，加入保护野生动物的大家庭吧！

期刊类

如嚼橄榄回味悠长

——畅读《求是》杂志"党员来信"栏目有感

文国云（公务员）

习近平总书记十分关心关注党员干部的读书学习，勉励各级领导干部以学益智、以学修身、以学增才，把读书学习当成一种生活态度，做到好学乐学。习近平总书记2019年7月在中央和国家机关党的建设工作会议上强调，党员干部要"养成读人民日报时政报道和重要评论、看中央电视台新闻联播、读《求是》杂志的习惯，线上线下同步学习，做到学习跟进、认识跟进、行动跟进"。2022年4月，习近平总书记在致首届全民阅读大会举办的贺信中强调，"希望广大党员、干部带头读书学习，修身养志，增长才干"，为我们养成好学、乐学、善学的好习惯，指明了方向，提供了遵循。

作为一名从事政法工作的"80后"党员，谈到读书，我首先想到的便是《求是》杂志。我最初对《求是》了解不多，仅知它是党中央的机关刊，刊发的都是重要文论，作者有各行各业的领军人物，更有党和国家领导人。2019年1月，我欣喜地发现，改版后的《求是》杂志焕然一新，全彩精印颇具质感，增设的"党员来信"专栏让人眼前一亮。在这方小园地里，说见闻、谈感想、议观点、抒情怀，立片言以居要，收千里于方寸，洋洋洒洒千余字，打开天窗说亮话，字里行间尽显真知灼见，读来酣畅淋漓、如沐清风、回味无穷。

我对"党员来信"栏目的开篇之作至今铭记不忘。从事基层宣传工作的党员李君在书信中写道，"做群众工作没有扎实的理论将寸步难行，作为一名党的干部没有党的理论武装更是难行寸步"，并用清新隽永的语言、深入浅出的分析、精辟独到的见地，阐明了主题"学理论是党员领导干部的责任"，写出了基层干部的心声，让人产生共鸣。

古人说"读书百遍，其义自见"。《求是》杂志是党和人民的喉舌，"党员来信"是编读互动的桥梁，名字荣登《求是》是多少基层党员梦寐以求的事！三年多来，我将2019年至2022年"党员来信"刊载的七十四篇文章打印装订成册，放在床头，早晚品读数页，止"痛痒"、消疑虑、长见识，让人气定神闲、心绪舒爽。我因为这个栏目而喜欢上了这本期刊，成为《求是》的忠实阅读者和实践传播者。工作之余，我也会将学、思、践、悟写成书信投稿，不盼回应，只为表达，不求见刊，只为练笔，虽然尚未被编辑选中，但这丝毫没有影响我读、想、写、投的积极性。令人惊喜和感激的是，在这个过程中，我对理论的学、悟、研、用能力大幅提升。"党员来信"飞鸿传情，枝叶常青，有三个特点引人入胜。

一、眉目传神，思想深邃，文风淳朴，以理服人。夹叙夹议，娓娓道来，捏住理论钥匙，廓清脑中疑问，解思想之渴，答实践之惑，用"啄木鸟"精神治病树、拔烂树，既是"群言堂"，更是"百花园"。来自高等院校的党员刘新圣在2019年第18期题为《理论也要以情动人》的书信中，以"把学问写进群众心坎里"作为立论之源，提出了"理论若没有问题意识，就好比枪膛里面没有弹药"，"鸡毛蒜皮的小事中往往能够折射出重大的改革命题"等观点。获评"时代楷模"的党员曲建武在 2019 年第 20 期题为《践行"六要"铸魂育人》的书信中，提出上好思政课必须以政治要强、情怀要深、思维要新、视野要广、自律要严、人格要正的"六要"为遵循，做让人民放心、学生喜爱的人。来自中国人民解放军部队的党员荆博、庞高杰在 2019 年第 22 期题为《永葆共产党人的"生命意识"》的书信中，探寻对永葆共产党人"生命意识"的思考，用例证诠释了共产党人为人民而活、为人民而死的"生命意识"。来自行政审批部门的党员张经伦在 2020 年第 2 期题为《做新时代的"硬核"共产党员》的书信中，提出做一名"硬核"共产党员，要处理好小我与大我、自律与他律、强己与强人、务虚与务实、一阵子与一辈子等多种关系，呼吁新时代的共产党员以强大的硬核力量，夯实中华民族伟大复兴之路的根基。身为清华大学学子的党员叶子鹏在 2020 年第 9 期题为《青春力量的"集体记忆"》的书信中，传递了中国青年在疫情防控重大考验中磨砺高尚品行，用"90 后"热血搏击的"集体记忆"，描绘出一幅新时代的中国青年群像。来自某高校马克思主义学院的党员李永进在 2020 年第 17 期题为《理直气壮讲好新时代思政课》的书信中，将自己比作一线思政课的"青椒"，呼吁善用虚拟现实技术进行沉浸式学习体验，让学生们在"亲眼""体感"中深切体味老一辈革命者舍生忘我的奋斗牺牲，从而珍惜今天来之不易的美好生活。来自基层组织部门的党员陈智辉在 2022 年第 13 期题为《年轻干部成长成才的正确路径》的书信中，围绕年轻干部成长过程中常遇的"急于求成、自以为是、朝令夕改、眼高手低"四种现象，倡导走好听党指挥的"忠诚"之路、为民服务的"实干"之路、知行合一的"求学"之路。

二、贴近基层，厚植土壤，养分丰厚，以情感人。脚下沾有多少泥土，心中就有多大底气，阵阵微风轻拂而过，亲吻泥土芬芳，嗅闻稻花清香，尽享曼妙时光，让人无尽沉醉。从事基层宣传工作的党员李万军在 2019 年第 13 期题为《脚沾泥土才能饱含深情》的书信中，用今昔对比的方式，阐述了基层文艺困境带给基层文艺工作者的压力，群众喜爱和期盼的是演大家身边的事、唱大家喜欢的歌、说大家爱听的话，精耕细作方能出优秀佳作，受人们欢迎。来自某都市报的党员陈凌墨在 2020 年第 4 期题为《大疫面前人心明媚温暖》的书信中，讲述身处武汉一线抗疫的亲身经历，描述街市冷清黯淡与人心明媚温暖的交错场景，让那个抗疫的春节格外特别、终生难忘。身为《求是》记者的党员姚瑜坪在 2020 年第 6 期题为《"不把工作做得更好，真对不起总书记的夸奖"》的书信中，用细微的视角捕捉街办干部、防控队员、党员志愿者、医务工作者等"防控伙伴"一线抗疫的感人瞬间，坚定了"战疫到底"的信心决心。来自乡村的党员集体"乡村新闻官"在 2020 年第 19 期题为《我们是"乡村新闻官"》的书信中，讲述他们围绕解决群众"想什么、要什么、缺什么"的问题，活跃在乡间做乡亲们的"贴心人"的故事，蹚出了一条"新闻惠民"的新路子。来自某高校马克思主义学院的党员夏澍耘在 2021 年第 2 期题为《党徽在社区熠熠闪光》的书信中，形象叙述了亲历武汉疫情大考、惊心动魄、刻骨铭心的难忘时光，生动论述了基层组织引领、社区末梢治理、防范化解风险的探索实践。来自基层党政机关的党员徐本禹在 2021 年第 11 期题为《让青春在不懈奋斗中绽放绚丽之花》的书信中，追忆自己在偏远山区支教、从事海外志愿服务、在基层联系服务群众的点点滴滴，呼吁广大青年干部响应党中央号召，投身到基层广袤的沃野，创造无愧于时代的人生。作为中国人民大学新闻学院学子的党员周晓辉在 2022 年第 9 期题为《在青春的赛道上奋力奔跑》的书信中，阐发"清澈爱国"，表示要牢记习近平总书记对新时代青年的殷切嘱托，新时代中国青年将努力争做堪当民族复兴重任的时代新人。

三、揭痛戳伤，"较真"，"碰硬"，触及灵魂，以志励人。鲜活生动的倾诉、深入浅出的解析、简洁清新的辩证，让编读往来如同面对面促膝交谈，助人消除思想困惑，笃定理想信念，激扬奋进斗志。来自党校系统的党员邱炜煌在 2019 年第 12 期题为《形式主义的"学习"要不得》的书信中，提出反对形式主义也包括反对形式主义的"学习"，并对"浅层次阅读""走过场""学用两张皮""虚假学习"四种现象进行了直接批评。来自新闻媒体单位的党员梁修明在 2019 年第 14 期题为《别让"现场"成"秀场"》的书信中，严厉抨击为调研而调研、扎堆调研、"作秀式"调研等现象，道明了做好真调研的方法路径是必须既要"深入"，也要"身入"，既要"诚心"，也要"沉心"，用好调查研究"传家宝"，才能抓住事物本质，聚焦问题精准施策。来自纪检监察系统的党员吴华在 2019 年第 17 期题为《"微腐败"决不能"微治理"》的书信中，以案例审视、盲区洞察、瓶颈制约剖析成因，并探析了破解治理农村基层"微腐败"的三条有效路径。来自民主党派机关的刘政在 2020 年第 11 期题为《切莫忽视群众的"老意见"》的书信中，针砭忽视群体所提"反复问题""抱怨念叨""相似意见"的怪象，倡导实事求是、认真分析、搞清根源、分类处理、妥善应对，提高工作的精准性、科学性、透明性和有效性。从事党史文献研究的党员茅文婷在 2020 年第 15 期题为《理论学习"必须永不自满"》的书信中，以白公馆和渣滓洞中关押的共产党人为引证，深刻阐明真学、真懂、真信、真用之价值真谛，必然要依靠学习才能走向未来，赢得胜利。身为基层组工干部的党员刘陈波在 2021 年第 23 期题为《青年干部理论学习要克服三种倾向》的书信中，对理论学习中易出现的倾向性问题进行深入思考，探讨只有解决好学习目的问题、深度问题、学以致用问题，才能有效克服"功利主义""虚浮不定""学用脱节"倾向。同是基层组工干部的党员李龙在 2022 年第 8 期题为《改文风需"驰而不息"》的书信中，把群众的鲜活思想和生动语言喻为一座"富矿"，针对文风不实、思想不纯、作风不严的现象，提出说话著文唯有的放矢，才能鲜活有力，才能说服人打动人。身为师范院校教授的党员陈志勇在 2022 年第 12 期题为《用心上好社会实践"必修课"》的书信中，阐明迈入社会"大课堂"、上好实践"必修课"是新时代大学生走好"成才路"的前提保证，只要用脚丈量、用眼发现、用耳倾听、用心感应，就能真实触摸青春灵动、激情澎湃的中国，蓄积无穷无尽的智慧和力量。

深化理论武装，要义在理论联系实际，关键是学懂、弄通、做实。习近平总书记强调，读书是一个长期的需要付出辛劳的过程，不能心浮气躁、浅尝辄止，而应当先易后难、由浅入深，循序渐进、水滴石穿。以"党员来信"为切口，《求是》杂志给我带来的收获常学常新，

畅读百遍意味浓。正可谓铢积寸累，日就月将，只要坚持"学以致用、身体力行"，讲究"格物致知、诚意正心"，杜绝"坐而论道、凌空蹈虚"，就能"水到渠成、融会贯通"，更加有效地解决难题困惑，更加有力地推动事业发展，更加有为地实现人生价值。

读《教育研究与评论》"名师成长自述故事"：循"明师"之道，赴"成长"之约

余倩雯（教师）

人们常说的"七年之痒"，指的是在婚姻生活中，到第七年便容易进入一段倦怠期。其实，职业生涯中何尝没有"七年之痒"呢？七年前，我以笔试面试第一的成绩进入教师队伍，如愿成为一名高中语文老师。翻看照片，彼时雀跃的心情似乎还有迹可循，而在踏入教育行业的第七个年头里，我却时常感到迷茫。在每一个夜深人静的夜晚，我的耳边总是回响着那一句："行路难！行路难！多歧路，今安在？"难道，我的执教生涯也遭遇了"七年之痒"？

或许是机缘巧合，在这个盛夏我邂逅了《教育研究与评论》杂志"讲堂"栏目的"名师成长自述故事"系列，"结识"多位"明师"，这些迷茫和困惑得以开解。我称他们为"明师"而非"名师"，原因有二：一是我认为"名师"常有，"明师"却不常有。一位优秀教师的成长应有三个进阶——合格的良师、盛世的名师、经世的明师。成为"明师"，是几乎所有教育者孜孜以求的终极目标。二是他们不仅是明白之师，还是明辨之师，更是明日之师。他们有学识，有理想，有情

怀，有气象，真正做到了"生命"与"教育"共融共生。

在"名师成长自述故事"系列中，"明师"毫无藏私，主动破译自己的成长密码，告诉我们"明师是怎样炼成的"。每一则故事读下来，我都在内心暗自惊叹：明师之道，仰之弥高，如巍峨峻峰，实在高不可及，哪里是吾等资质平庸之人能够企及的呢？可放下杂志，脑海中又蹦出一个既"放肆"又"大胆"的想法：不试试看，怎么知道我不行？毕竟，"高山仰止，景行行止，虽不能至，然心向往之"。是时，这个栏目堪比一场恰逢其时的甘霖，润泽了贫瘠的心灵土壤；亦如东方悬挂的启明星，在黎明前的黑暗时分投下希望的光亮。当他们各自曲折精彩的"明师之道"在我面前依次铺陈展开，竟颇有"长恨春归无觅处，不知转入此中来"之感。也正是在那些时刻，我骤然领悟：生而为师，谁都有坎坷、迷茫之时，但隧道口的光芒常常就在下一分钟的坚持里。

如此，循明师之道，龙场悟道终有日；赴成长之约，道阻且长又何妨？

耕耘"关键事件"，以课立身

耕耘"关键事件"，是"明师之道"的必由之路。什么是教师生涯的"关键事件"？毫无疑问，当属课堂教学。江苏省语文特级教师王开东说："在一次次的教育突围中，我恍然明白，课程之外无好课，如果不能把课堂扎根在课程之中，任何的好课都是空中楼阁。"对此，我深以为然。课堂是教师的生命线，作为教师，唯有扎根课堂，以课立身，以生为本，用心耕好自己的一亩三分田，潜心育好自己的芬芳桃李园，方能日就月将，臻于至境。

日复一日、周而复始的教学，让很多教师在进入对课堂和教材驾轻就熟的舒适圈的同时，也陷入囿于常规、不知进取、安于现状的成长困境；各级各类的荣誉奖项、与工资挂钩的职称评定，又令一些教师终日忙忙碌碌，看似表面繁荣，实则内里匮乏。以上这两种状态，都不是教师成长的正确姿态。仔细观察"明师"们的成长故事，我们不难发现他们的成"明"之路都是从课堂开始的：江苏省语文特级教师曹勇军将语文课堂打造成了一个思维碰撞交锋的思想广场，通过写作构建自我；江苏省数学特级教师徐斌将"丰富的课堂研究"视为教师专业成长的五大关键性要素之一；江苏省语文特级教师袁爱国谈及近年来他在全国各地执教一百多节公开课，每节课都力求一个"创"字……课堂，永远是教师的安身立命之本，是实现专业价值甚至生命增值的阵地；而研究课堂，也就成了教师终身的使命与担当。

在日常观课中，我常见到一些低效、无效，甚至是反效的课堂教学怪象，如应景式的"花架子"课堂、课堂依赖式的"讲座式"课堂、轻重不分的"漫灌式"课堂、自我期许式的"拔高式"课堂……低效的教必然无法带来有效的学，学生在这堂课上的收获便可想而知了。"见不贤而内自省"，回想入职第一年，我的课堂教学预设性较强，教师"控场多"，学生"在场少"。究其原因，一是我对自己的课堂驾驭能力、文本解读能力不够自信，二是我没有考虑到学生的认知负荷，忽视了学情，急于"投放"知识，完成既定的教学任务。

一日，我偶然在一篇文章中看到曹勇军老师对教材解读的看法，深受启发。他说："不是掏心掏肺地真正吃透，你就没有发自内心、由内到外的合理感、踏实感，就没有个体意义上的出神入化的透彻感和自由感！你灵魂中没有这样的东西，教学中你就没有力量理解和表达这样的东西。"之后，我便开始有意识地将自己的课堂作为"试验田"，并在备课时将教参、他人的文本解读、教学设计置之一旁，真正"吃透"教材，体悟"文本"，做到每一堂常态课都精心设计；此外，我还在课堂教学中尝试"一核心、四维度、六环节"的阅读教学模式，追求作者文本、编者文本、教者文本、学者文本的四极碰撞交融，注重阅读过程中的结伴而行和相互提携，并以激趣、善诱、读解、重构、迁移、评价六个环节串联阅读课堂。在那之后，我从学生的眼神里看到了不一样的光，我也从每一堂课中得到了真实的成长。

"学生的每一天都是崭新的，也是不可复制的。作为教师，我们怎能不以最饱满的激情投入课堂教学？教师需要的是自律，要设想每一节课都是全世界在倾听。"江苏省历史特级教师唐琴此话可谓一语中的。是的，身为教师，身在课堂，就必须使出浑身解数，运用全部智慧让学生如沐春风。

"问渠哪得清如许，为有源头活水来。"耕耘"关键事件"，才能激活教师专业成长的"一池春水"。

安于"孤独沉潜"，专于"打磨自我"

"任何一种圆满，都曾承受千锤万凿的雕琢；任何一种璀璨，都曾经历百转千回的磨砺。那些看似漫不经心的成功，其实都是'蓄谋'已久；那些你以为的驾轻就熟，其实都是有备而来。"

这些"明师"，早已功成名就、名满天下，是最有资格"稍做休息"、宽以待己之人。但审视他们的成长经历，每每遇到艰巨挑战、陌生任务、发展瓶颈，他们不为之惊、不为之忧、不为之乱，全无一例外地选择了孤独沉潜，专注于打磨自我。正是日复一日地沉潜蓄力，才换来了今日的静水流深；正是日拱一卒的厚积薄发，才换来了今日的不断"破圈"。

江苏省语文特级教师王开东在《只问攀登不问高》一文中，将自己的教师专业成长分为五个阶段，经历了第一阶段的"崭露头角"之后，来到了第二阶段——"孤独沉潜"。据他回忆，这是一段"专业成长相对低迷、相对沉潜"的时期，几乎没有任何参加公开课、获得荣誉、接受培训的机会，似乎进入了"萧瑟晚秋"。而同样经历过"孤独沉潜"阶段的王崧舟老师，则选择埋首读书，静思吸纳，每年听课不少于两百节，并对课堂进行微格研究，鉴传道之精微，察授业之规律。他说："那个阶段的沉潜，肚子里装了上百本书、上千堂课，慢慢发酵、慢慢酝酿，融入生命中的每一根血管、每一个细胞。表面很平静，没有抛头露面，没有谁来关注，但是在平静之下，生命的能量在不断膨胀。"孤独沉潜数年之后，等待着他的是"一鸣惊人"——三十二岁的王崧舟破格成为浙江省最年轻的特级教师。读到此，于我心有戚戚焉。入职的前四年里，我也参加过一些比赛，但都铩羽而归，草草收场，彼时我将原因全然归咎于"无人打磨"，后来我才知晓：心浮气躁的姿态必然带来粗浅鄙陋的认知，等待他人打磨必然无法长出独自飞翔的翅膀。唯有独自熬过了岁暮天寒的沉潜，才会迎来春暖花开的盛放。除了王崧舟老师，还有为了准备参赛，连续几月每天只睡三四个小时的周卫东老师，二十年如一日每天上完课就写教学札记的贾友林

老师……孤独沉潜，才能轻盈腾飞。

我曾听闻，企鹅在将要上岸之时，会猛地低头，从海面扎入海中，竭尽全力往大海深处沉潜，一直潜到适当的深度，然后摆动双足，迅猛向上，腾空而起，成功着陆。当然，企鹅之沉潜与教师之沉潜不能画等号，此处类比的不过是自然之道与成长之道的相同之处罢了。"人是具有可能性的动物……在这个定义的基础上进一步推论：人是自我决定的动物。"孤独沉潜，理应成为教师的基本姿态；自我打磨，理应成为教师的日常信仰。沉下去，潜下心，不为浮名与金钱而焦心，不为职称与头衔而气躁，雕琢打磨，提升教艺，假以时日，必以厚积之沉潜，得薄发之璀璨。

敢于"不断逃离"，刷新"人生标杆"

"那些中途易辙、另辟蹊径的人生，比那种预设的人生，可能更有趣味。"读及上海市语文特级教师冯渊老师《不断"逃离"》一文时，我被这句话猛然击中。有人戏说教师是一份"一入职就望得到头的职业"，多数教师追求安稳的教学生活，不喜打破这种安稳和平静，而上海市语文特级教师冯渊老师却敢于"不断逃离"。也正因为"不断逃离"，他一直在刷新自己的"人生标杆"。

冯老师的教师生涯起步于安徽省安庆市茅庵某所乡村中学，后调回母校四维山中学，再到赛口中学、阜阳一中、东南大学附中、《语文学习》编辑部，现在就职于静安区教育学院。三十多年的教学生涯中，他几度试水"陌生领域"，且能收放自如。他教过初三化学、初中语文，又曾担任过期刊编辑，现任高中语文教研员，不仅在全国的"整本书阅读"研究领域颇负盛名，还循着对文学的热爱，在《解放军文艺》《上海文学》等文学杂志发表散文……这不禁让我疑心他大抵是什么都拿手的。试问，若无深厚的底蕴和十足的创造力，怎敢"不断逃离"？"不断逃离"的背后，不仅是对自由的追求，对崇高的趋近，更是底蕴的展露，实力的展现。在我看来，冯老师看似在不断"逃离"，实则在不断趋近他的教育理想。

除了"不断逃离"，我还从冯老师身上看到了一种优雅，一种从容，一种淡泊，颇有苏子"何妨吟啸且徐行"之姿。冯老师自述他教了十五六年书才开始思考自己的专业发展问题，这在有专业发展自觉的教师看来或许是不可思议的。对此，他淡然地说："专业规划很有必要，但是不必急功近利。人生的风景很多，职业的风景也很多。我不后悔自己的懵懂。歧路上也有许多收获。而且，放在漫长的一生中，到底哪些是歧路还很难说。"冯老师的"金句"，总能给身处迷茫困境中的人带去顿悟和力量。念及自己，2022 年我参评厦门市学科带头人，结果惨淡收场，原因是教研成果不够。在短暂的失落之后，我开始正视自己的短板，明白了身为教师既要输入，也要输出，既要教书，也要研究，如此，才能始终保持昂首阔步的进取之姿。2023 年，本是学术"小白"的我在论文写作方面积极发力，相继在《语文学习》《语文教学通讯》《中学语文教学参考》等刊物发表论文十五篇，并完成二十万字合著一部。此外，我还积极提炼自己从教七年以来的教学成果，凝练教学主张，获得区"教学成果奖"二等奖第一名。所以，暂时的挫折不一定是坏事，从长远看，这或许是教师实现"跨越式成长"的绝佳契机。

没有教师质量的提升，就很难有教育的高质量发展；没有教师的主动发展，就很难有学生的主动发展……只有当教师自觉主动地完善自己时，才能更有利于学生的发展。感谢《教育研究与评论》杂志《讲堂》栏目的"名师成长自述故事"系列为青年教师指明道路，照亮前程。毕竟，不是每一个人都有专业成长的意识，不是每一个人都明白专业成长的要素，不是每一个人都知道现在在哪里、未来将去哪里，也不是每一个人都能洞察自己的短板与优势。虽然"明师之路"不可完全复制，但"明师之道"却可积极借鉴，让我们得以时时对照，三省吾身。相信我们最终也会从"偶然王国"走向"必然王国"，最终抵达"自由王国"！

最后，借用冯渊老师曾经赠予我的一句话作结："成功，永远都是那些心底纯正的人的事。"我想，成长也是如此。我教师职业生涯的第一个七年，是不断遇到各种阻力，又坚定实现自我破圈的奇妙历程。如今的我要说"七年不痒，渐入佳境"，因为"志之所趋，不可阻挡"。未来，不管是第几个七年，我都会以"天下之至拙"战胜"天下之至巧"，不负韶华，不负教育，不负时代。

读三联《少年》，让少年成为自己

陈倩（编辑）

少年，一切美好仿佛都在这两个字里。

鲜衣怒马，意气风发，活力无限。仿佛什么都可以想，什么都可以去做——他们是未来的代名词。

少年，也是一个人最善感、最有创造力的时期，充满希望也满是迷茫，迫不及待想长大，对什么都感兴趣，却又像只被禁锢的小鸟。

少年，面对广阔世界，有着好奇、兴奋、不安、害怕，但更多的是焦躁和期盼……世界那么大，还有那么多神奇的事物没有见识过，还有那么多情感没经历过，还有那么多未知等着去探索。

少年，不仅需要学习文化知识，更需要建立自己独立的思维判断体系，在不断的思索中，探寻人生的方向和意义。

《少年》作为《三联生活周刊》的青少刊，秉承"三联"品牌浓厚的人文底蕴，文字生动有质感，强调创意与交流，为少年打开"兔子洞"入口，引领读者进入一个"没有答案"的无垠宇宙，帮助青少年学会判断和审视，学会辨析事实和观点之间的区别，学会自己解决问题。

期刊类

启蒙思想，建立多维度思维

三联《少年》是国内第一本面向九至十六岁青少年的人文思维启蒙杂志，思想性是它的首要特征。为了帮助青少年学习思考，培养批判性思维，期刊每期以一个特定主题为切入点，以思维导图、发散性形式展开，全刊分为"思考""专题""新知""专栏""阅读"五个板块。三联《少年》2022 年 10 月刊以《我们只能这样长大吗？》为选题，探讨青少年有着深切感受的"长大"话题，引导读者思考："'长大成人'到底意味着什么""什么是成功？什么是失败？"……启发读者长大后如何面对生命的裂缝："要有勇气去接纳贯穿我们生命始终的裂缝。'理性的理想告诉我们世界应该是什么样子，经验却告诉我们现实往往不是理想的样子。长大需要我们面对两者之间的鸿沟——两者都不放弃。'"

"专题"板块是对封面主题的解读，并给读者提供一些方法论的支持。2023 年 9 月刊聚焦"物理"，力求呈现物理学的神奇、迷人、"脑洞"大开的一面：在《如何提一个好问题？》中，有中国科学院物理研究所新媒体矩阵的主编答疑解惑；《从一个泡泡里可以看到什么？》展示了一个普通泡泡中隐藏着的几何学、力学、光学等物理密码；《人类是如何认识光的？》从科学史的角度讲述了人类对于"光到底是什么？"这个问题漫长而执着的探究……

"桃李春风一杯酒"是"专栏"板块栏目，名称取自黄庭坚的诗"桃李春风一杯酒，江湖夜雨十年灯"，古意盎然，内容也很有趣：《假如古人玩抖音》《谁是中国古代好爸爸》《狄仁杰：荷兰制造的中国神探》，古今结合，吸引眼球。

针对每一期的主题，"专题"板块是入口，"专栏"板块是延伸，"阅读"板块则指引读者进入一个更广阔的阅读世界。

平视读者，以少年视角观世界

时间、魔法、友谊、家庭、偶像、位置、运动、海洋、倾听与表达、漫画……三联《少年》根据读者年龄、心理特点，结合当下热点，策划每一期主题，为读者呈现文化、科学、情感、历史、哲学、艺术等特色栏目，开拓青少年眼界，注重各方面知识的扩展。这一代青少年生于信息时代，长于网络时代，面对眼花缭乱的信息、五花八门的观点，难免感到困惑。青少年时期，他们的心智尚不足以独立找到解答这些困惑的方法和途径，甚至接受得越多，立场越不坚定，对这个世界的认知可能越发模糊，亟须有人引导他们有自己的判断，探索自我，与世界相处。

三联《少年》在选题上具有一定的先锋性。2023 年 3 月刊，杂志主创决定和读者聊爱情——在文学对人生的模拟中，隔着安全距离去体验和理解爱情：贫穷女教师简·爱在爱情中追求尊严和平等，是一种对 19 世纪英国阶层社会的反叛；近乎完美的达西先生是伊丽莎白自我成长的奖品，她追随自己的心，而不失去自己的头脑；小红和贾芸，《红楼梦》中的这对"非主流"情侣以反套路的方式，互相体谅、惺惺相惜，成为小说中唯一自由恋爱后成功结合的伴侣……选题通过这些文学作品传递给读者：爱不是一个名词，而是一个动词，是一种需要耗费一生去学习的能力。

提起"权力"，很多人理所当然地认为这是存在于成人世界的词

语，但其实当我们第一次面对班干部竞选时，就在被权力诱惑了。《什么是权力》这篇文章用《绵羊国王路易一世》这个绘本，深入浅出地解释人为什么渴望权力，启发读者该如何应对权力的诱惑。

青少年读物的选题和角度，拒绝高高在上，拒绝说教。平视读者，才能帮助青少年正确地了解自我、了解世界。

设计灵动，图文结合促美育

除了优质的原创内容，三联《少年》还特邀国内外知名设计师、插画师为杂志做设计。在读图时代，期刊应该承担美育的责任，通过符合审美的插图和版式提升读者认识美、理解美、欣赏美、创作美的能力。

2022 年 5 月刊的专题"关于家庭的一次田野调查"，选题新颖有创意，给读者提供了一系列的方法和工具，指导如何观察、采访、倾听、对话和连接。《家庭关系 X 光检查室》中"建立"了一间"检查室"，"透视"一家三口，呼吁家庭完成孩子和父母双方的互评；《猜猜你有多爱我？》分为"孩子的地盘"（孩子来提问，父母来回答）和"父母的地盘"（父母来提问，孩子来回答）两部分，每个部分约有三十个简单的问题，以气泡形式呈现，用操作性强的互动方式促进父母和孩子对彼此的了解。

当我们谈论食物时，我们在谈论什么？——权力、欲望、健康、道德、美、冒险、爱、地球生态……2023 年 7 月刊《夏日里的味觉探险》以《你的"大厨指数"有多高》开篇，以问卷的形式吸引读者代入"大厨"身份，完成与食物的联结；《如果可以选择世界上任何一种食物，你想吃什么？》将开页设计成一张大圆桌，桌边坐了十几位品尝不同美食的少年，分享各自对美食的感悟；《连连看，你能分清"五谷"吗？》引导读者把五谷杂粮做成的食物和它们在土地里的样子进行连线，简单易操作，趣味性强。优质的内容以适配的形式来呈现，更能引起读者共鸣。

正如三联《少年》创刊词中所说："在时代的惊涛骇浪里，做一件'过时'的事情。"在纸媒式微的今天，每年都有报纸期刊在消失，三联《少年》逆风而行，于2020年创刊，并创造了优异的销量，这与期刊的定位和深度分不开，也与主创团队的业务能力分不开：《三联生活周刊》资深主笔陈赛、儿童文学作家程玮、剑桥大学物理学博士苗千……他们在各自的领域里深耕多年，成果丰硕，并愿意跨越"代沟"，将自己的心中所想与青少年分享交流。除此之外，每期根据不同内容，特邀不同领域专家为内容"保驾护航"，如2023年5月刊《我怎么了》聚焦"情绪"主题，由訾非、易嘉龙、林紫、陈祉妍等多位心理学和教育学方面的专家指点和把关，保证内容的高质量和高品质。

当然，三联《少年》并非完美，比如，绝大多数作者以专家为主，专业性强，难免出现"不接地气"的情况。有时候，青少年更愿意倾听同龄人的声音，所以建议适当增加读者参与话题板块，以青少年视角呈现，与青少年同频共振，拉近期刊与读者的距离，增加互动性和亲近感。

"少年何妨梦摘星？敢挽桑弓射玉衡。莫道今朝精卫少，且邀他日看海平。"2017年，北京大学的新生开学典礼上，赵兰昕作为北京大学元培学院新生代表如是说。找到自己梦想的方向，阅读和实践是最好的导航，愿每个少年都能成为自己。

疑问号　感叹号　省略号
——《中学化学教学参考》读刊心得

解慕宗（教师）

莫思身外无穷事，且读案前灵趣书。2023 年是我与《中学化学教学参考》期刊（以下简称《中化参》）结缘的第十二个年头，目前已经研读了一百四十八期《中化参》。十二年来，我按照"读进去—做出来—写下来"的三个步骤拜读每一期《中化参》，用书香磨砺思维、启迪心智、浸润心灵；十二年来，我参加了每一次《中化参》组织的大型线下论坛，以刊会友，"好刊共读"的朋友圈越来越大，学习共同体的巨轮在教育的海洋中乘风破浪；十二年来，我手不释卷，逐浪而望，追慕智慧之思，寻觅灼灼之见，希望其化为成长之琼浆玉液。

为何与《中化参》结下了不解之缘？时光追溯到 2011 年 9 月的某个午后，还是大三学生的我翻开了朋友赠阅的《中化参》，缪徐老师的文章《亦师亦友亦舞台》瞬间吸引了我，从此，期刊的"粉丝团"多了一员。从"粉丝"（读者）转变为"铁丝"（忠实读者）的催化剂是什么？我想应该是三个符号："于细微处见真知"的疑问号、"于无声处听惊雷"的感叹号、"于无色处见繁花"的省略号。亦师亦友，良师益友——《中化参》与我共成长。

疑问号：于细微处见真知

深度学习、单元整体教学、学科融合、项目式学习……一系列教育教学新概念，伴随着新课改的东风奔涌而来。仰望星空，乱花渐欲迷人眼；脚踏实地，切磋琢磨在课堂。拨开新概念的迷雾，最为困扰一线教师的还是这些问题：落实学科核心素养的常态课，到底应该讲什么？怎么讲？面对这样的疑问，我选择翻开《中化参》，听听作者们的真知灼见。

物质结构的常态课应该怎么上？白建娥老师以"钠原子光谱"为主线贯穿始终，她的课例告诉我们：原子结构模型的教学不应浅尝辄止，应基于"证据推理与模型认知"探秘微观世界，揭开宏观现象背后的微观本质。有机化学的在线课应该怎么上？孙华老师从石油讲到口罩，探究丙烯性质，他的课例告诉我们：技术可以赋能学习，立足当下、放眼未来的课堂才是真实而有意义的课堂，才是饱含诗意和远方的课堂。元素化合物的复习课怎么上？陆燕海老师从科学和技术两个方面剖析"镁的提取及应用"，他的课例告诉我们：知识与工艺并举、科学与技术交融，学习方能真正发生。

《中化参》的许多作者都是化学教学一线的"草根大师"，在与作者们"对话"的过程中，问题的答案越发清晰。其实教书不是炫技，育人也没有兵法，教书育人就是把学生放在心里，让每一节课因为有了思维的温度而精彩纷呈。《中化参》中展现了太多好课，一堂好课是"见微知著"的艺术：于细微处见情感，小素材有大智慧，小案例有大

启发，当情感被激活，学生在美的享受中能领略深层次的教益、思想的警策和哲理的启迪；于细微处见成长，让学生去体验知识学习过程中的"山重水复疑无路"，感受拨开迷雾时的"柳暗花明又一村"，成长就在无形之中。

于细微处见真知，见到的还有切磋琢磨后的精彩纷呈。

感叹号：于无声处听惊雷

阅读一本好的期刊，就是打开一个新的世界。读《中化参》，最让我着迷的莫过于一篇篇深入浅出的理论剖析、一个个鲜活灵动的教学案例、一句句意蕴深远的专业表达。掩卷沉思，留给我的是无数个感叹号，宛若无声处的惊雷，提醒我不断叩问教学的真谛。

读江敏老师《在实验中展现化学的魅力》，我惊叹于自然界有趣而有序的魅力。江老师宛若一个魔术师，让学生体验借助宏观现象想象微观结构的妙趣横生，用微观机理预测宏观性质的科学严谨。化学教学的真谛在于给学生营造体验的过程，体验微观中的想象与推理、定量中的直觉与严谨、系统中的收敛与发散，在体验中享受学习。

读保志明老师《不考的知识也有教的价值》，我惊叹于学科理解的重要性。怎样摆脱碎片化、呆板化、结论性的考点知识的束缚？教师对学科知识的整体性理解至关重要。"不畏浮云遮望眼，自缘身在最高层。"教师应站在人类文明的精神高地精心雕琢每一节课，不断提升学科理解力。化学教学的真谛在于创造思维碰撞的空间，期待学科本真的世界、教师心中的世界、学生眼中的世界能水乳交融，碰撞出华美的交集。

读孙华老师《基于 STEM 理念的"氢能迷你汽车制作"生态式实验活动》，我惊叹于学科实践的指导价值。燃料电池不能做实验吗？非也！STEM 教育与课堂教学始终是两张皮吗？非也！我们需要唤醒沉寂的课堂，让教师成为平等的参与者和引领者，让学生成为自主学习的建构者和实施者。化学教学的真谛在于架设情感的桥梁，创设"在用中学，在学中用"的开放教学环境，培养学生独立的思考力、精准的判断力和积极的行动力。

于无声处听惊雷，听到的还有雷雨过后学生拔节成长的声音。

省略号：于无色处见繁花

阅读《中化参》不同板块的文章能从多个方面获得教益。学习教授们对于课程标准的研究，有利于多维度领会新课标精神，为实践探索提供方向上的指引；品读专家们对于核心素养的研究，有利于深化学科理解，重新认识核心素养导向下的化学教学；赏析学者们对于实验教学的研究，有利于重新审视化学实验的地位和功能，发挥实验的教育价值；研习老师们对于考试评价的研究，有利于站在高位审视考试命题，深入教学评价的内核。

"教而不研则浅，研而不教则空。"研读《中化参》，且教且研且深刻。刊中呈现出诸多名师的"大化学观"，读刊感受到的是大视野、大格局。《中化参》宛若一壶茶，品尝后给人一种回味悠长的感觉。品味专家学者们对教育教学的探索，发现课堂不再是狭小的一隅，而是浓缩大千世界的广袤画卷。从理论到实践，课程标准还能怎样解读？教学评价还能怎样实施？教材实验还能怎样改进？高考试题还能怎样应

用？伴随着这样的叩问，读刊后留下的还有省略号。省略号也是留白的部分，唯有悉心地探索和实践，方能实现"于无色处见繁花"，再普通的课堂也能繁花似锦。

于无色处见繁花，见到的还有教育教学的美好模样。

站在 2023 年岁末，回首这一百四十八期期刊的阅读，像极了王国维《人间词话》中的三重境界：初时，"昨夜西风凋碧树，独上高楼，望尽天涯路"，伴随着入职初期的迷茫和困顿，我在阅读中回看前人的求索之路、憧憬未来的探索之路；如今，"衣带渐宽终不悔，为伊消得人憔悴"，充满"素养味"的课堂值得我们孜孜以求，读刊已经成为我教学教研的一部分；未来，"众里寻他千百度，蓦然回首，那人却在灯火阑珊处"，期待顿悟时的酣畅淋漓，寻寻觅觅间，我们可能会领悟教学的真谛。

2024 年，继续读刊，继续深耕课堂。

《农村百事通》：擦亮老品牌，谱写新华章

赵建亚（基层农技员）

高尔基说过："每一本书都是一个用黑字印在白纸上的灵魂，只要我的眼睛、我的理智接触了它，它就活起来了。"自从六年前阅读了《农村百事通》的一系列文章后，我对这句话更加深信不疑。

作为一名基层农技员，岂能满足于掌握某几项技术？将自己培养成复合型人才，当好农户与科技知识的纽带和桥梁才是我奋斗的目标。"他山之石，可以攻玉。"现代农业发展迅速，要与时俱进、广泛交流，阅读正是一条重要的路径。《农村百事通》为广大农技员和农民朋友提供了一个广阔的学习、互动、展示平台，是我撰写论文和调研报告的重要参考，也是滋养我农业梦想的精神养分，更是我加速提升职业素养的助推器。"三农"人在这个平台上源源不断地吸收农业技术的营养，在广袤的田野里尽显本领。

《农村百事通》扎根于读者，奉献优质、实用、权威的"三农"知识，满足读者不断提升的阅读追求；依靠作者，将作者们通过实践和探索得来的先进农业技术和理念进行多维度扩散、传播。创刊四十多年来，《农村百事通》先后设置了一百多个栏目，目前每期设有二十一

个栏目之多，基础栏目、特色栏目、王牌栏目都紧扣时代脉搏，在不同时期、不同阶段各有特色，获得了广大读者的肯定。例如，期刊的"编读互动"栏目做到即问即答，而"生财有道""百品商情""新优良种""现代种养""动物诊所""植物医院""百病妙治"等栏目紧跟农时，全力破解农产品产销、新产品和新技术推广，以及生活百科等各方面难题。"一看就懂、一学就会、一用就灵、一点就通"——通俗易懂、科学实用是《农村百事通》的典型特征。"平实易懂见实效，短小精悍'接地气'"，它力求打造"三农"人名副其实的贴心读物，让读者在轻松阅读中看懂，在实际操作中学会。

在新冠疫情期间，《农村百事通》杂志社开启"云端"办公模式，发布《农村百事通·防疫特刊》和《农业生产技术——新冠肺炎防控期间应急措施》图书，并同步在网上发布电子版书刊供免费下载阅读；开展"送科技下乡"活动，聘请农业专家深入田间地头为农民答疑解惑……无不彰显出期刊的公益性、灵活性，以及重视实践、贴近农民生活的特点。

读者还可以充分感受到《农村百事通》对质量的坚守。我清晰地记得，本人数次向该期刊投稿，编辑老师次次都通过电话或邮件反馈审稿信息；确定刊用后，会与我反复沟通，对稿件做仔细编辑校对。纵览期刊的每篇文章，编辑们精心构思、精细润色的画面总是不断地浮现在我的眼前。

丰富多彩在"农百"。《农村百事通》精选了一大批农、林、牧、渔类科技文章，而且开设了"农百访谈""乡村振兴""法系百家""低碳生活""加工增效""时代风采"等栏目，内容十分全面。这些栏目，无论是推介实用的"三农"技术，还是宣传党的"三农"政策，都坚持从正面视角出发，向读者传递积极向上的价值观，引导读者树立环境友好和资源节约的生产经营观，为乡村振兴构建良好的理念氛围。

实用适时在"农百"。《农村百事通》犹如一部活字典，是一位真正的良师益友。记得 2023 年 3 月初，我在县里的西南岗地区调研果蔬种植情况时，碰见一位猕猴桃种植户，他说自己对猕猴桃植株的嫁接没有把握，并请求给予帮助。我回到单位后从书柜里取出一摞《农村百事通》，在 2022 年第 2 期里找到《猕猴桃嫁接技术》一文，复印后转交给该果农。后来，果农采用文章里一系列方法，最终成功嫁接猕猴桃植株。我还接到过上塘镇一位果农的电话咨询，他想要获取"牛粪养殖蚯蚓"方面的技术资料。我便将《农村百事通》2021 年第 8 期的《林下牛粪养殖蚯蚓技术》一文推荐给他，该果农一边依靠自身技术，一边运用文章里的方法在果林实施蚯蚓养殖，目前果林土壤状况大为改善，土壤肥力明显提高，种植果树和蚯蚓养殖之间的互补效应显著，经济效益和生态效益实现双丰收。

互学互鉴在"农百"。阅读《农村百事通》，读者可以学到大量知识，更新诸多经验，提炼总结出解决工作难题的对策。比如，"农百访谈"栏目以"实地采写、内容新颖、报道翔实"为特点，揭示一个个鲜活案例背后的成功密码，向读者展示创业思维与经验。我特别钟情于那些生动形象的经典案例，它们能让读者了解并掌握一些好的路径和做法，拓宽知识面，提高专业技能水平，增加为农服务的底气。又如，"农事先知"栏目的《雨水那些事儿》《惊蛰时节作物管理》《大暑时节水产养殖加强管理是关键》等一系列科普节气知识的文章，教读

者结合当地时令，科学合理地调度农事。

蓦然回首，《农村百事通》在我工作的方方面面已陪伴我多年，我也早已成为它的忠实读者。它的每一个栏目、每一篇文章都是我增长见识的窗口。透过这个窗口，一幅朝气蓬勃的"耕耘天地间"巨美画卷徐徐展开，令我着迷，让我神往。强我敬业本领，富我精神世界，美我纯粹心灵，炼我昂扬斗志——《农村百事通》功不可没！它像一盏明灯，指引着农技工作者的前行道路。

我坚信，《农村百事通》一定能够带领"三农"人领略波澜壮阔的风景，放飞心中的梦想，共赴乡村振兴的盛宴，在生动实践中书写各自绚丽的华章。

我在深圳读《读者》

魏建华（作家）

2019 年春天，当岭南木棉花开，天气变暖的时候，我从大西北的甘肃来到深圳，过了几个月的旅居生活。2023 年 4 月 23 日，第二十八个"世界读书日"来临时，我正好又在深圳。

在深圳时，我这个甘肃人出于乡愁的缘故，总对与甘肃相关的事物特别留意。但在深圳，除了兰州牛肉拉面和出自兰州的《读者》杂志外，真的很难再发现有什么能代表甘肃。

《读者》是甘肃的金字招牌。它不是一本教材，却是不少中学生时常捧在手中的"心灵读本"；它不是一把钥匙，却为人们打开通向国内外优秀文化和新知识的大门。

《读者》是一本"众筹"杂志，它由编辑和读者共同推荐、分享的文章编著而成。它也是一部"编年史"，记录着从 1981 年诞生于甘肃省会兰州市以后四十多年来中国人精神风貌的变迁。

《读者》创刊之初叫《读者文摘》，因为和美国《读者文摘》重名而改名为《读者》。当时我在上高中，班上只有一个同学订了《读者》，好多同学像我一样是想着法子"蹭读"的，以至于订《读者》的同学当时愤愤不平地埋怨："我订的《读者》，感觉像班上的公共杂志。""蹭读"的同学们只是笑笑，厚着脸皮继续"蹭读"。有人还开玩笑地说："书，非借不能读也。"《读者》就这样陪伴并见证了很多"60后""70后"，甚至"80后"农村少年的一步步蜕变。

位于深圳福田区市政中心的购物公园是深圳文化、商品、饮食的中心。我无事喜欢到里面闲逛，发现在购物公园里能体现甘肃特色的只有"读者茶室"。人们边喝茶边品读《读者》，是一件十分惬意的事情。据说这个茶室过去开得风生水起，男女青年络绎不绝，十分火爆。虽说《读者》杂志2023年品牌价值已达473.69亿元，成为国内公认的典型"双效"期刊，可以说是当今中国最畅销、知名度最高的以文摘为主的杂志；然而，随着新媒体的崛起，《读者》品牌也开始出现"老化"迹象。深圳的读者茶室也跟着衰落，据说，2019年它经营惨淡，店面租给了一家卖化妆品的，但为了怀旧，门口的"读者"二字招牌还在，两边还各摆放四五本《读者》，只是2021年摆放的竟然还是2019年的旧刊！今年呢？招牌还在，名字也没改，遗憾的是《读者》却没有了。"无可奈何花落去"，这让我不禁想起了鲁迅的话："Ade（德语，意为再见），我的蟋蟀们！Ade，我的覆盆子们和木莲们！"我发现在深圳大街小巷已经很少见的报刊亭，有一半改卖奶茶、冰激凌和快餐了；另一半既卖早餐、饮料，也卖广东当地的报纸，如果卖杂志，可能也只有两种。不过，让我稍感宽慰的是，我看到的这两种杂志里，一种是财经类的，另一种是《读者》。还在卖，就说明纸质版《读者》还被读者认可，还有人在继续读！

深圳福田区的莲花山是深圳中心区的地标，中国改革开放的总设计师邓小平同志的铜像就矗立在莲花山上。我在深圳的住处就在莲花村，我每天早上从莲花山社区步行两百米左右进入莲花山公园晨练，时间一长，便和一起晨练的深圳中老年人有了接触。他们问我是哪儿的人，我说："甘肃人。""你们甘肃兰州有一本《读者》杂志……"我对他们解释说，《读者》杂志现在不是一本，它是系列刊物，有文摘版、原创版、乡土人文版和校园版等好多种版本。他们说："你为《读者》做广告？"我说："你不是也知道《读者》吗？《读者》还用做广告？"我们都笑了。实际上，现在阅读方式越来越多元化，纸媒不景气，在深圳这座有近一千八百万人口的一线大城市，我为市民们知道《读者》，以及报刊亭还有《读者》卖而高兴。

4月23日这天早上，天高海阔，日暖风清。我早早地来到位于福田区的深圳图书馆，找了个座位坐下来，从杂志柜中取出一本2023年第8期《读者（文摘版）》认真地阅读起来。外物之味，久则可厌；读书之味，愈久愈深。我这样做，绝不是为了在世界读书日这一天"赶时髦"，装个读书的样子，而是希望以此呼吁更多人开始阅读，让读书成为生活中不可或缺的良好习惯，最终循着书的旅程抵达理想，达到习近平总书记所说的"读书可以让人保持思想活力，让人得到智慧启发，让人滋养浩然之气"之目的。

窗临水曲琴书润，人读花间字句香。生活中最美好的，不是欣欣向荣的花草树木，而是那个热爱读书的你。每一个用心读书的人，收获的不仅是春暖花开、鸟语花香，更多的是精神的富足和瞭望未来的那份沉稳和自信。毛姆说阅读是他的"避难所"，刘向说"书犹药也，善读之可以医愚"。要我说，阅读是我们最重要的文化生活，借此我们

可以选择明天该怎样度过。

为什么要选择阅读《读者》呢？主要原因是《读者》创刊四十多年来，给读者以健康、积极、阳光、正能量精神食粮的选文立场始终如一。我浸润在《读者》散发着墨香的文字之中，想通过阅读，找回当初"蹭读"《读者》的感觉，追寻"心灵读本"给我留下的回忆……

从读者到作者：在教育行走的路上与《教育文汇》相伴

黄维舟（教师）

    和《教育文汇》结缘，是在十六年前。那一年，我通过考试，调入一所城郊中学工作。学校很破旧，教师队伍也偏老龄化，但学校却有一间阅览室，摆放着各种教育类、文学类报刊，其中就有《教育文汇》。

    那时的《教育文汇》还很薄，朴素的封面，中规中矩的排版，简单的黑白画插图。彼时教育界提倡教师写教育随笔和教育叙事，《教育文汇》刊登的也大多是教育故事。我那时只顾着埋头教书，提高学生考试成绩以及和学生"斗智斗勇"，没有什么教研意识，对当时的教育教学动态并不是很关注，对视域之外如火如荼开展的"教—学—研"活动毫不知晓。

    《教育文汇》宛如迎面吹来的凉爽之风，吹去了遮望眼的浮云，让我看到了柳暗花明的教育胜景。每次翻到扉页，我都会迫不及待地先阅读"卷首语"，那些充满哲理的优美文字，短小精悍，直入人心，像甘霖一样滋润着我久旱的心田。再翻看目录，我不仅仅看文章的标题，还看标题后面的作者署名。那些名字都如我的名字一样普通，是一些"战斗"在教育一线的教师，却赫然"站立"在书页上，让年轻的我羡慕眼热，暗忖：什么时候，这里也会留下我教育行走的痕迹？

小心地打开书页，在新鲜的油墨香中，我阅读着这些来自全国各地中小学老师书写的文字。那时，还没有这么多时髦的新名词，老师们大多写自己在教育教学工作中是怎么做的，在教学实践中发现了什么问题，怎么想办法解决的，有什么感悟。因为这些都是作者的真实经历，所以表达的情感很真挚，总结的一些教育教学方法有很强的操作性，很容易"移植"到我的日常工作中来，对提高我的教学水平很有帮助。读得多了，我就不由得反思起自己的教育生涯，琢磨着哪些素材值得写，哪些事情有教育意义。终于，一篇"写真版"的随笔《两面班旗》一气呵成，我兴奋地按照杂志上的邮箱地址发送过去。令人惊喜的是文章竟然很快登出，我实现了从《教育文汇》的读者到作者的华丽转身。

从此，《教育文汇》就陪伴在我的身边，扮演着"导师"的角色，将我这个苦干蛮干的教育"搬运工"指引到且行且思的教育行走路上。

再后来，《教育文汇》改版，由教育叙事类期刊转变为综合性教育杂志。刊物贯彻党的教育方针，紧跟教育新时代、新形势，传播教育新理念、新思想。刊登的文章内容更加多元化，有"重要论述""名师工作室""思政课堂""教研与教学""与经典同行"等栏目。作者有大学教授、教学名师，但更多的还是扎根课堂的普通老师。新版《教育文汇》既有理论性又有实践性，已然是一本厚重的学术期刊。

《教育文汇》注重"读"，几乎每一期都有关于阅读的文章刊出。

我从中博采众长，在"整本书阅读"和校园阅读推广方面做了一些工作，取得了一点儿成绩。

2022 年版《义务教育语文课程标准》提出"多读书、好读书、读好书、读整本书"，但究竟如何指导学生开展课外整本书阅读，是一个需要努力践行的问题。在我阅读了《教育文汇》"名师工作室"栏目中的文章《学校新阅读：课程，让阅读随时发生》后，这个问题迎刃而解。文中提出的"语文课进阅览室"活动有很强的可操作性：他们精心布置图书馆，将阅览室分成"厚根基""长筋骨""促个性"等阅读区，把阶梯建成"徽道"文化长廊，把墙壁布置成阅读浮雕墙，以期潜移默化地影响学生，风景这边"读"好。在具体的阅读指导中，有切实可行的方法。学生的阅读分自主浏览、静心阅读、分享阅读感悟、精读深思四个环节，循序渐进，富有成效。

研读这篇文章后，结合本班学情，我又加入自己的思考，形成"整本书阅读"新版本。先以一节导读课，介绍书的作者、写作背景、主要内容，以及一些突出特点，引起学生注意。接着，指导学生制订阅读计划，规划阅读时间、阅读内容，要求在书中圈点批注，每一个章节或篇目读完后，必须写一段至少三百字的读后感。在学生阅读过程中，还定期开阅读分享会，让学生朗读自己写的读后感，交流阅读感受。整本书阅读结束后，我们会开展摘抄"金句"、仿写、写读后感、给作者写封信等"写"的活动，再把这些内容结集成册，把"读"的成果用文字形式记录下来。另外，我们会开展革命诗歌朗诵会、经典散文朗诵比赛等活动，让同学们用声音把"读"过的文章"演"出来。学生表演的视频和照片，请专业人士剪辑制作成一部微电影，送给孩子们留作纪念。在读了一些游记散文后，组织学生周末游"江南诗山"——敬亭山，指导学生一路走一路看，一路想一路记，把书中读到的景色和眼前之景对照，进一步增强感受美的能力，也培养学生"活学活用"的习惯。

向《教育文汇》学习怎么"读"让我收获很多。我辅导的学生中有多人在安徽省校园读书创作活动中荣获一、二等奖，在安徽省图书馆举办的"发现阅读小虎娃"活动中获省级二等奖，我也被评为安徽省校园读书创作活动"优秀指导教师"。我还曾先后荣获安徽省宣传部颁发的"书香安徽·十佳阅读推广人"，安徽省教育厅颁发的"十佳校园阅读推广人"荣誉称号。《教育文汇》助力我在教育行走的路上留下深深的足迹。

《教育文汇》在"写"的方面对我也有引领作用。"教研与教学"栏目侧重于论文写作的指导，"与经典同行"则在教育随笔的写作方面提供借鉴。

初中语文现代诗教学可以说是个"冷门"，没有得到师生的足够重视，在老师和学生心里形成了"现代诗教与学不重要"的观念，难以引起教与学的兴趣。如何发挥现代诗的文学价值和育人价值，引导学生成为诗歌阅读的主人翁，接受诗的熏陶，提高审美能力，让他们的生活不仅是"眼前的苟且"，还有"诗和远方"？我先从《繁星·春水》和《泰戈尔诗选》中选取一些篇幅短小、富有哲理的小诗，带领学生共读，激发学生的阅读兴趣；然后，再将书中的现代诗结合在一起，开展群诗教学，之后指导学生仿写，并编成一本诗集自费出版。除此之外，我还举办了"寻找秋天第一片落叶"等语文课外活动，让学生在大自然中寻找诗情，感受诗的美丽。

做完这一切，我想用文字记录下来，但不知如何梳理，便去翻阅《教育文汇》"教研与教学"栏目中的论文，借鉴写法。我看到《浅谈如何有效落实小学古诗教学》《例谈信息技术创设情境在小学古诗词教学中的应用策略》等文章，便精心研读，揣摩作者是怎么选材、怎么谋篇布局、怎么归纳总结的，再有样学样，把自己开展的现代诗教学工作从四个方面进行阐释：第一，循序渐进，激发学生学习现代诗的兴趣；第二，以读促写，培养学生学写现代诗的能力；第三，开展活动，提高学生文学审美能力；第四，展示成果，留下学生阅读诗歌的记忆。我撰写的这篇约四千字的教学论文，在安徽省教育学会语文教学法专业委员会举办的"新课标·新教材"研讨会上发表，被评为一等奖。

《教育文汇》还是一本充满爱、有温度的杂志。我非常喜欢阅读"与经典同行"栏目，不仅能了解当前老师们专业阅读的最新动态，还能学习同行们不一样的解读角度和思考的成果。其中的教育经典名著读后感，大多文辞优美、布局精巧，有阅读者深刻的体悟，传递着浓浓的教育真情。受这些文章影响，我也写了一篇阅读《给教师的建议》的读后感——《让经典点亮阅读的微光》，投寄给栏目组。不久后收到编辑老师的回复，说该文拟刊用，不过需要修改一下。在发来的修改意见中，编辑用红色笔在原文上批注，如哪些部分"不能以偏概全，全盘否定"，哪些段落"转换有些突然，建议加一些内容过渡"等，另外，对文章的字数和措辞也做了提醒。读罢，在敬佩编辑老师敬业精神的同时，也被一种关爱打动。我又重新翻阅原著，结合自己的教学

实际，对文章做了修改和补充，发表在《教育文汇》2023 年第 7 期上。这次投稿、改稿的经历深深地影响了我，对我后来的写作很有益处。后来，我有几篇教育随笔陆续发表在《广东教育》《师道》《作文素材》《安徽青年报》和《人民教育》公众号上。

自从有了《教育文汇》的陪伴，我在专业化阅读、写作方面有了长足进步，教学也因教研水平的提高而更加游刃有余。每次翻开《教育文汇》，阅读那一篇篇充满教育情怀、闪烁着教学智慧的文章时，我的内心变得细腻而美好，对教育的热爱更加炽烈。感谢《教育文汇》对我的帮助和滋养，让我在教育行走的路上留下了一些深深浅浅的足印。

《少儿科技》伴我行

陈力嘉（小学生）

每当我望向书架上那一本本熟悉的杂志时，就会想到那个阳光明媚的午后——

我独自在书店里闲逛。突然，一本独特的杂志吸引了我的目光，封面上，一枚火箭腾空而起，仿佛在诉说着宇宙的无限奥秘。我迫不及待地翻开它，被里面的每一个故事、每一篇文章所吸引。就这样，我认识了《少儿科技》。

后来，学校开始征订杂志，我毫不犹豫地选择了《少儿科技》。老师告诉我："这本杂志是专门为少年儿童设计的，内容涵盖了科学、技术、发明、未知探索等方面，每一期都充满了新颖有趣的文章和精美的插图。"

从那时起，《少儿科技》成了我每个月的期待。每次拿到新的杂志，我总是迫不及待地翻开，逐字逐句地阅读。通过这些文字，我学习了太阳能发电的工作原理，感受到了 DNA 结构的奇妙，了解了火箭发射的原理。通过阅读《少儿科技》，我不仅拓宽了视野，增长了知识，还激发了对科学的兴趣和热爱。

在《少儿科技》杂志的启发下，我满怀热情地加入了学校的科学社团。在这个社团里，我不仅学习了关于火山爆发的奥秘，更亲手用醋和小苏打做成模型，模拟了火山爆发的场景，感受到了科学的魅力。除了火山爆发实验，我还亲手制作了小型风车，通过太阳能的转化，小风车开始旋转，我体会到了科学带来的乐趣。而在克隆粉的帮助下，我如同魔术师一般，塑造出栩栩如生的人体模型，仿佛看到了人体的奇妙世界。小电机成为我创造奇迹的"魔法棒"，我组装出了令人惊叹的机器人，仿佛拥有了魔法般的创造力。这些活动让我更加热爱科学，对科学的理解更加深刻，兴趣也变得更加浓厚。在这个过程中，我不仅学习了科学知识，更培养了动手能力、观察力和创造力。这些经历让我深刻认识到，科学不仅是一种知识，更是一种力量，能够让我们创造奇迹、改变世界。

在我的影响下，全家人都爱上了这本杂志。爸爸会在午后的闲暇时光翻阅，妈妈则是在厨房忙碌的间隙浏览，就连爷爷有时候也戴着老花镜在看呢！有一天，姐姐向我透露了她小时候的心事，她告诉我："我也特别喜欢看《少儿科技》，每个月我都迫不及待地奔向新华书店，期待着新一期杂志。"原来，姐姐也是《少儿科技》的忠实读者啊！

随着时间的推移，我逐渐长大，但我对科学的热爱从未减退。《少儿科技》的内容也变得更加丰富，它涵盖了更多的科技发明和最新的科学进展。其中，我看到了"天和核心舱"成功发射，标志着中国空间站在轨组装建造全面展开；我看见了"天问"问天，"祝融"探秘火星；我看见"嫦娥"奔月，带回月球"土特产"；我同样看见航天员邓清明二十五年的坚持。《少儿科技》让我看见了中国航天的发展，更让我看见了我们祖国的日新月异。秉持"简约、安全、精彩"的办赛要求，2022年2月4日北京冬奥会开幕，展示了许多令人惊叹的高科技：能在水下传递火炬的冰壶机器人、全世界最小的可穿戴式持续测温设备"腋下创可贴"等。我同样也开始尝试去理解一些更加高深的科学知识，比如量子力学和相对论。我明白，探索科学的道路永无止境。

在五年级的时候，我们换了一位新的语文老师——刘老师。他让我爱上了写作文，我也开始尝试将文章投稿到《少儿科技》。我期待着自己的作品能够发表，但是没有收到任何消息。看到同学们陆陆续续地在杂志上发表文章，我开始沉下心来反思自己的不足。我开始学习，努力提高自己的写作技巧，希望有一天能够在《少儿科技》上发表自己的文章。在这个过程中我明白了，只有不断学习和成长，才能更好地理解这个神奇的世界。

《少儿科技》是我童年时期最珍贵的财富之一，陪伴我度过了无数美好的时光。这本杂志不仅让我看到了科学的魅力，还让我认识到了自己的潜力。我想对《少儿科技》杂志说一声谢谢，是它在我成长的道路上点亮了一盏明灯，指引我前行。无论未来走到哪里，我都会铭记这段美好的回忆，继续探索科学的奥秘，不断追求卓越的自己。

普法路上，《中国妇女》伴我成长

王雪（基层法官）

　　文化是一个国家和民族的灵魂。文化兴则国运兴，文化强则民族强。一个国家的发展进步，离不开文化提供精神动力、智力支持和思想保障；同样，一个人的发展进步，也离不开文化的滋养和支撑。

　　《中国妇女》是女性读者的朋友，在她们孤独时，它给予陪伴，讲述大千世界的多姿多彩；在她们迷茫时，它给予关爱，传播法治情怀和法律力量；在她们受挫时，它给予帮助，讲解自救方式和维权方法；在她们得意时，它给予告诫，告知法律风险和补漏要点。它不仅仅是一本杂志，更是明灯，是方向，是关爱，是警醒。作为一名基层法官，我还想说，《中国妇女》不仅仅是女性读者的朋友，它的下半月刊《法律生活帮助》更是我们这些法律人的挚友。它一路伴我成长，亦师亦友，十多年过去了，如今我已经从一个司法"菜鸟"，成长为一名优秀的基层法官。

　　初识《中国妇女》是在 2011 年，那时我是密云法院新闻办的一名"新兵"，每天琢磨着该怎样当好法官和群众之间的桥梁。我冥思苦想的，都是要写出什么样的文章，才能让老百姓更深入地了解法律，更客观地理解法官。这时，《中国妇女》给了我答案。

我至今都记得，那柔和而光滑的纸页上载满了普法文章，兼具故事性与法理性。每一篇文章都是老百姓关心的热点问题，内容通俗易懂，立场态度鲜明，释法清楚明了，劝导循循善诱。我捧着杂志边读边想，国家级的刊物就是不一般，不懂法律条款的老百姓肯定也喜欢这样的普法文章。再后来，我不再满足于当一个读者，开始尝试撰写文章，用文字去讲述我身边的一个个真实案例：那些轻信朋友参与合伙理财而被骗钱的善良人，那些因热恋丧失理性而"人财两失"的痴情人，那些因为子女不成器而痛失养老钱的父母，还有那些没有弄明白合同条款含义就草率签字导致维权困难的购房人……那些故事就真实地发生在你我身边，但凡有人能在事前给予他们法律上的提醒，或许他们就不会让自己陷入困境。我希望把鲜活的案例变成可读性强的普法文章，让更多的人避开陷阱，避免纠纷。尝试写作的过程是痛苦的，但收获是喜悦的。在此我要感谢《中国妇女》的编辑们，不厌其烦地与我沟通，反复为我修改稿子。我从中汲取普法的养分，筛选审理过的经典案例，用旁观者的视角去讲述，告诉读者生活中可能会遇到的陷阱，让法律知识润物细无声地影响更多的人。随着尝试的深入，我写的文章，被越来越多地刊登到杂志上。

从一名普法"菜鸟"，到杂志普法文章的撰稿人，我收获了自信，收获了友谊，学会了更敏锐地去寻找群众渴望了解的法律知识点。这样的成长，让我司法宣传的工作越来越得心应手。2015 年，我被评为"全国法院系统网络普法先进个人"，那是我当时获得的最高荣誉。也是在那一年，看多了真实案例中当事人的眼泪和苦楚，我开始更加关

注妇女儿童的权益保护，我希望能用自己所学的法律知识，去帮助她们更加理性地保护自己。

2015 年 7 月，我被北京市妇联聘为"送法到家"宣讲团成员，我把身边那些鲜活的案例整理成宣传材料，告诉更多女性，该如何运用好法律的武器来保护自己，关爱自己。在这期间，《中国妇女》给了我很多的帮助，杂志简明轻快的普法风格影响了我，让我更善于使用老百姓听得懂也愿意听的语言来和他们交流。同时，杂志上很多深入浅出的观点，也开始让我思索该如何更充分地发挥自己的力量，去做好一名法官。

我和同事们自发成立了"女法官法律宣讲团"，利用周末休息的时间到山区讲述法律故事，宣讲妇女儿童的权益保护，受到了老百姓的广泛好评。再后来，因为工作调整，我成了一名山村法官，终于能够坐在庄严的法庭上审理各种纠纷，兴奋之情难以言表。与老百姓接触越深，我就越了解妇女儿童维权的困难，从而激发出了更强的使命感，想要发光发热，温暖更多的人。

2016 年，经多方沟通联系，我在山区法庭——巨各庄法庭成立了密云区第一个家事纠纷调解室，邀请妇联的同志和我们一起调解家事纠纷，融合法与理，在保护妇女儿童权益的同时最大限度地弥合家庭裂痕。法律的威严融合情理的疏导，让原本怒目相向的亲人更愿意选择握手言和。调解室成立当年，法庭家事纠纷的调解成功率达到了84%，成功挽救了近百个破碎的家庭，我成了周边小有名气的维护妇女儿童权益的基层法官。这期间，《中国妇女》一直是我手边的普法读物，杂志中介绍的那些优秀的法律工作者也是我学习的榜样，激励着我成长。

我变得更有自信，也更热爱工作，愿意付出，愿意尝试以更多的方式去延伸司法职能，更愿意去用自己的力量帮助更多的人。而我，也成了那个"努力付出就有回报"的人——我被评为"全国妇女儿童权益先进个人"，还荣获了"首都三八红旗奖章"，先后被评为"全国法院办案标兵""人民法院党建先进个人"。

2023 年 5 月，我非常荣幸地成为《中国妇女》的封面人物，成了大家学习的榜样。与《中国妇女》相伴十二载，它是教导我的老师，也是陪伴我的挚友，更是我与读者交流、实现我普法理想的重要媒介。我想，未来的普法路上，我们会一直相伴。

期刊类

刚好遇见你，《河北教育》

王彦明（教师）

在我茫然无助时，刚好遇见你——《河北教育》。你如一场春雨唤醒了一朵花，你似一阵轻风吹动了一片云。有你相伴，即使深陷泥沼，也依然能笑容灿烂。

我生在农村，长在农村，2000 年师范毕业回本村任教。第一次登上讲台的震撼仍历历在目：那一双双求知的眼睛，那一双双脏兮兮的小手，那一头头鸟窝似的头发……见此情景，我虽心有准备，但初登讲台的信心与憧憬一下子烟消云散，全身的无力感难以形容。老校长提前告诉我这个三年级已经换过五位老师，全班三十二名学生有一半多是留守儿童……第一节课印象太深了，我让他们读课文《八角楼上》，有个别孩子连题目都不会读。我领读了几遍后，只有一半同学能勉强读下来。

下课后，我茫然无助地去找老校长，一进门，没等我说话，他就递过来一本《河北教育》，说道："它可能会帮助你拨云见日。"我随手翻开，一行字映入眼帘："教育就像牵着蜗牛去散步，急不得……"这句话一下子触动了我的内心，我的心情舒畅多了。

我沉思了一会儿，激动地说："校长，第二节课我想改上劳动课——洗手，洗脸，洗头，换干净衣服。"校长若有所思地说："你的想法我支持，大部分孩子的父母长年在外打工，爷爷奶奶要种地，孩子们脏兮兮的也没人管。"校长说完，端起水盆，提着水桶，我也提上暖壶，拿上毛巾，还不忘带上让我开窍的"老师"——《河北教育》。

这节课我和校长齐上阵，带着孩子们上了一节能改变他们生活习惯的劳动课。中午的作业就是下午比一比谁的小手、小脸最白，谁的头发、衣服最干净。不出所料，奇迹发生了，下午孩子们都变了样，衣服换了，从头到脚干干净净，人也精神了，上课的状态也由"懒羊羊"变成了"喜羊羊"。我也焕发了活力。

就这样，我一边虚心向《河北教育》这位"好老师"学习，一边耐心地用书中优秀前辈的教学经验与理念来教育这群"喜羊羊"。上课时我开展了乐学游戏，包括词语小达人、通关比赛、擂台赛等，为孩子们精心准备小奖品，获胜者下课就有奖励。下课后我和孩子们一起跳绳，跳皮筋，做游戏。渐渐地，孩子们看我的眼神由躲躲闪闪变成了热情似火，他们像一群快乐的小鸟围在我身旁。

周末，我坐公交车去盐山新华书店买来课外书《三毛流浪记》，自习课上我给他们绘声绘色地讲三毛的故事，要求他们认真听完后抢答我的问题，得分最多的有奖励。就这样，我在潜移默化中激发了孩子们读书的兴趣，他们的压岁钱都花在了校门口的流动书摊上，他们的专注力、理解力和写作水平也渐渐提高了。我还买来《名校试卷》，借了中学的老式油印机给孩子们印试卷，孩子们也不负众望，每单元的测试都或多或少有了进步。这些变化正应了我们的班训："加油努力，超越昨天的自己！"

师生同心，其利断金。在三升四的期末考试中，我们班成功逆袭，创造了奇迹，平均成绩由全镇倒数第一跃居全镇第二。因为进步惊人，镇领导和文教室校长决定授予我一等奖荣誉——县政府嘉奖，还有奖品一床毛毯。村委会领导重视教育，也按一等奖的标准，奖励了我三百元奖金。领导的鼓励与认可，让初登讲台的我信心倍增，对教育的热情更加高涨。我深知最应该奖励的是孩子们，除了学校给孩子的奖励，我也给孩子们精心准备了奖品——每人一个漂亮的日记本和一盒彩笔。就这样，《河北教育》陪伴着我学习，也见证了我和孩子们的进步和成长。

岁月不居，时节如流。当年那个初出茅庐的我，也因工作突出和工作需要，被调到盐山县城东门外小学任教。

时光流转，《河北教育》一直伴着我，给予我智慧和力量。一天早晨，我伴着玫瑰色的朝霞刚进入校园，就听到我们班教室里乱糟糟的。我快步进入教室，围着的学生一哄而散，只剩下一名叫娜娜的学生生气地举着书，书上有一个湿湿的大脚印。她说："老师，有人故意把我的书踩脏了，书里夹的五元钱也没了，那是我中午的饭费。"我说："是谁干的？知错就改，善莫大焉。"他们一个个面面相觑，无人说话。我想他们可能怕担上小偷的骂名。名叫刘子乐的学生说："老师，我们可以调监控，也可以查看脚印的花纹。"

这时的教室里，互相的猜疑声叽叽喳喳的，这不是我想要的结果。我突然想起《河北教育》上一个德育故事《守望心灵》。我清清嗓子道："同学们，我想错了，我想大家也误会这个同学了，他一定是想主动承认错误的，但他没看到钱，无法解释。"娜娜说："老师，我扫地之前，书中的钱还在呢。现在到处都找不到了。"我示意她坐下，在黑板上画了一棵大树，写上"过错树"。看着满脸疑惑的孩子们，我接着说："现在老师先在纸上写出来，我向踩书的同学道歉，请你原谅。"然后将纸贴在过错树上。教室里立刻安静下来，只见孩子们开始写了，并陆续有道歉的，过错树上的"原谅果"渐渐多了，一声声"对不起"，一句句"没关系"，如一股股暖流，让孩子们的心贴在一起，凝聚在一起。不知什么时候，那五元钱已悄悄躺在教室的过道里……

相伴二十三年，我与《河北教育》形影不离。她让我明白了教育是一场有温度的，爱与被爱的修行。她教会了我用一个灵魂去唤醒另一个灵魂，用一颗心去温暖另一颗心，用智慧去点燃更多的智慧。

《中国财政》: 滋兰树蕙　弦歌不辍

陈恒林（公务员）

一组令人感奋的数据：笔者连续三年对江苏省盐城市盐都区区镇两级基层财政干部阅读《中国财政》情况进行调研，结果显示，读过《中国财政》的占比 96.47%，保持"每天""每周""每月"阅读《中国财政》的占比分别为 23.82%、56.76% 和 14.47%，对《中国财政》持"满意"态度的占 96.44%……

一个令人欣慰的现象：笔者所在的盐都区主要负责人和财税分管负责人均将《中国财政》作为案头必备的财经类期刊。近三年，相关负责同志还将其刊发的《地方政府债务绩效管理实践与思考》《河北县域财政高质量发展研究》《山东沂南："三全"绩效管理格局初步建成》等八篇文章批转给财政局等政府综合经济管理部门主要负责同志参阅。领导同志此举带动了区委区政府"两办"阅读借鉴《中国财政》杂志等财经报刊的氛围。这在基层县区政府机关是一个颇为罕见的现象。

上述数据和现象可谓窥斑见豹，折射出《中国财政》在基层政府机关及财政部门的受众面是极为宽广的。中国百强社科期刊可谓实至名归。

守正创新，弦歌不辍

法国启蒙主义思想家伏尔泰曾说："种好自己的园子要紧。"我觉得《中国财政》就是一个很大的园子，它每期涵盖的一二十个栏目便是园中的麦穗，读者俯身即拾，粒粒饱满，是食粮，更是种子。每每翻阅《中国财政》，或浏览，或品读，或研读，含英咀华，所得独深，顿生溥博渊泉之感。透过一个个特色鲜明的栏目，丰厚内涵扑面而来。进入新时代以来，《中国财政》坚持"解读财政大事，关注社会民生"的办刊宗旨，内涵特色向新域延展，办刊品位向新质提升，贯穿其间的是鲜明的以政领财、以财辅政的站位。以"数"为媒，"数读"步履铿锵的"财政脚步"；以"据"为证，解码财政经济运行的多维变化。可谓初心如磐、弦歌不辍。

《中国财政》无疑是广袤肥沃的园中麦畦。扉页的"卷首"千余字篇幅，撰写者多半系财经领域的专家大腕、资深学者，或解读新政，或诠释理论，或针砭时弊，均斐然成章，高屋建瓴，传递出权威的声音；"地方实践""基层财政"彰显地方风采，可谓百花齐放，显现出基层财政部门贯彻新发展理念，立足区域实际扎实做好各项财政工作的探索与实践，既有省级和地市级层面聚焦财政改革发展重大方面，也有县乡基层依据自身要素禀赋孜孜以求；"调研报告"不是冗长乏味的连篇累牍，而是对深化财政改革的规律性认识和研究，极具地气，让广大读者有如坐春风、"到嘴到肚"的快意，使刊物品位增色良多；"经济纵横"反映出宏观形势与发展走势，对财税经济运行进行鞭辟入里的分析与科学预测，丰富了刊物内涵，使其更为丰盈、充实；"财政文化"寻求财政与文化的契合，彰显出期刊应有的文化底蕴，流淌着些许文艺韵味，让财政人也有舞文弄墨的"半亩方塘"……

滋兰树蕙，芳香满庭

步入《中国财政》这个芳香的庭院，闲庭信步，芳草萋萋。模仿诗人徐志摩的话可以这样说：我的财政之眼是《中国财政》教我睁的，我对财政的求知欲是《中国财政》给我拨动的，我的财政理念是《中国财政》给我胚胎的。

翻看《中国财政》的往期文章，既可谓"顶天"——来自高层的权威性，也可谓"立地"——取自基层的实践性。每期"本期专题"均聚焦主题，推出数篇重磅文章，着实有着提挈整期的"压舱石"作用。锚定当下党中央、国务院的重大决策和大政方针，精心遴选组稿，多篇文章接续铺展，在办刊思想上彰显出系统性思维，纲举目张，行动上闻令而动、尽锐出击。随着学习贯彻习近平新时代中国特色社会主义思想主题教育的深入开展，《中国财政》及时推出以"学思想、强党性、重实践、建新功"为专题的系列文章，每篇文章贯彻"学思用贯通、知信行统一"的宗旨，为全国财政系统深入开展主题教育提供了典范；每年三月的"两会"时间，相继推出"预决算报告解读""人大代表话财政"等专题，让读者在聆听高层声音、知悉"国家账本"中增强人民当家做主意识。

让人印象深刻的还有 2024 年的收官之作——"预算管理一体化实现地方预算单位全覆盖"专刊，隆重推出三十七篇文章，气势磅礴、影响深远，营造了强势推进预算管理一体化的浓烈氛围，为预算管理一体化标准在各级财政部门落细落实提供了可供复制的路径模式。

"治大国若烹小鲜。"诸如上述专题，涵盖乡村振兴、绿色发展、法治财政、绩效管理以及稳经济、促发展等关键词，统领的是一个个特色鲜明的生动案例，也是《中国财政》编辑部端出的一份份饕餮大餐。

灼灼韶华，风禾尽起

好物要分享、好刊要传阅。进入新时代，成色厚重的《中国财政》让我有了"公诸同好"的欲望，于是便有了多维度的分享路径。

每收到新一期《中国财政》，我都全面阅读，并分门别类做笔记——至今已写了三十五本之多。这些笔记连同一摞摞《中国财政》，为我撰写各类文稿平添了更多底气和自信。我撰写的领导讲话、文件、调研报告、请示汇报等各类文章，跳出财政看财政，将具体工作放置于财政大背景中，既体现大政方向，也凸显区域特色，彰显财政意识，传递财政声音，显现财政元素，也因此多次受到上级领导和财政同行的充分肯定。通过起草文稿、制发公文，何尝不是一种将《中国财政》分享传递给财政系统内外的方式呢？

同时，我还利用《中国财政》推动学刊用刊，充分释放其价值：每月一期的局机关"财苑大讲堂"上，从《中国财政》中精挑细选相关文章分享学习；依据面向年轻干部的"都财微论坛""都财读书汇"等栏目，开展专题研讨和评刊活动，交流阅读感悟与心得；将《中国财政》列为局机关"青蓝工程"对年轻干部的指定阅读期刊；在每年4月23日世界读书日前后，倡议并实施全系统读书学习活动，推动《中国财政》成为每届活动的必读书目。如今，放眼盐都区财政系统，

财政干部阅读《中国财政》蔚然成风，尤其是年轻干部更是对其偏爱有加。在纸质期刊受众面每况愈下的当下，此情此景令人快慰，也让我看到了新一代财政人薪火相传的希望。

"从《中国财政》中来，到《中国财政》中去"，这对我来说可谓是另一种意义上的"分享"。回溯过去，《中国财政》让我从起初的"教书匠"转身为"财政人"。数年来，我通过总结提炼成功实践，融入点滴思考，将对财政的热爱诉诸笔端，凝结成一篇篇文字。其间，从内容选题到文章架构，再到标题拟定，《中国财政》的编辑老师们对我的文章总是精雕细琢、不厌其烦，或点石成金，或画龙点睛。每次我都会将发表稿与原稿反复比对，用心揣摩修改意图，从中汲取营养并举一反三。如针对基层财政平稳运行这一热点，我起草了《区镇财政平稳运行：踏出"盐都路径"》一文，后经编辑老师修改并以《江苏盐都：发挥"压舱石"作用　守牢发展基本盘》为题刊于 2022 年第 10 期，避免了原稿题目与文章内容的"头重脚轻"之嫌，文中四个小标题也依据内容予以修改。2023 年，该文获评《中国财政》"2022 年度地方财政好文章"。

回眸过往，立足当下，坚守初心，放歌财苑。我有幸成为财政人，更有幸得到《中国财政》的帮助和启发。它放飞了我的财政梦想，启发我讲述一个个财政故事，书写洋洋洒洒的财政篇章。

《湘潮》的守正创新

彭岗（党史研究员）

百年党史，湘江潮涌。《湘潮》杂志是一本立足湖南、面向全国的党史月刊，创刊于 1983 年，底蕴深厚。杂志从党史热点、理论文章、党史故事、创新实践等不同向度传承红色基因，讲好党的故事，在服务发展大局中展现新作为，主题鲜明突出，是一本集思想性、政治性、学术性、可读性等于一体的优质期刊。

在多年的党史研究工作中，《湘潮》始终是我的良师益友。作为读者，我每期必读，手不释卷，与这本刊物共同成长，也见证了此刊在四十年发展历程中的坚守与创新。

守党史研究之正

作为一本高品质的地方党史期刊，《湘潮》坚守党史宣传的阵地，注重权威性和学术性，代表了湖南党史研究的最高水平，具体体现在以下几个方面：

政治站位高，思想导向正确。《湘潮》自觉为党和国家工作大局服务，发挥了主流阵地的作用。如开辟"学习时刻·跟着总书记学党史"

专栏，跟随习近平总书记的足迹讲述红色故事，鉴往知来，向史而新；在"特稿""卷首语"等栏目重磅刊发国内权威专家对中央精神、国家重大政策的宣传阐释文章以及对党史重大政策、决议的研究成果，具有相当高的理论高度，为时代存史，为历史留痕。同时把握重要时间节点，对党史、国史、军史中的重大历史事件进行宣传阐释，在相应月份推出纪念专栏或相关纪念文章。如通过"湘鄂川黔革命根据地历史价值与新时代乡村振兴""纪念罗亦农诞辰一百二十周年""纪念蒋先云诞辰一百二十周年""纪念毛泽东等老一辈革命家为雷锋同志题词六十周年"等专题，发布权威声音，引导社会舆论，发挥主流媒体的主力军作用，使党史学习教育融入日常、抓在经常。

立足学术前沿，刊发创新成果。在坚持正确导向的前提下，《湘潮》杂志不断提高理论水平和学术质量，担起了刊载党史研究成果的重任，很好地发挥了促进学术规范的功能。《湘潮》立足百年党史坐标系，刊发党史重大事件、重要人物和重点、热点、难点问题的研究成果，摘录学术著作，刊发学术课题论文和专题会议文章，如刊发湖南省社会科学成果评审委员会课题项目"毛泽东构建良好党内政治生态的理论、实践和启示研究"阶段性成果、长沙市哲学社会科学规划课题研究成果等，以坚持唯物史观和正确党史观为刊发标准，见证党史研究推陈出新。

创党史宣传之新

《湘潮》作为一个党史宣传平台，坚持探索，努力创新，在栏目和活动策划等方面，紧握时代脉搏，把握人民需求，真正做到了为人民办刊。例如,《湘潮》作为地方党史期刊始终坚持体现地方特色和大众化特征,常设"湖湘英烈""湖湘记忆""走近伟人""史事风云"等栏目,聚焦湖南各地市(州)丰厚的红色文化资源,联动各地市(州)的党史部门,将红色的湖南故事娓娓道来,内容丰富,可读性强,深受读者的喜爱;策划"吾辈问答"栏目,以对话形式呈现,让科学家、时代楷模、先锋模范等出现在寻常视角里,叙述平凡中的不平凡,贴近广大读者;《湘潮》还紧跟重大党史事件纪念活动,策划了专栏和活动,例如"纪念湘南起义九十五周年""纪念秋收起义九十五周年"专栏,"喜迎二十大征文"活动等,主动积极地与广大读者对话、互动,为期刊发展注入了源源不断的活力。

习近平总书记强调:"要虚心向人民学习、向生活学习,从人民的伟大实践和丰富多彩的生活中汲取营养。"《湘潮》在党史宣传工作中,坚持服务读者,努力探索人民群众喜闻乐见的内容和形式,真正做到了扎根人民,充分发挥了党史宣传阵地的作用。

谋融合发展之篇

《湘潮》作为有四十年历史的党史期刊,在服务中心工作的同时,又在不断地挖掘党史期刊的生命力,不断地探索传统纸媒在新时代的发展新路径。信息技术不断发展,新媒体兴起,传播方式发生了深刻的变化。《湘潮》大胆探索创新,在时代浪潮中拥抱新媒体,推进融合发展,影响力逐渐扩大。例如,期刊开辟了"红色见证""红色打卡日志"栏目,匹配音频、视频;自办《湘潮》网络平台公众号,及时发布重要文章和各类音频视频资源;在"学习强国"上线"书记讲党

史""红色云游记"栏目。《湘潮》充分尊重当下读者的阅读习惯，利用多媒体渠道，扩大了传播范围，触达了更多读者，也增强了自身的影响力，对普及党史知识、开展党史宣传发挥了重要作用。

一本好的刊物离不开辛勤付出的编辑团队，也离不开高素质的作者群体，更离不开最广大的忠实读者。作为一名专注党史研究多年的工作者，很有幸与《湘潮》这本杂志共同成长，也希望《湘潮》在未来能不忘初心，始终以"传承红色基因，讲好党的故事"为办刊宗旨，认真贯彻落实习近平总书记"推动党史学习教育深入群众、深入基层、深入人心"的重要指示精神，做好党史、国史宣传，传播主流价值，切实发挥资政育人功能，为广大读者提供更多健康的精神食粮，书写新时代守正创新的新气象、新篇章。

《半月谈》: 从简朴文字中感受不一样的力量

赵文瑜（科研及推广人员）

　　我喜欢文字，喜欢用文字表达思想、抒发情感，我认为《半月谈》的文字拥有一种惊人的力量，它能让无力者有力，让悲观者前行，让迷茫者思考，让绝望者重生。每次与《半月谈》相处就像一段有趣的社交，它的文字既通俗又具有引导性，能够让我代入我的情感、我的精神，我想这大概就是"凉白开最解渴，大实话才动人"的道理吧。如此心境，无论阳光灿烂，还是阴雨绵绵，总有《半月谈》与我相伴。

　　遇见和发现一个全新的自己。高中时期，我对文字充满了渴望和好奇，以至于拿到书就要畅读一番。那时候故事性强的内容更能吸引我，有时候，读某句话仿佛与自己的心曲和鸣。偶然一次，读了刊登在 2008 年第 1 期题为《喝的是苦水，绽放的是美丽》一文，文中描述高秋莉出身贫寒，却从不怨天尤人、自暴自弃。她年龄不大，却尝尽了人生"五味"，一下子改变了我之前的看法，原来有的人真的像是巨石下顽强生长的小草一样疾风劲草，自强不息。从那以后，《半月谈》将我引上了一条全新的路，其刊登的内容对我的震撼之大，使我的心灵来不得半点怠慢，想要将灵魂寄托在文字上，立在文字之中获取力量。

放大格局，站得更高看得更远。《半月谈》以"新、准、深、活"的"谈风"吸引着我，自高中以来，《半月谈》深深影响着我的学习和生活，某个时段我甚至由"半月一谈"变为"天天谈"。记得曾经跨专业考研时举棋不定，到底是选择能够开阔自己视野与迎合国家未来发展需要的专业，还是利用专业优势继续深造？不同的声音一直使我迷茫和焦虑，这时候《半月谈》给我指明了方向。到现在我还记得当时看到这篇文章标题时澎湃的心情——《赢得挑战就赢得机遇》一文描述了党中央深刻分析国际国内大势做出的重大战略判断，抓住和用好战略机遇期，将对我国全面建成小康社会起到关键作用。文字背后也传达出要正确地认识机遇，才能抓好用好机遇这层意思。这时我充分认识到考研是一次机遇，跨专业就是一次挑战，机遇与挑战并存，困难与光明同在。此后，我不再把它当作一个专业、一门知识了，而是当作一种希望、一束照进生命里的光，充分利用当前的有利条件，应对新挑战，以更大的勇气和智慧，脚踏实地、坚定实施，赢得新机遇、实现新跨越。之后再面临选择，我都会把个人理想追求融入党和国家事业发展中，科学定位、校准和实现个人理想追求，由内化于心向外化于行积极转化。

自我迭代，成为更好的自己。《半月谈》的文字是有温度的，可以支撑一个人走很远的路，它的陪伴使我不断探索内心本有的"般若"，感受贯穿灵魂的精神力量，这显然拓展了我认识世界的方式，让我明白完全可以通过阅读这样的方式来不断地看到一个更大的世界，成为一个更好的自己。《半月谈》于我而言不仅仅充当着时代思想的传播者，还担当着"时政讲解员"。它犹如一座灯塔，为我起着重要的导向作用，帮助我关注时事政治，了解形势与政策，更好地理解社会和世界。在这一基础上我不断地去学习新知识，发现新问题，主动探讨解决问题的方法，规划自己的未来，并在个人层面上做出更明智的决策。

一以贯之的初心与深情。《半月谈》自1980年创刊至今已有四十多个年头，这四十多年来，《半月谈》的刊物样貌在变，内容不断丰富，创办了《品读》《时事资料手册》《半月谈内部版》，同时，传播载体和路径在变。《半月谈》创新打造了一系列线上产品、项目、活动，包含网站、微信、微博、客户端等，《半月谈》正朝着面向基层的一流新闻信息全媒体机构目标大步迈进。另外，话语方式也在变，《半月谈》利用"党建 + 时政 + 政务 + 服务"优势，有针对性地为高考、公考、研究生考试和干部培训等用户提供时政学习和考试服务，让学生也成为刊物受益者和传播者。《半月谈》始终不变的是刊物的三大优势"基因"——面向基层、以谈取胜、大编辑部。

与《半月谈》结缘的十几个年头里，我度过了学生时代，迈向工作舞台，努力成长为工作能手。无论何时，我对《半月谈》始终保持着一以贯之的初心与深情。

感谢《半月谈》这么多年的陪伴，哪怕是简单朴素的文字，也总是能带给我不一样的力量。

那一年，我与你相遇。

这一年，我们的故事未完待续……

我与《高中生》的廿载情缘

甘健（教师）

我们乡下有个习俗，初生婴儿碰到的第一个陌生人一定要拜为干爹或干娘，以示一种对缘分的敬意。我不敢以长者自居，但我对《高中生》杂志确乎有这种亲切感。

结缘《高中生》要上溯到本世纪初，那时我刚从一所职业中专调到沅江二中教语文。沅江二中是我的高中母校。时光打个转儿又折了回来，熟悉和陌生在此交汇，一时竟有恍惚之感。学校地处洞庭湖腹地，伴堤，邻河，涛声静谧，岁月如常。

可有些东西注定是没法安稳的，比如波澜壮阔的青春，比如横冲直撞的梦想，比如对表达和抒发的渴望。

多么希望有一个平台，集结起那个年龄、那个年代独有的轻愁、微苦，以及我们无处安放的热情。《高中生》于彼时呱呱坠地。初生的她不是怯生生、羞答答地打量这个世界，而是一开始就展现出盎然的生机。她组织的几次颇具规模的作文大赛让我记忆犹新。

那天，教研组组长递给我一本杂志，正是带着"乳香"的《高中生》，清新淡雅的封面很快吸引了我。上面刊登了一场作文赛事的获奖名单——就是我们前一阵兴师动众、紧锣密鼓组织学生参加的那场比赛。当时我选了四篇文章交上去，最终一个学生获得了全省二等奖。他笔画繁多的名字在一众黑压压的获奖名单里，站在相对靠前的位置，好似有往前面挤的冲动。

同窗的名字被印在杂志上，对其他同学而言，是一条新闻，他们眼睛里被点亮的，不仅仅是羡慕，还有一种激动。我们师生好像一瞬间找到了一个共同的目标。自此，大量优美的诗词文章被我们请进课堂，我们的情感和思想，还有脱口而出的名言警句，在这方寸之地野蛮生长，枝繁叶茂。一个大男孩率领一群农村小孩子穿行在诗一样的语文课堂里，日子饱满得要滴出汁来。

学生中爱好写作、渴望写作又写得好的同学越来越多。我重阅读、重写作的教学特色和教学风格也慢慢形成。不久，就有一篇学生习作在《高中生》杂志发表。二十多年过去，我对那篇名为《甜甜的甜酒酿子》的文章依然印象深刻，小作者叫王山，后来他成为学校当年为数不多的考上一本大学的学生之一。

记得那时班上有两个同学订了《高中生》，加上我那份，三份杂志在班上被同学们传阅得封面"疲惫"，纸张"憔悴"。

如果你现在来我家做客，我数十年收集起来的发表了学生作品的样刊已在书柜里倚叠如山，学生作文比赛获奖证书的复印件拼起来差不多可以将我家客厅的地板铺满。

也正是当时的《高中生》杂志，刊登了一则与《光明日报》联合举办的"我的高中生活"征文启事，这次征文面向全社会。我借用了之前一个同事亲身经历的故事，用第一人称写成了一篇题目叫《又见芍药》的抒情散文。这篇文章后来发表在《光明日报》，并获得比赛的第二名，排在我前面的是著名作家韩小蕙。小小的成功唤醒我内心蛰伏许久的对文学的激情。以我的经验和理解，一个优秀的语文老师首先应该是一个文学爱好者，如果同时还是一个合格的写作者，那就更加难能可贵了。

2004 年，翻过年坎，我调到益阳市一中。市一中学生基本上来自城区。城市的孩子比农村孩子性格活泼、视野开阔，拥有更好的语文素养。学校当时有一个驰名远近的文学社，文学社和社刊共用一个名称——"桃花仑"，社刊很精美，一大批才华横溢的学生在上面挥墨驰骋。

像故旧重逢，我在文学社订阅的报刊里一眼认出了《高中生》，此时它已经成了一份拥有几十万订阅户的大刊，她从一个青涩稚童长成一位娉婷少女。其时，在中学生各大作文赛事中颇具影响力的中国中学生作文大赛已然席卷全国，湖南赛区的承办方正是《高中生》，学校语文老师都以十二分的热情组织、辅导、改稿，干劲冲天。

2013 年 4 月的一天，我以获奖学生辅导老师的身份走进了《高中生》编辑部。接待我的编辑叫肖雄杰。一聊起来，方知他也是益阳人，并且曾经和我一样是教师。雄杰身上有侠士之风，也颇有振臂一呼、应者云集的气魄。我们后来从普通的编读关系中跳出来，成为可以推杯换盏、称兄道弟的好朋友。

那天，雄杰搬出一大摞新出的杂志堆在我面前，和我交流了他办刊的许多感受和新点子。一册《高中生》在手，沉甸甸的，在自己娘家，她的雍容和大气，扑面而来。

应该感谢《高中生》杂志，傍自己学生的洪福，我混在湖南赛区获奖学生和指导老师的队伍里，登上了飞机。我们的目的地是天津外国语大学。此行的学生全部是作文全国一等奖获得者，去天津是为了角逐最后的"文学之星"。这是我平生第一次搭飞机，也是第一次抵达长江以北的地方。不比江南春尽，气温早已转热，四月的天津春寒犹在，料峭的风扑打着我风尘仆仆的脸，但感觉到的竟然是一种说不出的惬意。

2014 年，我的又一弟子杀进决赛，可惜因临近高考而被迫放弃。

2015 年，学生方圆进了决赛，我们这次去的是上海。我成了《高中生》编辑部的常客，很多编辑成了我的朋友。这份杂志激发学生写作兴趣、为学生搭建成长平台的作用越来越凸显出来。在"惟楚有材，于斯为盛"的星城长沙，一群浸润着屈骚贾赋遗风余韵的期刊人，将他们蓬勃的锐气和"霸得蛮"（湖南方言，形容人个性霸气十足，还有一股不服输的拼劲）的干劲完全坦露在我眼前。

上海之行在我寥落的旅行记录里再次留下浓墨重彩的一笔。我一生拙于行走、见识浅陋，如果不是借由大赛契机，我这一辈子去天津、去上海的可能性真的值得怀疑。

雄杰后来转岗到报业集团的其他部门去了。《高中生》的掌门换成了曾向宇。较之于雄杰的粗犷，向宇是一位温润如玉的"暖男"。但在工作激情及待人接物的热忱上，两人殊途同归。每逢杂志社举办活动或赛事，向宇都会私发一份通知给我。杂志社几乎所有的比赛，我的弟子们都能分到一杯羹，学生们的文章也频频见于杂志。记得在一期尘衣老师主持的栏目里，我的学生们一次性就发了四篇文章。

我对《高中生》渐生信任甚至依赖。通过这个媒介，我了解到高中生的写作状况和写作动态。《高中生》也成了我把握语文高考动向及备考复习的一份工具性杂志。有一次，我对向宇提了一个不情之请，希望他把杂志近两年刊发的所有关于高中语文教学和复习的论文发给我，以作备课之用。他毫不犹豫地答应了，但要我等一段时间。我其实立马就后悔了，我平生最怕麻烦人，偏偏眼下就做了一件最烦人的事情。我选择性地忘记了这件事。一日，突感手机震了一下，一个庞大的文件夹落进来——是向宇发来的，他该是整理了多少天才凑齐这份厚实的材料啊。

如果把《高中生》比喻成一个会客厅，在某种程度上也是恰当的。通过这个平台，我还认识了许多优秀的同行。他们和我一样，深耕语文教育，在作文教学上颇有心得。2019年杂志社组织全省各学校文学社辅导老师开了一次隆重的茶话会。在纸页上神交许久的朋友终于有机会在现实中握手。一本杂志，既是一座知识的宝库、一个洞察世界的窗口，还成了一座沟通的桥梁。

你要了解一份杂志的品性，最好的方法其实是去看看杂志背后的人。雄杰、向宇、尘衣、江妙、冯琪、凯迪，如今稳稳占据我微信的显著位置。一群热血的湖湘报人，一个能写会编的敬业团队，我常常隔着屏幕揣摩他们的一颦一笑。

人说教学相长，在学生写作热情的催动下，搁笔多年的我也重拾起那支笨拙的笔。我在作为一个传播者的身份之外，又多了一个若隐若现的身份——创作者。生命之船早已过了激流险滩，如今我的文字，已经褪去早年的稚嫩，有了不一样的质地。我深知老师的上限决定了学生的上限。我希望以我的优秀成就学生的优秀，因我的努力而使学生少走弯路。

我还有七八年就要退休了。最初的几拨弟子相继有好几个登上讲台，用和当年的我相似度颇高的风格指点江山，激扬课堂。我会老去，但我的徒子徒孙及子子孙孙无穷匮也。希望《高中生》永远年轻，成为照亮学子成长之路的火炬。

三年与三十年

——我与《世纪风采》的故事

张晓东（公务员）

我与《世纪风采》结缘是在三年前，可谓"一见钟情"。

2019 年元月，我有幸参加江苏省纪念瞿秋白同志一百二十周年诞辰活动——"新时代传承弘扬瞿秋白革命精神"研讨会，聆听了许多专家学者关于研究瞿秋白生平事迹和革命精神的发言，尤其是《人民日报》原副总编辑梁衡《大力弘扬瞿秋白的觅渡精神》的发言，不仅加深了我对瞿秋白先烈的感知，还拓展了我对文史类文章写作的思维，更触动了我要讴歌瞿秋白事迹的愿望。

2020 年 6 月初，在瞿秋白英勇就义八十五周年前夕，我根据忠良博物馆陈列的《国闻周报》（1935 年 7 月 8 日出版）上刊登的《瞿秋白访问记》一文，结合我对瞿秋白的基本认知和对篆刻的粗浅了解，用心用情写了一篇长文《"狱印"背后凝结着信仰的力量》，尝试从一个全新的维度解读瞿秋白。我觉得这篇凝结了汗水和泪水的文章应该分享给更多人，让他们知道世间还有瞿秋白这样坚定、无畏、纯粹的人，知道世间还有为了信仰可以放弃厚禄、爱情和生命的共产党人。可是，作为一个党史"票友"，过去只是喜爱阅读党史类文章，却从未想过自己撰写，更没想过发表出来，故对于投稿"门道"一窍不通。

茫然之中，我想到了一位积极鼓励我投身党史编研工作的党史专家，便将拙作发给她，请她看看有无投稿的价值。该专家肯定了我的文章，并告知："稿子已送江苏的《世纪风采》杂志。"原以为，这只是专家对于我这个"票友"的精神鼓励。没想到，2020年第10期《世纪风采》竟然刊登了我的这篇文章！更没想到，这篇文章发表一个月后，登上了"学习强国"平台。

从此，我与《世纪风采》结缘。

2021年是中国共产党成立一百周年，举国上下都在以不同的方式迎接和庆贺这个光辉的日子，我也以自己力所能及的方式积极投身到这个火热的活动中。我以忠良博物馆陈列的王金昌先生收藏的有关"南湖红船"复制过程的资料为基础，写了一篇有关"南湖红船"是怎样再生的长文。文章完成后，我直接投给了《世纪风采》。

不曾想，在没有"拐棍"的扶助下，惊喜再一次降临到我的头上——我的文章荣登2021年第1期《世纪风采》。借助《世纪风采》鼓励的东风，我又写了一篇有关瞿秋白的文章《铁肩文人瞿秋白》。文章完成后，我再次直投《世纪风采》。在当年的第6期杂志上，我看到了自己的这篇文章。欣喜之余，我给《世纪风采》执行主编聂红琴发微信致谢："承蒙厚爱，我的'瞿秋白三部曲'终于完成了。十分感谢！"聂主编询问："三部曲？另外一篇是什么？"我告诉她，

我从不同角度写了三篇关于瞿秋白的文章：《秋白素描》《"狱印"背后凝结着信仰的力量》和《铁肩文人瞿秋白》。《秋白素描》刊登在了《档案春秋》杂志上。

承蒙《世纪风采》厚爱，在不到一年的时间里，我的文章在该刊"连中三元"，无疑给予我莫大的动力。

2022年，我将自己的精力都投入了"传播红色文化，赓续红色血脉"的洪流中，在《世纪风采》上发表了《从〈青年实话〉的"豆腐块"文章看历史的蝴蝶效应》《李大钊被捕地到底在哪儿？》和《恽代英为什么能赢得政见不同者的赞颂》三篇党史类文章。《李大钊被捕地到底在哪儿？》得到了李大钊嫡孙李亚中先生的赞许并转发，《恽代英为什么能赢得政见不同者的赞颂》被举荐到"江苏省首届主题好文章评选"活动中。

2023年开年不久，我的《"赣南三整"前后的朱德》一文又被《世纪风采》第3期采用。在井冈山胜利会师九十五周年之际，该文被《世纪风采》微信公众号再度传播。

三年来，每年我都有文章在《世纪风采》上"露脸"。为此，有朋友问："你的文章连投连中，《世纪风采》怎么如此偏爱你呢？"我跟友人说，《世纪风采》对我是"厚爱"，而不是"偏爱"。据了解，《世纪风采》对于每篇投稿是否刊用，都要经过杂志社全体编辑的审核和讨论，是集体决定，绝无"偏门左道"可寻。

如果一定要说《世纪风采》对我有"偏爱"，那就是他们阅稿、审稿、用稿的眼光与寻常刊物不同，总能独具慧眼，发现和捕捉到我文章中的"新元素"。党史类文章难写，难在史实和求是；领袖人物文章更难写，难在出新和分寸。党的领袖人物、革命的先驱无一不被专家学者反复书写，如何才能使自己的文章在芸芸众生之中脱颖而出？除了史料新，就是角度新，还有文笔新。我借助在忠良博物馆工作的经历和游走于工农兵学商政各界的阅历，或挖掘新史料，或开启新角度，从而提出新观点，以小见大，进而用饱含情感、独自思索、语气平和的笔调书写，尽力做到以真示人，以情动人，以理服人。

如果一定要说《世纪风采》对我有"偏爱"，那就是他们看人、识人、用人的胸怀与寻常刊物不同，他们从不"以貌取人"。我既不是专家学者，也不是业内人士，只是一个无任何头衔的党史"票友"，可他们在用稿时，从没戴"有色眼镜"看作者出身，只以文章品质论"成败"。业余作者投稿难中，既难在没有经过专业学习和训练，更难在没有耀眼的"身份"和熟悉的"门道"，常常因为"人微言轻""衣冠不整"，或被编辑"拒之门外"，或被编辑"弃之敝屣"。如何才能使自己的文章在严苛的编辑面前"不被忽视"，除了"打铁还需自身硬"，更在于能遇见怀有平等、公正、包容之道的编辑部。

圣人曰：三十而立。我与《世纪风采》三年的交集，深切感悟到它为何能乘风破浪走过三十年，深切感受到它为何能独辟蹊径赢得读者喜爱三十年，深切感觉到它为何能在纸媒步履维艰的时代屹然而立！因为它总能透过现象看本质、总能站在高处看远方、总能设身处地看读者、总能大道为公看作者，所以在纸媒大浪淘沙的红海中，它能昂首屹立。

与《世纪风采》三年的交集，我深信"而立之年"的《世纪风采》

在时代的洪流中，势必以自己独到的视角、独特的风格、独有的胸怀"展世纪岁月峥嵘，现风采神州辉煌"，百尺竿头更进一步，以辉煌的业绩迎接下一个三十年。如果上苍能再给我三十年，我愿以自己的绵薄之力陪伴《世纪风采》一起成长。

我与《中国妇女》"情缘"长

谭芳（律师）

    我与《中国妇女》"情缘"很长。中国期刊协会与中国新闻出版传媒集团共同开展"期刊阅读新时代——分享好刊，阅读有我"主题征文活动，勾起了我对桩桩往事的回忆。

    初识这本杂志是在新世纪开始的那一年，当时全国人大正酝酿修改 1980 年婚姻法，而我刚刚从事法律工作，一直关注修法动态。那时的互联网不像如今这样发达，我的很多信息都是通过报纸以及期刊的深度报道来获得的。我记得，在 2000 年底《中国妇女·法律帮助》结合婚姻法修改这一背景，连续推出了"面对第三者，该去哪里讨公道？""离婚，各抒己见说'过错'""配偶互相忠实：法律还是道德？""夫妻约定财产制，你了解多少？"四期话题讨论。而在 2001 年《婚姻法（修正案）》通过后，《中国妇女·法律帮助》又陆续刊发了"万贯家产，胡海英能分到吗？""一个离婚女人的意外收获""女教师巧被空城计"等离婚与财产分割系列报道。这些报道，让我深切感受到，有效保护女性在婚姻以及离婚过程中的合法权益，仅仅有法律救济是不够的，对于婚姻以及夫妻共同财产，女性要提高"法商"，

要有经营、管理的意识。

因为共情，我办理婚姻家事案件时，总是慎之又慎，特别是看到女性陷入离婚旋涡受到伤害，我总想做更多的事情去帮助她们。

成为执业律师后，我的业务起初以打离婚官司为主，我发现有很多女性在婚姻中有困惑，有些甚至没有勇气走进法院离婚。于是，我创作了《婚姻三重门》《智慧女人的法律学堂》等书籍，希望能帮助更多不幸的女性。

在婚姻家事法律领域深耕，让我与《中国妇女·法律帮助》有了更深的交集。2011年8月，最高人民法院《关于适用〈中华人民共和国婚姻法〉若干问题的解释（三）》正式实施，一些条款在全社会引发热议。婚姻法律的规定与时俱进，女性应该如何学法用法？我收到了《中国妇女·法律帮助》的采访邀请，通过真实案例，提醒女性读者要有风险防范意识。于是，有了《用心经营婚姻，别忘了未雨绸缪》一文。我从阅读者，变成了杂志的受访者。

在此之后，我们频频"牵手"。

随着人们生活水平日益提高，社会发展与科技进步带来一系列新问题，"代孕"成为一种新的社会现象，强烈冲击着社会伦理、道德与现存的法律制度。2016年，我代理的全国首例代孕龙凤胎监护权案终审落槌，受到广泛关注。案件二审时，我找到法律空白点和改判的破局点，促成了我国判决书中首次引用联合国《儿童权利公约》条例。《中国妇女·法律帮助》一路跟随，刊发了深度报道《代孕风波落幕，龙凤胎重获母爱》。那一次采访，我用一种最直白、最贴近女性读者的语言讲解了"代孕"相关法律风险，虽然我帮助龙凤胎母亲"阿琳"

打赢了官司，但我也坦言，在我国尚未有"代孕"相关法律制度的前提下，我不希望看到下一个"阿琳"。

《中国妇女·法律帮助》是全国妇联机关刊，而我办理维护妇女儿童权益的案件过程中，也一直与妇联组织保持着密切的联系。2016年，作为上海群团改革的一项创新，徐汇区律师界妇女联合会正式挂牌成立，这也是全国首个律师界的妇联组织，我有幸当选为徐汇区律师界妇联主席，参与并见证了妇联组织进一步向基层延伸、向社会扩展。当年10月，我荣幸当选为中国妇女十二大代表，我开始思考如何在组建巾帼律师志愿团、参与妇联组织的法律援助窗口等工作基础上，进一步推进妇女权益保障工作的落地实施。

那段时间，《中国妇女·法律帮助》的采访对我有很大启发。在采访中我谈道：妇联组织就像一块充满吸引力的磁石，把妇女姐妹凝聚在一起。在信仰法律助力女性成长的路上，我们这些各有所长的志愿者，都汇聚在妇联组织周围，找到了前进动力，找到了服务姐妹的快乐，也愿意自觉担当使命。

后来《中国妇女·法律帮助》改名为《中国妇女·法律生活帮助》，我们依然保持着紧密的联系。我们共话《中华人民共和国民法典》的诞生，第一时间完成普法文章《典亮婚姻，守护权益与幸福》；我们共谈《家庭教育促进法》出台，提醒父母如何"依法带娃"；我们共盼《未成年人保护法》《妇女权益保障法》的逐步完善，为妇女儿童权益立法的每一次进步鼓与呼……

2023年10月，在中国妇女第十三次全国代表大会上，我荣幸当选为全国妇联执委、全国妇联第十三届常务委员，这是一份光荣而沉

重的责任。从一个人的努力到带领更多女律师群体关注妇女儿童权益，其中发生了很多故事。一路走来，感谢有《中国妇女·法律生活帮助》的记录和陪伴。

在我看来，《中国妇女·法律生活帮助》是连接全国巾帼法律人的有力平台，我期盼未来能继续和这本杂志同心同行，共同以专业力量为妇女儿童权益保障事业添砖加瓦，助力男女平等基本国策深入人心，引领更多读者为美好生活做加"法"。

读《中国粮食经济》：任何时候都不能放松粮食和物资储备这根弦

杨文军（公务员）

前不久，我去了一趟大诗人艾青的故乡——浙江省金华市金东区傅村镇畈田蒋村。在艾青故居和旁边的小广场上，随处可见诗人的名篇名句。"为什么我的眼里常含泪水？因为我对这土地爱得深沉……"这是诗人深情的表白，也是最能引发读者共鸣的诗句。站在这诗意流淌的村庄、站在这片厚重多情的土地上，我手里拿着最新一期的《中国粮食经济》杂志。

随着年龄增长，我对土地、粮食和陪伴自己成长的家人、书籍报刊越发爱得深沉。在经常阅读的报刊中，《中国粮食经济》杂志是我比较喜欢也特别看重的期刊之一。它纵论粮事、交流粮情、秉持粮心，内容丰富、信息量大，既有专业性、权威性，又兼顾普及性、可读性，既有理论文章、学术科普，又有"市场监测""行业文化""信息公开"等栏目，再加上"储备管理""法治粮储""安全生产""应急保障""科技兴粮"等专业板块，每每读来，感觉充实又过瘾！一期期取材广泛、精心编辑、图文并茂的杂志就是一座座政策粮仓、理论粮仓、知识粮仓、文化粮仓，让人收获满满。精神食粮与粮食和物资一样，都需要储备和积累。有了足够的词汇量和知识储备，写文章就会思如泉涌；有了充足的粮食和物资储备，要作一篇国强民富的大文章，就会胸有成竹。多年与《中国粮食经济》相伴同行，这本杂志已经成了我离不开的良师益友。我经常会期待着新一期的杂志发刊，渴望第一时间看到，像盼着一锅香喷喷的饭，细品杂志用书香墨香送来的麦香、米香、豆香……

"乡村振兴"是我持续关注的栏目。在脱贫攻坚阶段，我曾经到吉林省延边朝鲜族自治州龙井市挂职帮扶两年多，与当地农户结下了深厚友谊。我把《中国粮食经济》杂志推介给种粮大户、致富带头人，深受他们欢迎，杂志成了他们种粮、售粮、储粮的宝典秘籍。《中国粮食经济》贴近实际、贴近生活、贴近群众，不仅把粮食和物资储备的信息、技术送到了田坎上，也把国家粮储政策的温暖送到了农民心坎上。我曾经问一位农民朋友这本杂志哪里好，这位憨厚的汉子说得很实在，一共七个字："看得下去，用得上。"在获取信息来源十分广泛的今天，这七个字，是对一本杂志很高的评价。《中国粮食经济》就是这样一本杂志，能够在乡村振兴中真正发挥作用，能够得到老百姓的真心认可和欢迎，比什么都强。

"优粮工程"栏目总是让人充满期待。这些年，绿色优质粮油产品供给不断增加，农民增收、企业增效、消费者得了实惠。平时下班后，我喜欢去逛逛超市，真实地感受一下粮食、蔬菜的市场形势。如今市场供应充足，农产品品质也不断提升，过去的很多"贡米""贡果"早已经走进了寻常百姓家，大家都吃上了放心的"中国好粮油"，正在由

"吃得饱"向"吃得好""吃得健康"转变。

"节粮减损"是需要全社会共同关注的话题。崇尚节约、反对浪费是从小父母教育孩子的话。勤俭节约、崇俭戒奢，也是我一直对自己的要求，已经养成了习惯。二十多年前，我曾经作为西部计划第一批志愿者到云南省文山壮族苗族自治州麻栗坡县从事志愿服务工作，在那里亲身感受过在山地夹缝里种植庄稼的艰辛。中国人口众多，实现从粮食短缺到粮食充足供应的飞跃，实属不易。"一粥一饭，当思来处不易；半丝半缕，恒念物力维艰"是粮食和物资储备系统人刻在心头的格言。"珍惜每一粒粮食，不负每一分耕耘"是《中国粮食经济》杂志多年来持续传递的理念。

"敬老有福，敬土有谷。"中国人推崇"百善孝为先"，认为孝敬老人，会得到福报；同样，人们敬畏土地，大地母亲也会拿出百倍千倍的谷物作为回报。中华民族自古以来就有孝敬老人、敬畏土地的传统，同时也有储备粮食和物资、居安思危、未雨绸缪的意识，并且一辈一辈传承下来。有时觉得《中国粮食经济》杂志有点像我的老母亲，总是担心我吃不上饭，总是叮嘱我不要大手大脚、不要浪费粮食，总是嘱咐我要存点东西以备不时之需。

"洪范八政，食为政首。"粮食和物资储备是既"顶天"又"立地"的大事，其重要性不言而喻，再怎么强调都不为过，需要月月讲、年年讲、反复讲。粮食和物资储备系统的同志，为祖国守仓、为人民管库，责任重大、使命光荣。守着一座库，连着千万家。对老百姓而言，"手中有粮，心里不慌"；对国家而言，"仓廪实，天下安"。守住管好"天下粮仓"和"大国储备"是千钧重任，是天大的事！任何时候都不

能放松粮食和物资储备这根弦！

"悠悠万事，吃饭为大。"国以民为本，民以食为天，吃饭从来都是头等大事。节假日，我有时会去农家乐，每次都会点一道广受好评、经济实惠又美味可口的菜——大丰收，有的地方是蒸一笼屉玉米、毛豆、花生、南瓜、山药、土豆、红薯……到东北菜里再加上排骨、粉条，炖上满满一锅，热气腾腾，那叫一个香！"大丰收"虽然不是什么山珍海味、名贵菜肴，但人间稻粱味，最抚凡人胃。这些普通的、平凡的、家常的食物，是人们长期食用、反复挑选、沉淀过滤后保留下的最适中、最平和、最温润、最滋养的。

最香不过家常菜，最暖不过粗布衣，最美不过丰收景。吃饱了饭，我捧起一本《中国粮食经济》杂志翻看，不知不觉睡着了，做了一个梦：梦里充满了谷物的芬芳，高粱红了麦子黄，五彩斑斓的丰收画卷在广袤田野上铺展，一张张笑脸洋溢着丰收的喜悦，一座座粮仓、一排排库房积蓄着伟大复兴的力量……

品读《咬文嚼字》，精进"审编校"

蔡华林（编辑）

初识"咬文嚼字"，它仅被视为一个汉语成语而铭记；再识"咬文嚼字"，它已然成为一本汉语言文字期刊而受无数读者拜读。

追昔，偶遇《咬文嚼字》，纯属巧合。多年前，在一次漫不经心地翻阅《期刊订阅目录》时，不经意间惊奇地发现：竟然有刊名为"咬文嚼字"的杂志，太不可思议了！顿时就不假思索地下单订阅了《咬文嚼字》。自此，与《咬文嚼字》结下了不解之缘。

抚今，品读《咬文嚼字》已十载有余，获益颇多。每逢接到《咬文嚼字》的纸质样刊，便迫不及待地对"火眼金睛""向你挑战"等栏目小试牛刀，如饥似渴地研读"百科指谬""借题发挥""有此一说"等栏目的文史知识及生活常识类佳文，全神贯注地品味"热线电话""一针见血""文章病院"等栏目对编校差错方面的辛辣点评，闲庭信步般欣赏"追踪荧屏""时尚词苑""谈联说谜"等栏目的经济社会文化领域的美文。

作为一份不可多得的案头书和参考资料，《咬文嚼字》始终陪伴左右、形影不离，办公桌前摆放、卧室床边堆叠，可毫不夸张地称之为

"良师益友"。

一言以蔽之，多年来，品读《咬文嚼字》的经历和体悟得到的启迪是：《咬文嚼字》在高质量"审编校"论文及创造性办好期刊方面蕴含了众多行之有效的镜鉴。

从微观层面看，高质量"审编校"论文务求践行"字正、句通、文顺"六字箴言。也就是说，对刊发的论文而言，"字正"是要确保文中的汉字及其他字符正确、无误，"句通"是要确保文中的语句通顺、流畅而没有语病，"文顺"则是要确保行文的思路清晰、逻辑严谨、层次分明、结构完整。目前，不管新投递的稿件还是已发表的论文，文中"字不正、句不通、文不顺"的现象屡见不鲜，质量堪忧！比如，"邻近空间"误为"临近空间"；"代入公式"误为"带入公式"；"假定企业的多个出口片段互不相关"误为"将企业的多个出口片段当作互不相关的存在"；"这些地区通常在经济、政治等方面具有显著的比较优势"误为"这些地区通常在经济、政治等方面具有周边地区不存在的优势"；等等。面对诸如此类在互联网时代司空见惯的表述上的瑕疵，"六字箴言"亟须牢记心头且多自省，唯此方能严控论文、期刊的差错率。

从中观层面看，高质量"审编校"论文及创造性办好期刊务求体现"美观、大方、得体"六字真谛。论文的可读性，若抛开其"内容"暂且不谈，满足其"形式"上的美观大方、协调统一的要求亦不可或缺。这里，以《财经论丛》的论文为例，其前端部分包括题目、作者及其署名单位、摘要、关键词等，中间部分包括图形、表格、公式、行文内容等，后端部分包括参考文献及英文（与"前端部分"相对照）。前、后端部分及中端部分的行文内容主要通过字体、字号、加粗否、居中（缩进）否、间距、空行等方式实现差异化的对比效果，从而获得错落有致的美感体验。中端部分的图形包括图名和图体并由计算机绘制或软件生成，表格包括表名、表体及表注且系"三线表"，三者主要通过线条（方框）的粗细、方向（水平和垂直）的齐平或居中、前述对比效果的做法等途径呈现一定的区分度，以便一目了然且精致有加；公式一般按照斜体编排并添加序列号，超长时换行并在缩进处齐平，超宽时以斜线或其他数学符号来替换、改造，在节省篇幅的同时又不失功效，实乃"两全其美"。此外，在行文内容中嵌入图形（表格／公式）时，避免制造阅读上的障碍并尽量减削论文的篇幅，如此才可誉为"得体"。

从宏观层面看，创造性办好期刊务求具备"最前沿动态、前瞻性眼光、国际化视野"的远见卓识。选题新颖、观点独到，既是一篇论文精彩、亮眼的"魂"（"三审制"中初审的基本要求），也是一本期刊脱颖而出（针对学术期刊这一"丛林"来说）的"根"。在创造性办刊的实践中，需密切跟踪并全面掌握国内外学术研究相关领域的最新动态、前沿成果及发展趋势，前瞻性布局、拟定下一年度的研究议题指南或方向，引领或驱动学术界深入探讨经济社会的热（焦、难）点问题，打造成为优质稿件的发源地和学术交流的"新高地"，正所谓"问渠那得清如许？为有源头活水来"。与此同时，在稿源、专家遴选（包括国外学术顾问和期刊编委、国际栏目主持人和匿名评审人）上拓展国际化道路，通过参与国际学术研讨会、开办学术工作坊、同行（学术界和期刊界）推荐学者等举措，秉持"走出去、请进来"的开放办刊原则；在期刊的学术影响力和社会美誉度的传播上构筑国内、国际"双通道"，依托期刊的官网及微信公众号、国内大型数据库（如中国知网、万方数据、维普资讯等）、论文汇编辑刊（英文版）等数字化平台及媒介，推进国际化办刊理念落地生根。

常言道：知之深，爱之切！我国知名作家张贤亮在其小说《绿化树》中提及："生活中任何一个举动如果经常反复，都会成为一种习惯；人不由自主地要受这种习惯支配……"现如今，品读《咬文嚼字》已成为我个人的日常习惯，我从中深深领悟到学无止境。憧憬未来的如歌岁月，或许《咬文嚼字》的品读孕育着学术期刊编辑工作的新愿景：既要看到一篇篇论文的"树木"，又能望见一本本期刊的"森林"，还可遥思自己内心世界的"湖泊"！

《老人世界》：老年读者的良师益友

王浩（编辑）

习近平主席 2023 年 11 月 24 日致信祝贺世界中国学大会·上海论坛时指出，溯历史的源头才能理解现实的世界，循文化的根基才能辨识当今的中国，有文明的互鉴才能实现共同的进步。

以文化为脊，传统文化为血脉，传承中华传统文化精髓，这是时势所趋，也是顺势之为。

作为经常关注老龄事业的人，我长期阅读一本杂志，那就是在传统文化濡养下，文化视野在空间上跨越，在时间里纵横，历经新旧世纪交替，在读者间赢得广泛赞誉的有着三十五年刊龄的《老人世界》。《老人世界》是河北省老干部局旗下的针对老干部、老年群体的刊物。

岁月缱绻，葳蕤生香。老年读者久经历练，他们的人生经历、学识修养，并不输于中青年读者。该杂志所选用的文章，需要契合老年读者的精神追求、文化内涵，做到这一点并不容易。正襟危坐论道，不如推心置腹，全从心底自然流出者更佳。《老人世界》的编辑深谙此道，博学有识，用情也真，选用的文章，多有清思，可作为修身养性、培德铸魂的理性参照，令人读之受益。就像人气主播董宇辉说的那样：

卖米并非本意，卖的是三餐四季。

该刊人物板块所刊载的人与事，都是历经尘世风雨、人间沉浮、世事变幻的典型，展卷品读之际，人物跌宕起伏的历程，是隔着时间长河的回望，往事钩沉，洞若观火，让人心目难忘，心灵为之震撼。读毕，去掉标签化、脸谱化，人物形象鲜活立体，有血有肉，其风采和魅力，既有思想重量，又有文化含量，令人肃然起敬。居今之世，思古之道，是人物板块的宗旨，能对主人公精神世界有深度探索。以文论艺，源清流清，文化情怀与风骨并存，是栏目的坚守和品位。

哲学家任继愈说："善读有益之书，可以治事养生。"一本刊物对文化精神的坚守是其屹立不倒的根基。"老人和社会"栏目专注于老有所乐、老有所为、老有所成的标杆性人物，如《灶台边圆梦，八旬老太出书当作家》的杨本芬老人，耄耋之年仍漫游书海，以青春之激情驰骋高天，游之泳之，接连出了三本书。几十万字的作品集，是她多年在浩如烟海的书籍中撷芳取华后，化蛹成蝶，久蚌成珠的结果。老年人拥有文化自信，同样能激起昂扬向上、舍我其谁的斗志。老骥伏枥，志在千里。也许，这就是古人所说的"恢弘志士之气"，而不是年老后"深掩柴荆谢世纷，南山时看起孤云。残年所幸身犹健，闲事惟求耳不闻"。

"岁月留痕"栏目立足于有成就的军人、作家、企业家及其他领域的翘楚，他们在岁月的长河中，积累了过人的才识、学养和气度，万物在其眼中亦是风景。这些文章，均以开阔的文化视野，搜罗、挖掘了人物的人生目标、成就及其精彩的人生。岁月悠悠，他们都在各自的领域有所建树，他们的远见卓识，为读者提供了一面可资借鉴的明镜，举烛探隐后，让人似有所悟。特别是老年人读了，生出难餍深层心理需求之感，生发出也要有一番作为之雄心。

"古今中外"栏目，亦史亦论，独辟蹊径，都是洞悉人生种种真相后的本真表达。特别是谈历史，寻根溯源，弘扬国学，那些历史典故体现着古人的人生智慧和鲜明的人文意识。可以说编辑从文化深度入手，迎难而上，选用的文章不袭古人窠臼，不拾今人牙慧，力求在历史人物的事例上写出新意，对读者有启示和警醒的作用。如果文章对历史没有深入思考，对历史人物、历史事件没有激浊扬清、褒贬鲜明、立场坚定的观点和文化视角、大胆而深刻的剖析，则势必单调、浅薄，就可能以其昏昏，使人昭昭，贻笑大方。

人要衣裳马要鞍。作为一名资深"票友"，我最喜爱的是《老人世界》的封面设计。近两年，杂志封面运用了摄影和传统文化结合的模式，在同类杂志中脱颖而出，给读者留下了深刻的印象。为了设计好杂志封面，杂志编委会委员奔赴全国各地拍摄著名戏剧表演艺术家在舞台上的经典扮相。西谚说"一图胜千言"，摄影能真实地捕捉到戏剧艺术家着凤冠霞帔后，唱得梨园绝代声的经典瞬间，能较完美地展现戏剧家的艺术风格和文化理念。

"凡音之起，由人心生也。人心之动，物使之然也。感于物而动，故形于声。"封面大量、密集地使用摄影作品，对优秀传统文化给予前所未有的关注，让读者持续了解经典戏剧的历史轨迹、前世今生。在这样的烛照濡染下，读者了解到中国戏曲艺术的源远流长，种类繁多。戏曲不仅是传统文化，更是民族文化的根。戏剧在帮助老年人乐享精神生活的同时，亦能填平其"精神深沟"。加之封面设计精美，恢宏大

气，具有深刻、丰富、鲜明的"人学"内涵，可谓非常可贵的探索，让传统戏剧文化真正传播到老年人身边，让老年人走进一次次精致典雅、涵泳古今的文化之旅。

杂志中的栏目，细细读来，见微知著，可见一斑。这些栏目有着个性鲜明的自家风貌，用文学行话说，有属于其独创的"形式语言"，其情趣和老年群体的文心是相契合而融通的。从中我们可以看到编辑工作的细心挖掘，慎选底本，精审校勘，呈现给读者的作品雅俗共赏，生动有力，如有奇效，那些浮光掠影，操着公文腔、社论调、浅尝辄止之作不可与之相提并论。

这本杂志在业内能够独领风骚数十年绝不是偶然的，因杂志的掌舵人及一代代编辑，他们的慧眼超越时空，清醒地知道老龄化是几乎所有现代化国家面临的问题。《老人世界》是"夕阳工程"，但属于"朝阳事业"。如果所登载的内容，泛泛而为，不能深入人心，杂志的精神价值和市场价值都会付之阙如。他们瞄准老年人精神世界缺失的短板，探索适合中国国情的精神文化滋养模式，在适合老年人文化精神的切口方面，有明确的文化主张和方向，契于心、合于世，与时俱进，让读者开卷有益，多方面为老年群体带来情感慰藉和文化滋养，从而不断地、有效地提高老年人的精神文化水平，提升老年人晚年生活的幸福指数，充分发挥老年群体的智力优势和人生智慧，为配合党和国家的中心工作，为中华民族复兴伟业做出自己独特的贡献。

读《新疆艺术》：侥幸撰文刊，相知难忘此

薛皓泽（大学生）

　　新疆的文学爱好者以及广大的文艺工作者，对《新疆艺术》期刊应该不会感到陌生。《新疆艺术》作为新疆维吾尔自治区文学艺术界联合会（以下简称"新疆文联"）主管主办的省级艺术类刊物，一直跟随新时代新疆文艺事业发展的脚步，为文艺事业的发展保驾护航，始终发挥着自身独特的作用。

　　我与《新疆艺术》的故事始于高中。2018 年，我还在读高中，每逢周末都会去乌鲁木齐市图书馆自习。市图书馆五楼是报纸期刊专区，中午吃完饭我便会先去看期刊，展柜上《新疆艺术》色彩鲜艳的插画和图文并茂的排版很快吸引了我的注意。曾经，我自认为是文学和历史的爱好者，而《新疆艺术》将我带入一片未知的领域，我竟发现自己对新疆文艺作品知之甚少。在《新疆艺术》上，我第一次了解到新疆乐舞早在唐朝便已然在全国独领风骚；第一次认识了在国内外斩获多项大奖的新疆著名导演广春兰；第一次关注到新疆这么多著名的作家；第一次明白了新疆独特壁画背后的故事和艺术特征……这么多"第一次"，使我深深感受到新疆的艺术文化资源竟如此丰厚！我也是

从那时起开始关注新疆本土的文学作品和电影。

新疆的文艺事业并非"与生俱来"，也非"一蹴而就"。新疆的文艺事业离不开中国共产党的领导，离不开八十多年风雨岁月中文艺工作者的负重前行、砥砺奋进。

八十多年前，著名作家茅盾先生曾在共产党人杜重远的邀请下，远赴新疆开展文化工作，并着手统筹新疆文艺事业。1939 年，在《新疆文化发展的展望》一文中，他对当时新疆文艺工作的开展感到十分痛苦。他说：新疆不但在资源上是一块"处女地"，在文化的开发上也是一块"处女地"……政策是正确的，"土"是肥的，种子亦已经种下，我们的工作者应当谨记。

八十多年过去了，在党的文艺方针的正确领导下，新疆文艺事业已然不再是茅盾先生初来新疆时所形容的"因面窒息与凝滞"的窘境，而是"萧瑟秋风今又是，换了人间"，新疆这片肥沃的文艺"处女地"已然结出累累硕果。近几年，新疆的文艺事业蓬勃发展：新疆大学成为西北地区第一家被授予"中国文艺评论基地"的单位；新疆大型实景音乐剧《昆仑之约》入选全国旅游演艺精品名录；《远去的牧歌》等电影、戏剧先后获"五个一工程"优秀作品奖；新疆作家刘亮程的《本巴》荣获第十一届茅盾文学奖……在新疆文艺事业"凯歌高奏"中，新疆文联领导下的《新疆艺术》也紧跟文艺创作导向，通过开设专题栏目、约稿等形式，刊载关于新疆本土文学作品、电影、舞台剧等多种艺术形式的文艺评论。新疆的文艺评论家、艺术家以《新疆艺术》为阵地，渐渐打破了新疆文艺作品"失语症"的现实困境，茅盾先生所冀望建设的新疆文艺事业正大繁荣大发展。

为进一步落实中央文艺工作座谈会上的讲话精神，《新疆艺术》从栏目设置到刊载选题等方面进行了新的规划。《新疆艺术》现开设有"培根铸魂""当代批评""影视干线""艺术与科学""视觉21""大舞台""艺术人生""非遗与文创"等栏目，以建设主题鲜明、题材多样、内容翔实的期刊为目标，选题涉及艺术领域的方方面面，以求臻于至善、履践致远。

　　文艺批评的核心是明确艺术和文学的意义。"当代批评"栏目不同于"品酒式"的文学鉴赏、文学研究——感性地体悟出一部文学作品的审美价值，它是一种价值创作活动。2023年5月，新疆文联主办了关于作家图尔贡·米吉提《王三街》的作品分享会，这部现实主义长篇小说真实再现了阿克苏百年历史老街"王三街"，展示了"王三街"创始和发展中新疆各族人民守望相助的故事。新疆大学人文学院的师生也纷纷跑到图书馆借阅这本书，老师和同学们也将对《王三街》的文学评论投递至《新疆艺术》。《新疆艺术》第5期"当代评论"便聚焦这一热点话题，致力于深入挖掘新疆本土文学资源的创造性转化，在"当代批评"栏目中出版整版"《王三街》评论小辑"。栏目一经推出，便受到全国众多文学评论家、爱好者的广泛关注，这部讲述新疆民族团结故事的文学作品在网络上引发热议，为这部作品在国内外的传播起到了积极作用。

　　《新疆艺术》的"艺术人生"栏目，对当代从事文艺事业的国内外知名艺术工作者进行专访，如新疆文联原副主席、新疆作协副主席周涛，全球华语科幻星云奖联合创始人兼科普作家董仁威，新疆电影家协会主席、天山电影制片厂厂长高黄刚等一众耳熟能详的文艺界名家。

"艺术人生"栏目能够让文艺评论者和读者了解到艺术创作者的个人经历，以及创作文艺作品的逻辑思路与深层的主题内涵。

2023 年底，我十分有幸参与了《新疆艺术》"艺术人生"栏目，并通过《新疆艺术》接触到中国科幻事业的"大佬"董仁威。通过整理董仁威的个人传记，梳理董仁威从事科普事业和科幻事业的过程，了解了近十年中国科普和科幻事业的艰难发展。最让我感动的是董仁威老先生"拼命三郎"般的职业精神，在奉献社会中找寻自己的价值。衷心感谢《新疆艺术》给予我这次宝贵的机会。这次访谈，一方面促使我阅读了"科幻文学四大天王"的科幻文学作品，观看了影史中经典的科幻电影；另一方面，从晚清"荒江钓叟"的《月球殖民地小说》开始，到当代中国科幻文学第一人刘慈欣的《三体》，在百年科幻的历史画卷中，我感受更多的是中国科幻史与科技发展、国家命运紧密相连。

2022 年，习近平总书记在新疆考察时指出，"要以增强认同为目标，深入开展文化润疆"。"文化润疆"作为党中央做出的重大决策，是党中央治疆方略的重要内容。《新疆艺术》作为新疆文联下设的综合性艺术理论刊物，始终立足新疆文化艺术建设而面向全国，促进新疆本土文艺作品交流互鉴，对新疆文艺事业的发展起到了探索实践作用。新疆不缺乏好的文艺作品，也不缺乏具有专业理论素养的文艺评论家，希望《新疆艺术》继续立足新疆本土文艺创作，深入挖掘新疆独特的文化和艺术资源，不断面向未来，为新时代的中国文艺事业发展贡献力量。祈祝《新疆艺术》能够建立一个全国性的文艺前沿阵地，发出新疆声音，讲好中国故事，越办越好！

与《小学生导刊》的最美"遇见"

李水英（教师）

　　不经意间，我与《小学生导刊》结缘有十多年了，回顾这么多年，它带给我的是惊喜与快乐。

　　2010年，我在一所乡下的中心小学任教，教六年级语文。农村的孩子没什么课外书，家长也没有意识去书店买书给孩子们看，孩子们整天就是拿着语文课本读。这让大部分孩子写作文像挤牙膏。有一天下午，我和学生正在大扫除，有个人向我推荐一本书，她介绍说她是《小学生导刊》的编辑。这是我第一次见到《小学生导刊》，只见它薄薄的，封面很朴素，但里面的内容图文并茂，有知名作家的童话故事，有小作者的习作，有孩子们的绘画作品等，内容精彩纷呈，一下子吸引了我。临走时，编辑说可以组织学生向导刊投稿，我只是笑笑，心想：怎么可能呢？农村的孩子没书看，文学素养较欠缺，怎么可能写得出能在导刊上发表的文章？

　　不久，学校就发了《小学生导刊》。一开始，孩子们把它放书包里，看也不看，只有几个成绩较好的孩子下课时会看一下。看到这种情况，我也急了。在一节自习课上，我拿起《小学生导刊》，为孩子们读了一个童话故事。读完之后，我发现有好多孩子也拿起刊物看了起来，时不时地还发出讨论声和笑声。从此，看刊物的孩子越来越多，阅读的种子在孩子心中萌芽。慢慢地，我发现孩子们的书包里有其他读物了。《小学生导刊》，初次相见，一见如故！

2011 年下半年，我调入朝阳实验小学。这是一所新办的学校，学校非常重视阅读，每位学生都订了《小学生导刊》。发刊的日子，孩子们像过节一样，一拿到就认真看起来。一次偶然的机会，我拿了几篇学生的习作寄给《小学生导刊》的主编。经过编辑精心挑选，我班上学生的作文《战斗鸡》发表在 2015 年 7 月的《小学生导刊》上。当这名学生拿到样刊及三十元稿费时，欣喜之情溢于言表。写作的种子深深地埋在她的心中。一石激起千层浪，接下来，她的作文屡次发表在《小学生导刊》上，或被刊物微信公众号推送。这一次"遇见"，让人终生难忘。

2016 年，在刊物编辑的推荐及鼓励下，我和其他老师带领学校五年级的孩子参加了"发现教室——爱上拼布绣"活动。孩子们进行实地考察，采访大布江拼布绣传承人，参观大布江拼布绣博物馆，寻访大布江拼布绣民间绣品，学习设计拼布绣图案，并制作拼布绣。在这个过程中，孩子们积极参与，了解了大布江拼布绣的起源及面临的困难，思考拼布绣的出路，提出传承大布江拼布绣的意愿。最后，孩子们写出了大量的习作。经过我们精心地筛选、修改，一篇篇作文发表在 2016 年 9 月、10 月《小学生导刊》的"发现"版上。这次发现之旅，虽然非常艰难，但孩子们克服困难，迈过一个又一个难关，用独特的眼光发现不一样的拼布绣，展现不一样的精彩。孩子们在这次活动中，获得了快乐，得到了成长。同时，我对《小学生导刊》又有了不一样的认识：是《小学生导刊》让我这样平凡的老师，拥有不平凡的经历。美好的"遇见"，必将成就不一样的人生。

时光飞逝，转眼到了 2018 年。《小学生导刊》要招聘"发现作文"大赛评委，我抱着试一试的态度投了一份简历。结果，我被选上了。收到聘书的那一刻，我欣喜若狂，也感觉肩上的担子重了。《小学生导刊》给我一个这么好的机会与平台，让当了二十年老师的我一下子有了成就感和使命感。以前上网，只是帮助学生们发表作文，不会留意别的作者发的文章，而这次是作为评委去看作文、评作文，从海量来稿中挑选优秀的作文，写上自己的点评，过程有点难，但我很享受。孩子们的妙笔，确实可以生花。正所谓我手写我心，用独特的眼光看世界，你会发现，世界多么美好。在这个过程中，确实发现不少优秀的作文。孩子们对世界充满了好奇与向往，或写景，或叙事，或抒情；语言或朴实，或优美，或幽默风趣；文章结构完整，层次分明。都是孩子们的用心之作，他们对写作的热爱之心值得我们去呵护和珍视。这次"遇见"，让我对《小学生导刊》有了不一样的感情，使我更加关注《小学生导刊》的发展。

《小学生导刊》在 2017 年 11 月推出一个栏目"爱的教育"，面向老师征文，征文要求教学一线老师拿出自己的笔写一写在教学过程中的趣事。我认为这是一个很好的机会，于是抱着试一试的态度写了几篇文章。有的文章在导刊微信公众号上推送，更幸运的是我的文章《谢谢你，我的小女孩》经过编辑精心修改，发表在 2019 年 8 月的刊物上，这让我与《小学生导刊》的联系进一步加深。我会时不时拿出

导刊阅读，获得精神食粮。学生也受到我的影响，《小学生导刊》更成了他们最爱读的书。

2019年下半年，导刊编辑邀请我带领三年级的学生参加"发现教室——冰糖橙带来的改变"活动。那段日子是忙碌的，周内上午上完课，下午我带领学生到冰糖橙园观察冰糖橙的颜色、形状、大小等，采访果农了解冰糖橙的生长规律、施肥、杀虫、保果措施、售卖方式等。周末我带着学生到花田欣赏多姿多彩的格桑花、百日菊、硫华菊等。我们闻着花香，向花农了解这些花的药用及经济价值；我还带着学生去地里挖红薯，体验劳动的快乐，并将红薯提回家做成美食。我们还去金丝皇菊种植基地，欣赏美丽的金丝皇菊，闻着满园的花香，体验采摘菊花的乐趣，而且参观了烘烤金丝皇菊的厢房，了解金丝皇菊给当地农民带来的经济效益等。一个个活动让孩子们感受到生活的美妙，也体验到劳动的艰辛和快乐。在这个过程中，一篇篇文章、一幅幅绘画也新鲜出炉了，我和编辑先后筛选、修改学生的作文，学生的作文和绘画作品发表在2020年3月、4月导刊上。每次和《小学生导刊》的"遇见"，都在我脑海中刻上深深的烙印，让我感动。

时光流转，来到2022年。应导刊编辑邀请，我带领五、六年级的孩子参加"发现教室——沿着您的脚步前行"探索活动。孩子们从信件、照片等老物件背后的故事，了解历史；瞻仰革命烈士墓碑，向烈士致敬；探访开国大将黄克诚、革命烈士何昆和龙厚生的故居，采访永兴籍药理学家刘昌孝院士；了解家乡的巨变，采访身边普通的共产党员、普通的劳动者。孩子们把对"红色人物"的探究活动落到实处，在写作时，他们通过细节和平凡小事，准确地抓住人物的闪光点。

孩子们的作文发表在导刊 2022 年 11 月（第 33 期）总第 861 期上。

《小学生导刊》从 2020 年开始开辟了一个新的栏目"自然笔记"。这个栏目每期一个主题，宗旨是引导孩子深度观察自然，促进自我表达。我根据不同的主题，组织孩子们观察自然景物，参加劳动实践活动。孩子们积极写稿，发表了几篇作文。与此同时，孩子们也养成了主动去接触自然、观察身边的事物的习惯，习作的内容也变得更加丰富、生动了。这又是一个《小学生导刊》让我惊喜的"遇见"。

《小学生导刊》，是最美的"遇见"，是我和孩子们成长的见证。我将感恩与感谢蕴藏于心，永远关注着你。

《时代邮刊》：历史之厚重，时代之敏锐

张家鸿（教师）

喜欢《时代邮刊》多年，有机会谈一谈对刊物的认识，是无比欣幸之事。

刊登于 2023 年 3 月《时代邮刊》"档案"栏目的《暖流穿越六十年：我和雷锋叔叔照过相》读来令人感慨颇深。看着雷锋与抚顺市建设街小学的孩子们一道读书的照片，如同回到小学时光。那个时候，我们常常唱起《学习雷锋好榜样》，歌声在彼此的耳畔回响，雷锋精神引领大家成长，学雷锋的好人好事不断涌现。雷锋是一个时代的精神标志，雷锋精神是永不褪色的财富。《暖流穿越六十年：我和雷锋叔叔照过相》以孙桂琴、韩颂东、刘文革三个人的回忆为线索，串起雷锋当年在建设街小学（如今改名为雷锋小学）的诸多往事，让当初二十岁的雷锋重回当下人的视野之中。雷锋精神意味着什么？因人而异。对孙桂琴来讲，是与人为善、乐于助人；对韩颂东来讲，是在课堂上课堂外呵护每个学生；对刘文革来讲，是把劳动精神注入日常之中。

当年，他们是小学生，和雷锋有过交集；后来，雷锋精神陪伴他们一生；如今，他们怀念雷锋、感激雷锋。雷锋如果还活着，已是

八十多岁的老人。雷锋精神的影响与传播，折射出共和国七十多年的发展史，亦深深地影响世道人心。只要愿意发现，雷锋精神就在身旁；只要愿意付出，人人都是雷锋。此文之深刻与厚重，正在于此。它非概念化的书写，亦非干瘪的"传声筒"，而是有血有肉充满细节的岁月回眸。

我向来认为，与整本书的内容与篇幅相比，杂志上的文章内容有限、篇幅较短。然而，好文章之可读与耐读，往往不在一本书之下。或者说，它不是一本书，胜似一本书。亦可以说，它启迪或引导我们去读许多与此相关的书籍。故而，遇见好文，恰是一趟精神旅行之新起点。读完此文，我买来著名儿童文学作家徐鲁先生的《雷锋的故事》，对雷锋短暂却纯粹、奋斗的一生有了具体、宏观的了解。

《时代邮刊》栏目"人物"与"档案"刊发的文章多有厚重、深刻的属性，值得一读再读。它们是一扇扇窗，冬天里打开可看见窗外的雪景，春日里打开可享受清风吹拂，夏日里打开可看园中百花争艳，秋日里可睹黄叶一片片打着旋儿落下。不是一读即过，而是可供再三回味乃至流连的风景。徐雪莹与安英昭笔下的方汉奇、范世辉与秦婧眼中的赵治海、孙悟喵笔下的刘慈欣、潘彩霞笔下的高晓力、刘颖眼中的余新元，不管出身怎样、年龄大小、经历如何，都是新时代独一无二的标杆。择定选题并撰写文章，这是刊物对他们的铭记与敬意。

《时代邮刊》为半月刊，办刊速度与效率不可谓不快。就是在这样的节奏中，该刊并未全然妥协于快，不曾因快而迷失办刊方向，反而在快中求慢、求真，让深邃、厚重的精神沉淀于刊物之中。我以为，这正是该刊稳中求进、进中有得的精神底蕴。该刊之耐看，正在于此。

《时代邮刊》顾名思义，它紧扣时代脉搏，聚焦时代现场，倾听时代声音，畅想从时代出发的未来。2023 年 1 月刊载了《校运会不应该沦为"军备竞赛"》一文，从当下中小学运动会上的各种道具与表演出发，表达作者对于教育本质的深刻思考。"道具边上，一个个本该热情、活泼、生动的孩子，却显得木讷、生疏、僵硬。何苦呢，运动会的主角难道不是小脸涨红非常可爱的孩子们吗？校运会沦为道具的'军备竞赛'，没必要，也肤浅。"道具、服装之贵令人咋舌，更重要的是，运动会是孩子们的运动会，而非道具们的运动会。运动会如果把人的因素丢弃，运动从何而来？运动会怎样举办，何尝不是学校教育的一部分？诚如该文文末所说："我从来都不反对竞争，但任何竞争都不能背离教育的本质。好的教育，给予人心的，是温暖和力量，是浸润和浸透，是精神的升华而非各种紧张与焦虑。"以运动会的道具表演为切入点，可谓小；以教育的本质为终点，可谓深。

《时代邮刊》之特质即在于此。如同此文，连同《警惕职业打假这柄双刃剑》《世界杯，人心的连接器》，与刊发于 2023 年第 2 期的《社区食堂如何叫好又叫座》《办好新型大学必将收获果实》，以及 2023 年 11 月刊的《亚运会的变与不变》《从农村电商发展读懂中国》，皆属言之有度、言之有物的千字文。"社会"栏目中的"观察"文章，多是这般文字，它不考验读者的耐心，它给读者提供一杆秤，面对现实问题进行深入思考的秤。此之谓好看。

刊物只登长文不行，浮躁的读者耐心不够，未及读完即掉头离开；只登短文亦不行，来不及论述即要收场，如此则流于表面与肤浅。长文与短文相得益彰最难，这正是《时代邮刊》已然做到的。耐看的长文与好看的短文，令读过刊物的读者，心生续读之期待。好的刊物如同一本好书，读后会摒弃浮躁，越发沉静。刊物上的文章并不提供完整或唯一的答案，却如同架设起一座桥梁，渡人到对岸。至于对岸有怎样的风景，风景带来怎样的震撼，则全凭读者自我的心性与气度。

紧追时代步伐，亦不忘掉头回顾历史，回顾历史是为了更好地正视当下，走向未来。这是《时代邮刊》的编辑团队与作者团队一直在做的事，也是《时代邮刊》葆有生命力的内在缘由。没有尽善尽美，只有越来越好。作为刊物的读者，我的期待一如既往。

实用又有趣，健康科普还得是《家庭医生》

张美娴（记者）

《家庭医生》，是一本老牌的医学健康科普杂志。以手机阅读为主的年轻一辈，可能不太了解，它在纸媒流行的 20 世纪 80 年代，几乎家家都有。

如今，在自媒体横行、纸媒没落的数字化时代，四十岁的《家庭医生》杂志，仍保持昂扬的闯劲，月销量不俗，甚至还被国家新闻出版署评为全国二十本优秀科普期刊之一。

《家庭医生》是怎么做到的？

或许，沉下心来仔细翻阅这本刊物，答案就会浮现。

在时令、热点中抓住读者眼球

翻开 2023 年第 21 期的《家庭医生》，扉页"立冬"两字映入眼帘，开篇文为《候鸟式过冬，养生还是伤身》，就已表明本期内容基调，是立冬时节的健康科普。

杂志 11 月刊的内容，正是读者们需要的 11 月的养生科普。

比如《秋冬拍穴位，养脾胃又暖身》，哪个怕冷重养生的读者会不需要呢？比如《易感冒、难断尾，用参苏饮》，不正是该季节最常见的问题？

紧接着扉页的是"健康安全"小版块的评价式新闻——

"流感新疫苗开打了！"提醒冬季防流感，疫苗打起来；"多家医院关闭产科，没人生孩子了？"医院新闻，抓准第一手消息；"上海四岁女童海边走失"时评海滩安全问题；"12306 推出静音车厢"这等健康福利新闻，不能错过。

讨论热议话题的《恶犬伤人，是狗祸还是人祸？》，剖解事件，层层分析，表明态度"遛狗不牵绳，就是违法！"，也是一种提醒。

健康行业的重点、热点、福利，统统给你搜罗清楚，可谓"家事国事天下事，事事关心"，真是一本令人开阔眼界的健康科普读物。

在真实案例中探索治病真相

大部分期刊，每期都会有相应主题的深度报道。有的读者不习惯订阅杂志，往往是挑自己感兴趣的策划主题来选择是否购入。

《家庭医生》也有其重点策划，如《晚期癌症治不治》。身边没有晚期癌症患者的人，或许会就此移开目光。但对于家有此类患者的，却是他们的终极难题。医学在进步发展，晚期癌症似无救，但又有希望。癌症的治疗太过痛苦，为了一点儿生存的希望，到底是宁愿躺在病床上、承受治疗之苦以及负担巨大的金钱与精力成本，还是"算了吧"，放过自己，就此离去？

抉择太难，是否有对错？

这期策划，极具人文关怀。它提出了问题，却没有给出绝对答案，

而是用一个个患者案例，呈现患者家庭的困境，引发深度思考：如何做选择？怎么判断是否还有治疗机会？是否值得治疗？要不要尊重患者感受？等等。最后《家庭医生》还为患者家庭科普了一种新出路：安宁疗护。

我相信，看完这期策划，很多晚期癌症患者及其家属，虽然未必能马上知道如何抉择，但当他们发现，焦灼、备受折磨的内心，得以被人理解，也会感到安定许多，接下来的路，或许能少一分彷徨。而这也是读者们，最需要得到的力量。

干货满满，看完就能用

沉重的议题后，是轻松的栏目"养生餐桌"。冬吃白菜，则科普知名的胶州大白菜，历史和美食，一齐获得。吃什么能养生、防病？《半夜腿抽筋，炖牛筋"以形补形"？》《吃龙眼干，睡个好觉》。

有些美食，陷入舆论旋涡，还能不能吃？该怎么吃？《阳光玫瑰青提争议缠身，还能买吗？》《切猪肉后，脑子被病菌入侵！》带你一一探讨。

"寻医问药"栏目，有疾病提醒，也有实用干货。比如《大便费力，试试黄芪汤》，前边已提到的《易感冒、难断尾，用参苏饮》《秋冬拍穴位，养脾胃又暖身》等，都给出了详细、具体的参考做法，让你一读就想做，一做就会，一会就通！而且，每篇文章都有各大三甲医院的权威专家指导，不用再费劲找医生，真正做到小病不求人，自己做自己的养生专家。

关于健康，不只疾病宣教

当然，这本杂志让我最喜欢的，还不仅仅是它的实用性，还有它的贴近生活。比如《理发店的头皮检测，靠谱吗？》，扒出这其实是黑心商家为了多赚钱，抓住人们追求头皮健康的心理，而硬造出来的忽悠机器。《总忘事，来看记忆门诊》，别的文章从疾病需求出发，本文从门诊服务出发。这种特色门诊，少见，即使没"忘事"，也乐意见识一下。《探秘 ICU：一天一万，掏空全家积蓄？》，过去只知道 ICU 是用来抢救病人的，殊不知，这病床这么昂贵，着实考验家属的经济实力。最后，还有轻松的"流感"小史记，了解时下困扰大众的流感的前世今生……

薄薄一本杂志，这里头的内容，远不止沉重的疾病，无趣的养生。从时事热评、深度报道，到养生饮食、公众话题，各类疾病的寻医问药，美颜、母婴育儿、老年大学、男女性情等栏目，总有一款适合你。

内容排版，更是把握住了轻重缓急的节奏；读者可按栏目按需阅读，一气呵成读完也不难。

对于《家庭医生》的忠实读者（比如我）来说，一本拿起就能参考，读来又有趣生动的科普杂志，才是最实用方便的。

《天池小小说》的情怀与温度

高春阳（作家）

由延边人民出版社主办的《天池小小说》创刊于 1986 年，是吉林省一级期刊，如今已经走过三十七年的办刊历程。《天池小小说》秉承"原创、质朴、真诚、温暖"的办刊理念，在中国小小说界独树一帜，赢得了良好的口碑。《天池小小说》像延边的金达莱一样，成为延边的文化名片。

小小说文体因篇幅小、意蕴长、阅读方便、传播广泛，写作范围越来越趋向平民化。小小说事业倡导者杨晓敏说，小小说是平民艺术，是大多数人都能阅读，大多数人都能参与创作，大多数人都能从中直接受益的艺术形式。中国小小说从 20 世纪 80 年代兴盛至今，作者队伍日益壮大，名家辈出。著名作家王蒙、汪曾祺、莫言等都写过小小说。2018 年，冯骥才更是凭借小小说集《俗世奇人》获得第七届鲁迅文学奖。

在信息化时代，小小说文体有了更加广阔的平台，小小说事业更加蓬勃发展。《天池小小说》作为北方小小说重要阵地，对中国小小说事业的发展起着重要的推动作用。

多年来，《天池小小说》推出的专栏作家备受小小说界关注。安勇、聂兰锋、田双伶、刘正权、李伶伶、于心亮、宗玉柱等，都曾在《天池小小说》开设专栏。小小说作者李伶伶，就是由《天池小小说》起步，进而走向全国乃至世界的。李伶伶的处女作刊发在《天池小小说》，她在《天池小小说》的专栏作品被各大选刊选摘，成为辽宁省高考试题，入选国外大学教材。李伶伶的原创小小说作品《翠兰的爱情》刊发在《天池小小说》，后被改编成三十集电视连续剧热播。2019 年，李伶伶因为在小小说领域的特殊成绩被评为"全国自强模范"，在人民大会堂受到习近平总书记的亲切接见，成为小小说界的骄傲。《天池小小说》每年推出五百余篇小小说原创作品，参与、见证着中国小小说事业向纵深处发展。

《天池小小说》坚持小小说作品的文学性，力推温暖的、充满善意的、有正能量的作品，成为小小说写作者和阅读者心目中值得信赖和喜爱的期刊。

2022 年第 7 期《天池小小说》刊发了蔡楠的小小说《十八岁的李响》，代表了近年来蔡楠在现代小说创作方面的最新成就，荣登中国小说学会 2022 年度好小说榜单。

小说以孙子和爷爷的日常对话为线索，揭示了十八岁牺牲在南泥湾的爷爷的故事。与传统叙事方式不同，小说采取了虚构与现实相结合的写作手法，开篇就写作为"孙子"的"我"，和虚拟的"爷爷"展开对话。当然这个"爷爷"是想象中的，但作者不点明，把"爷爷"当作真实的人物来写，不表明其身份，只写对话和动作。对话看似是真实的，"爷爷"的动作却虚无缥缈，似有似无，这就引起了读者极大的阅读兴趣。小说中，作为"孙子"的"我"，后来带着并不存在的"爷爷"去了南泥湾，目的是送环保项目，最终却看到了"爷爷"的坟墓。原来，十八岁的爷爷李响当年来建设南泥湾，长眠于此。这个正能量的故事，主题涉及革命历史，建设南泥湾，将雄安元素、环保元素和红色元素巧妙地融合在一起，因视角独特、人设奇异、主题宏大，叙事方式与众不同，成为一篇经典之作。

蔡楠后来写了一篇创作谈《好小说要写出语言背后的故事》，发表在《天池小小说》2023 年第 9 期。蔡楠在创作谈中说："这其实是关乎奋斗与献身、初心与理想、对前辈精神的寻找与继承的作品。在这篇小说里，我想象着李游与爷爷李响的对话，这是一个晚辈与先烈打破时空的精神交流与沟通，想象飞扬不羁，灵感湿润了，心灵湿润了。在这种近乎戏谑的弹性的语言下，通过文字的表面故事，我完成了隐藏在语言背后的另一个故事，也完成了对先辈精神的寻找。"

黄灵香主编在《天池小小说》的编辑岗位辛勤耕耘了三十多个年头，她以严谨的工作作风、独到的审美眼光，推出了以李伶伶为代表的众多优秀小小说写作者。在担任《天池小小说》杂志主编的十九年里，黄灵香带出了一个优秀的编辑团队，坚持做到"每稿必复"，树立了小小说界交口称赞的办刊作风。黄灵香也因此荣获"新世纪风云人物榜·小小说园丁奖"，获评"改革开放四十年四十名小小说业界人物"荣誉称号。

一本杂志，在作者和读者心目中，都是有表情的、有温度的。《天池小小说》在我们小小说爱好者心目中，就是一本亲切的、有温度的、美好的期刊，也是众多写作者的心灵家园。

相伴　相知　相长

——阅读《中学化学教学参考》三十八年有感

王先锋（教师）

我订阅《中学化学教学参考》（以下简称《中化参》）始于1985年，至今从未间断过。三十八年相伴，帮我专业技能成长；三十八年相知，助我教育思想成熟；三十八年相长，催我专业精神习得。我的专业成长历程就是一段阅读《中化参》的历史。不可否认，我在专业发展旅程中，也读了其他教育期刊及教育教学专著，但与《中化参》的联系最强，它犹如书海上的灯塔，照亮了我读书的道路，指引了我专业发展的方向。回首订阅《中化参》的岁月，我越过了"吸纳式阅读—批判性阅读—智慧型阅读"三重境界。

吸纳式阅读夯实了牢固的专业基础

刚步入教学岗位，我的从业能力显得稚嫩，那时教育教学信息渠道很不畅通，订阅《中化参》的初心是联通"外面的世界"，正如《中化参》1985年第6期（封三）所述那样，"坐一校而观全国，不出门而知天下"。此时阅读《中化参》就是为了吸纳有用的信息，并"拿来"

直接用于实践，以满足教育教学工作的刚性需求。我至今还记得，读施景皓老师《教育心理学理论在中学化学概念教学中的运用》一文时，对他提出的"学科概念形成一般经历辨别、抽象、分化、提出假设、检验假设、概括六个心理过程"教学观点感到迷惑，对文中的"教师在运用概念形成过程使学生获得概念时要特别注意那些学生感到困难的过程，要给予适当的引导，使学生能够顺利地通过每一个过程和及时地由一个过程进入另一个过程，最后获得概念"教学主张更是模糊不清。这鞭策我去翻阅学校图书室里的相关资料，在获得较清晰的认识之后就搬入课堂，自然也能加深对教学的理解。阅读张冠涛老师《把教学的侧重点放在"学生的学"上》一文顿感豁然开朗，文中介绍的"读读、议议、练练、讲讲"教学法正是破解我多年陈旧课堂教学方法的良方。经过"模仿—磨合—反思—优化"螺旋上升式的探索过程，我逐步形成了适合自己的、相对有效的课堂教学方法。多次类似吸纳式阅读的经历，不仅促使我的教学行为踏上了时代的节拍，而且使我对中学化学教学的理解也逐步走在同伴的前列，帮助我在走上教学岗位的第一年就被评为县级优秀教师、第三年被评为市级优秀教师、第五年被评为市级百佳教师，让我稳稳地站在高中化学教学讲坛上。

　　跨越时空追忆历史，尽管《中化参》中有许多文章已失去了新意，却浓缩了时代的精华，只要我们愿做一名与时俱进的读者，就能主动地去思考、去实践、去追求更加美好的教育。

批判性阅读催生出成熟的教学思想

　　"阅读—实践—反思"的循环过程，锻造了我良好的学习品质，也渐渐提升了我的阅读品位，并让我养成了批判性阅读的思维习惯。这里所说的批判性阅读并不是"找碴儿"而否定他人观点，而是寻求对作者教学思想的继承与发展。20 世纪 90 年代，《中化参》为了顺应时代教育教学的需求，刊发了大量"解题方法与技巧"类文章，仔细品读即可透过这些解题方法提炼出丰富的学科思想。如《化学平衡移动习题妙解——一边倒法》一文就蕴含着化学守恒、动态平衡、反应限度的学科思想；《数点点 搬块块 转圈圈 分段段》一文就饱含结构决定性质及有机化学反应的局部替代思想；"配平化学反应方程式"系列文章则富有"化学守恒"思想。阅读这类文章，我没做知识的"搬运工"，而是从解题方法中追溯深层次的化学知识，进而将其内化为自己的专业思想。就"配平化学反应方程式"系列，从 1990—2000 年就刊登了十六篇，以《设"1"法配平分解反应的化学方程式》《巧配歧化反应方程式》《化学方程式的新观察配平》三文最具有创新性和代表性。尽管文中所介绍的解题方法解决了当下教学之困，但总觉得每篇文章都局限于单一"守恒观"的运用，并没有将原子守恒、电子守恒、电荷守恒等协同起来，阅读之后，我在运用中反思与重整，形成了自己的一套解题思想方法。

1997 年以后，伴随素质教育的推行，《中化参》围绕教育教学改革显著增加了教育哲学、科学哲学、教育认识及教育心理学等方面的理论研究文章。认真研读之后我发现这些文章有清晰的类别差异，于是就在阅读笔记上将其分类标注以便"再次"阅读。如《中学化学中的科学素质教育》《化学教育观念的八个转变》《化学探究性学习：内涵、价值及操作》《中学化学教育的重构：用哲学观点看》等文章可划归为"引领课改类"；《化学教学中对学生探究学习方法的培养》《化学实验能力表现标准开发的初步设想》等论文标注为"能力培养类"；《重要的是提出问题》《问题教学模式在中学化学教学中的应用浅析》划归为"课堂问题类"；《让学生走上讲台》《利用情感因素，提高化学教学质量》归属"教学方法类"。分类便于整体阅读、对照阅读、延伸阅读，并进一步走向深度阅读。分类阅读易激起思辨，不仅丰富了我的教育教学理论知识，增强了处理较复杂教学问题的能力，更帮助我形成了有自己特色的、稳定的教学风格，我如愿成为正高级教师和区域名优教师。

再回首余味犹存，尽管《中化参》中的文章分期刊发，也源自不同作者，但只要带着"多元融合、发展进步"的理念去阅读,《中化参》同样可以满足读者构建完备的教育教学理论框架、健全教育教学思想体系的需求，促使我们成为专家型、学者型教师。

智慧型阅读凝练出优秀的教育成果

"腹有诗书气自华。"长期订阅《中化参》必然提高教育教学的思考力与探索力，而思考力与探索力必将带来智慧型阅读。达到智慧型阅读阶段，就能够潜移默化地与《中化参》融为一体，读者的教育教学思想也会在不知不觉中与《中化参》同步共鸣。这种阅读境界不是停留在"读他人的"文章层面上，而是走向"读、写、议、展"相融合的高品质阅读。"读"能深度领悟每一篇文章的内涵，"写"能写出高质量文章并发表，"议"能积极参与"作者说写"和"读者说读"活动，"展"能接受《中化参》编辑部邀请参加讲学活动以展示自己的教育科研成果。近几年，我多次参与"读、写、议、展"活动，对外呈现专题化、系列化教育教学研究成果，不仅赢得了一大批学科"粉丝"，而且为我两次获得国家基础教学成果奖、十二次获得省市优秀课题研究成果奖起到了支撑作用。

回首往昔，展望未来，尽管《中化参》面对互联网上无比充盈的教学资源而面临纸质文本阅读人群锐减的冲击，但很难找到一名没有阅读过《中化参》的中学化学教师。毋庸置疑，只要始终秉持"实用性、科学性、前导性和知识性"的办刊理念，《中化参》将永远都是中学化学教师心中的核心期刊，永远都是年轻教师的"无言"导师：告知他们入门的路径，指点他们前行的方向，给予他们奋进的力量；它永远都是成熟教师的伴侣，激励他们去思考、去探索、去创新；永远都是专家型教师的舞台，成就了他们的过去、现在，也将继续成就他们的未来。

《安庆师范大学学报》:"桐城派研究"栏目的学术启示

叶当前（学者）

　　初入学术领域者都需要检阅学术期刊以拓宽视野。然而，二十多年前，电子检索不发达，读论文要到期刊阅览室整本整本翻看各种杂志。没有明确的问题意识，读到有启发的论文或学术观点，需要抄录下来；有目标时，仍需查检各种杂志的目录索引，根据已有学术归类按图索骥，总结论题的研究现状。彼时阅读期刊，专题意识不强，难以理解专栏的学术价值。随着电脑的普及，期刊数据库以强大的电子检索功能而后来居上，按需下载的学术阅读取代了纸本的地毯式翻检模式，期刊的整体性逐渐被瓦解，同一论题的学术成果可以根据关键词、题名乃至全文检索实现自由组合，专栏意识更加模糊。倒是近些年被选进《安庆师范大学学报》编辑委员会，参与主持"桐城派研究"栏目，让我对期刊专栏有了新的认识，体会也越来越深入。

　　安庆师范大学坐落在桐城派故里安庆市，《安庆师范大学学报》的"桐城派研究"专栏已打造成"全国高校社科期刊特色栏目"。每期均刊载一至三篇专题论文，在全国期刊方阵中，桐城派研究篇目在总量上首屈一指。桐城派文人研究，无论名家如方苞、刘大櫆、姚鼐、曾国藩、吴汝纶，还是声名不显的弓汝恒、许所望，只要有新材料、新观点，均得以刊载；桐城派文学理论研究，无论选本、圈点，还是诗话、文话，只要条分缕析，理据俱在，亦得以发表；桐城派思想史，无论经学、史学，还是哲学、政治学，只要观点鲜明，有理有据，便得以刊用。同样，从发稿作者分布看，既有著名学者，又有大量中青年博士，亦不乏正在攻读学位的研究生，本栏目不论出身而重质量的用稿标准，体现出"学术乃天下之公器"的精神价值。

我对"桐城派研究"专栏的认识也有一个逐步深入的过程。2011年，我在中国社会科学院随刘跃进先生访学，得到先生指点，开始转向桐城派研究。然而创始之时，举步维艰，多次陪同外地学者到桐城市的桐城派陈列馆，却连姚范与姚鼐的关系都不清楚。还好手边有《安庆师范大学学报》，每一期的桐城派研究论文，为我提供了陌生学术领域的启蒙。结合陈列馆展板上画出的"桐城派作家师承膺服关系图"与刘声木《桐城文学渊源考 撰述考》作家小传，逐渐呈现出桐城派文人的边界。《桐城派与赠序文体》《桐城派古文家对阮籍〈咏怀诗〉的接受》《吴闿生〈诗义会通〉的注解特点》《姚永朴〈文学研究法〉征引〈文心雕龙〉考》《詹锳先生论〈文心雕龙〉对桐城派文论的影响》《〈文心雕龙〉的"物色论"与桐城派文论"声色观"的比较》等文章从本人博士论文的学术阵地出发，探索桐城派文人对《诗经》《文心雕龙》及送别文学的认识与研究，从接受美学的视角重点关注桐城派与《文心雕龙》《文选》的关系。2016年，《安庆师范大学学报》"桐城派研究"栏目刊发我的《桐城派前期作家朱孝纯的生平与交游》一文，印象尤其深刻。写作这篇文章时因检索姚鼐《登泰山记》中人物朱子颖，而阅读到朱孝纯《海愚诗钞》，进而读《王文治诗文集》，发现三人关系密切。于是以诗证史，撰成一万六千字的文章，投到学报。朱孝纯在桐城派文人中地位不高，在清代诗学史上也少有论及。蒙时任主编汪祚民不弃，本文刊发在当期的第一篇。本人深受感动，进一步坚定了从事桐城派研究的决心。正是学报专栏指引我、提携我，为我学术方向上的转型保驾护航，才能使我在学术研究的路上更加通畅。

2020 年，学报改革专栏模式，在每组论文前面写一个版面的主持词，我受邀担任这项工作。接受任务后，我首先检阅学报发表的全部桐城派研究论文，分类研读，总结规律，发现问题，摸索主持词写作思路。主持词既要关注某一研究方向前沿成果，做出合理述评；又要展望未来，提出本领域学术研究的新问题、新视角、新方法，为学界提供参考；还要在宏观视域下审视当期论文，做出简要导读。出于这种考量，我开始撰写主持词。每一篇主持词都是一次深入的学术探索。首先要根据拟刊论文，确定一个学术方向；其次要全面梳理本方向研究成果，概括研究现状；最后在论文导读中提出进一步学术研究的思考，供学界参考。转眼三年，我先后为二十多篇桐城派研究论文撰写主持词，总结出桐城派与桐城文化的关系、桐城派教育活动、桐城派文统与家风、桐城派文史结合、研究史与口述史、桐城派批评文体、桐城派选本、桐城派文学思想史、桐城女性诗人、桐城派诗话、桐城文章与经世思想、桐城派文人群体研究等主题。持续参与栏目建设，拓展了桐城派研究的学术视野，也加深了我对"桐城派研究"专栏的学术认识。

"桐城派研究"专栏给我的学术启示非止一条。

首先，一个科研工作者，要善于从期刊专栏中总结学术方向。反之，不断提升自身在本方向上的科研水平，就得关注期刊上的专栏。因为期刊专栏议题相对集中，研究对象相对全面，能够提供的学术信息更加丰富。

其次，学者从事地域文化研究要有宏阔的学术视野，从事宏大的学术阐释需要有地域成果的有效支撑。比如，桐城派主盟清代文坛二百多年，虽以"桐城"命名，却并不局限于桐城一地，其影响所及安徽徽州、江西新城、江苏苏锡常、河北保定、湖南湘乡、广西桂林、贵州遵义，甚至日本等地。桐城派研究就是一个全国性乃至国际性的学术论题。相反，并不是籍贯属桐城的文人就是桐城派，所以桐城派研究要与桐城地区文学研究区别开来。

再次，一本学术期刊要打造一个特色栏目，需要自身具备优势特色。比如"桐城派研究"专栏落户《安庆师范大学学报》，既有地域上的近水楼台优势，又有学校桐城派学科研究团队的有力支持，稿源稳定而充足，便于持续刊发最新成果。

最后，期刊专栏的建设离不开编辑、作者群、组稿人、读者的有效互动，一个优秀栏目是优质学术交流共同建构起来的。如，安庆师范大学每年都要举办一次桐城派主题的学术研讨会，都要邀请十多位桐城派研究专家来校讲学，学报编辑部参与其中并宣传专栏特色，扩大专栏影响，学术交流成效显著。

　　总之，《安庆师范大学学报》栏目"桐城派研究"是一个学术性强、特色鲜明的高水平专栏，是桐城派研究领域成果发表的主阵地，对学科建设、个人学术成长裨益良多。我期待其百尺竿头更进一步，取得更广阔的辐射面，作者群与读者群持续增长，带动办刊质量，期刊越办越好。

全民阅读